舵手证券图书
www.zqbooks.com

知浪领航财富人生

舵手俱乐部 www.duoshou108.com

建立稳固的交易系统

和回测结果一致,满足你的风险-收益目标的可交易策略

基斯·费申 著

张 彬 译

山西出版传媒集团
山西人民出版社

图书在版编目(CIP)数据

建立稳固的交易系统：和回测结果一致，满足你的风险-收益目标的可交易策略 / (美) 基斯·费申著；张彬译. --太原：山西人民出版社，2017.7
ISBN 978-7-203-09689-4

Ⅰ.①建… Ⅱ.①基… ②张… Ⅲ.①证券交易-研究 Ⅳ.①F830.91

中国版本图书馆CIP数据核字(2016)第173860号
著作权合同登记号　图字：04-2013-047

建立稳固的交易系统：
和回测结果一致，满足你的风险-收益目标的可交易策略

著　　者：	(美) 基斯·费申
译　　者：	张　彬
责任编辑：	崔人杰
出 版 者：	山西出版传媒集团·山西人民出版社
地　　址：	太原市建设南路21号
邮　　编：	030012
发行营销：	0351-4922220　4955996　4956039　4922127 (传真)
天猫官网：	http://sxrmcbs.tmall.com　电话：0351-4922159
E-mail：	sxskcb@163.com　发行部 sxskcb@126.com　总编室
网　　址：	www.sxskcb.com
经　销：	山西出版传媒集团·山西人民出版社
承 印 者：	大厂回族自治县德诚印务有限公司
开　　本：	710mm×1000mm　1/16
印　　张：	20.50
字　　数：	300千字
印　　数：	1-5100册
版　　次：	2017年7月　第1版
印　　次：	2017年7月　第1次印刷
书　　号：	ISBN 978-7-203-09689-4
定　　价：	58.00元

如有印装质量问题请与本社联系调换

前　言

　　本书将向你展示，如何构建一个可交易策略。所谓的可交易策略，是指符合你的风险收益目标，真实交易结果与回测结果一致的策略。因为存在许多严重的陷阱，想开发出一个可交易的策略并不容易。我们中的大多数人都是贪婪的，总是想交易某个有很高收益的东西。为了获得高收益，我们理智地认为自己能接受很大的风险（以回撤的形式体现）。不过在现实中，很少有交易员能在回撤20%之前还没有抛弃该策略。为了帮助你形成更现实的风险收益目标，第1章显示了全球最好的交易员在最近5年中的真实表现。以该章为基础，我建议你把你会用来交易的系统的特征写下来。首先强调风险（以最大回撤、平均年化最大回撤和最长回撤期的形式）。因此，第一个陷阱是贪婪，它会体现在策略开发的每个步骤中。你会倾向于接受某条能提高盈利能力的系统规则，即使它会把风险增加到一个更高的水平。但一个更严重的陷阱是曲线拟合危险。

　　当你开发的策略在开发样本内只有很少的交易笔数时，就会出现曲线拟合。曲线拟合的系统对应于可交易系统的第二个特征：曲线拟合系统的真实交易情况，并不会像回撤中那样好。不幸的是，你能够买到的系统开发包，几乎全部都与某个特定的图表有关。你在一个有很多根K线的图上开发一个策略，并用来交易该金融工具。即使你所开发的策略产生了数百笔交易，仍不足以逃避过度曲线拟合的命运。第2章主要讨论曲线拟合问题,并告诉你该如何产生足够的交易,来最小化曲线拟合的发生。该章使用了案例和统计学知识,并提供了一种容易实施的流程,你可以在你的开发工作中,用它来确定曲线拟合的程度。大多数策略失效或者表现不佳,都是因为它们被过度曲线拟合了。如果你想成功,你需要知道如何才能避免曲线拟合。

本书后面的主要内容,都在讨论两个可交易系统的开发过程。一个是股票的短线交易系统,另一个是商品的中线趋势跟随系统。在这两个系统的开发过程中,我们会对入场、出场和交易过滤器等进行详细介绍。在开发过程的末期,这两个策略都变得"可交易"了。不过还需要结合风险收益要求范围,来对它们进行修正,这是在关于资金管理的 5 章中所讨论的内容。我对小额账户交易员和大额账户交易员进行了区分。小额账户交易员通常交易不了几次,就会收到追保通知。因此他们没法利用头寸规模管理技术的优势来让资金最大化增长。因为增加一手交易的风险,就可能占到他们账户金额的 10%—20%。在前两章中,我们使用小额账户交易技术,对股票和商品的两个系统都设计了资金管理规则。类似的,在后两章中,我们也根据大额账户交易员的需要,对这两个系统进行了修改。最后,这两个系统被合并在了一起。表 P-1 显示了这两个策略组合在一起时的结果。

表 P-1 股票和商品策略组合在一起时的结果

平均年化收益(%)	平均年化最大回撤(%)	最大回撤(%)
23.4	5.6	8.7
25.9	6.1	9.6
28.6	6.7	10.4
31.2	7.2	11.3
33.9	7.8	12.1
36.6	8.3	13.0

本书提供了一个我在其他地方都没有见过的东西，在第 8 章中，我们详细讨论了一种很有效的 K 线评分法——这个有趣的新方法能根据用户自定义的标准来刻画出每根 K 线的盈利潜力。

最后，第 9 章和第 10 章对文献中的常见交易规则，以及一些可能有或没有理论基础的交易格言进行了分析。

本书中所开发的系统的代码（用 TradeStation 的 Easy Language 实现）和每日交易信号都可在配套网站中获得。

目 录

第1章 什么才是一个可交易策略 / 1

第2章 如何开发具有一致性的策略 / 7

第3章 在你想交易的市场中，找到阻力最小的路径 / 35

第4章 交易系统的要素：入场 / 51

第5章 交易系统的要素：出场 / 73

第6章 交易系统的要素：过滤器 / 105

第7章 为什么要在你的系统开发中包括资金管理部分 / 127

第8章 K线评分法：一个新的交易方法 / 139

第9章 避免受"精心挑选的例子"的影响 / 155

第10章 关于交易的传说 / 179

第11章 资金管理简介 / 205

第12章 小额账户的传统资金管理技术：商品 / 223

第13章 小额账户的传统资金管理技术：股票 / 251

第14章 大额账户的传统资金管理技术：商品 / 259

第 15 章　大额账户的传统资金管理技术：股票 / 273

第 16 章　同时交易股票和商品策略 / 281

附录 A　理解这些公式 / 285

附录 B　理解期货 / 291

附录 C　理解连续合约 / 305

附录 D　关于曲线拟合的更多示例 / 315

第1章 什么才是一个可交易策略

本书的目的,是向读者展示如何开发一个可交易策略。但在讨论如何做之前,你需要对一个可交易策略所必须满足的要求,有现实一些的理解。之所以说是现实的,是因为有些交易员总梦想着有这样一个交易策略,能够从不亏钱,每天都赚钱,每年都能让资金至少翻倍。梦想是好的,但你永远都找不到一个能满足这些条件的策略。为了说明这种可能性,本章的第一部分将显示一些最优秀的交易员在过去五年中的业绩。然后我们再来看,该如何衡量一个交易策略的表现。最后,我将提一些问题,以帮助你根据自己的风险承受能力,来定义一个可交易策略的组成要素。

现实的收益风险预期

表1-1 显示了在2005年7月1日至2010年6月30日这5年间,巴克莱前20家商品交易顾问(CTA)的情况。它是由巴克莱从向其提供业绩信息的290家CTA中选拔出来的。

表1-1 显示了一些有趣的点:

- 在所有20家基金中，平均年化收益为27.98%，仅仅比平均最大回撤高3.5%。
- 在这20家基金中，有17家存在整整一年中都没有任何收益的情况。
- 最佳的连续12个月收益严重偏离5年平均年化收益。如果你对某个初始金额以每年27.98%的收益（这20家基金的平均年化收益）计算，那5年后的终值会比初始金额高大约243%，而最佳的连续12个月收益的平均值为125.3%，比243%的一半还多。
- 一般而言，5年收益更高的基金，会承担更大的风险，如最大回撤值所反映的那样。我们可以把平均收益和最大回撤都画在一张图上，然后得到一条关于收益和回撤点的回归线，就可以发现这种情况，如图1-1所示。

对于那些想开发自己的可交易策略的人来说，这些业绩数字可能是个现实的冲击。真实交易包含下面这些原则：

- 你没法每年赚100%。上表中排第一的CTA，它在5年中的平均收益也只有44.54%，并且它也有过12个月中只赚1%的时候。
- 如果你想得到一个较高的收益，那你将会有较高的回撤，而如果你的目标是一个较低的收益，那你将可能会有较小的回撤。
- 如果你足够幸运，一段时间的收益超过预期，那需记住，这些高收益之后可能伴随着数年的低收益。
- 你会在很长的时间里都没有任何收益。

表 1-1 前 20 家 CTA 的业绩表现（2005 年 7 月 1 日—2010 年 6 月 30 日）

顾问	5 年平均年化收益(%)	最大回撤(%)	盈利月份占比	最佳 12 个月收益(%)	最差 12 个月收益(%)
Vegasoul Capital	44.54	6.88	80.0	112	1
Quantitative Invest. Mgmt.	37.01	29.49	68.33	126	-22
Pere Trading Group	36.44	60.72	61.66	570	-50
DiTomasso Group	33.73	26.13	68.33	76	-26
Commodity Future Services	32.04	27.84	61.66	135	-22
Two Sigma	31.56	18.17	66.66	75	0
24FX Management Ltd.	29.41	19.28	80.0	55	2
Scully Capital Mgmt.	28.44	21.26	58.33	79	-6
Dighton	27.41	44.32	61.66	226	-44
Belvedere Advisors	27.35	14.55	66.66	86	7
Financial Comm. Inv.	26.99	34.63	76.66	112	-23
Red Oak Comm. Advisors	25.03	21.91	68.33	86	-7
Altis GFP Master Fund	24.45	22.73	56.66	70	-8
Heyden & Steindl	23.69	17.76	51.66	82	-8
Aisling Analytics	23.13	26.05	65.0	66	-20
Tactical Invest. Mgmt.	22.64	22.23	51.66	52	-16
Quicksilver Trading Inc.	22.04	24.58	63.33	73	-20
Blenheim Capital Mgmt.	21.53	25.63	63.33	84	-22
Paskewitz Asset Mgmt.	21.05	12.18	68.33	64	-7
MIGFX Inc.	21.02	12.86	63.33	67	-11
平均	27.98	24.46	65.08	125.3	-15.1

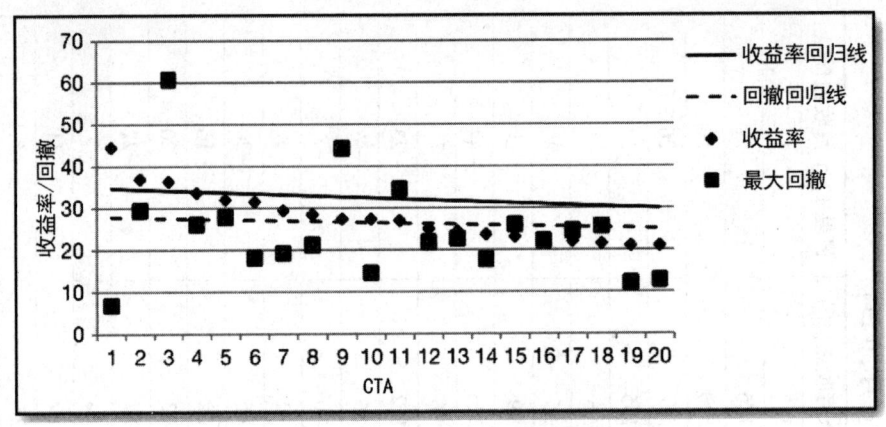

图 1-1　前 20 家 CTA 的收益风险图

用来衡量可交易系统表现的标准

基于全球最顶尖资金管理人的业绩表现，在定义一个合适的可交易系统时，至少有三个方面需要强调：

1. 一些度量正常收益和正常回撤的方法。它们是你在绝大多数时间里会经历的风险收益比较基准。

2. 最差情形的风险比较基准。这是你在一段更长的时间里会遇到的最大回撤，可能是 5 年或者 10 年中的最差情形。

3. 最长的回撤期。这是在资金创新高之前的最长回撤时间。

首先让我们看一下最差情形的风险。我们已经看到，这些全球最顶尖的管理人，他们的正常平均收益也仅比其在 5 年中的最大回撤稍微高一点。可交易系统的一个目标就是，其平均收益应该比最大回撤高一点。本书后面会说明，一般而言，通过杠杆，可以提高或降低收益。如果你想提高或降低收益，你的回撤也会相应的提高或降低。因此，确定你想接受的最大回撤水平，然后通过使用杠杆，让你系统的表现（从最大回撤来看）刚好比你所能接受的最大回撤限额低一点。

根据我的经验，很难用回撤期来作为系统设计的衡量指标。如果你在系统开发过程中竭尽所能，然后发现某个策略能够实现你的风险收益目标，此时其他衡量指标也差不多会满足，而对于回撤期来说，则是另一种特征，是你想去度过的阶段。解决这一问题的最佳方法，是引入另一种类型的策略，该策略应与现有策略低相关。

认识你自己

在设计系统的过程中，我们很容易会这样说，"我希望最大回撤为20%，为此我愿意接受25%的平均收益。"当你开发出这样的策略并开始交易时，问题就产生了。假设你在3个月中回撤了10%，不管你是谁，你都会产生下列的疑问：

- 这个策略是否用一些方法进行了曲线拟合？
- 市场是否发生了改变？
- 波动率看上去太高（太低）了，是这个问题吗？

如果你把最大回撤设置得太高，在账户恢复之前（比如回来20%），你都会损失。因此，认识你自己非常重要。如果你是个交易新手，并且从来没有经历过20%的回撤，那就设置得低一些，可能还需要更低一些。我和数以千计的交易员们聊过，大多数人都会说，"如果收益为X%，我可以承受20%的回撤。"但在现实中，很少有人能做到这一点。不要把回撤看作收益的某个函数。你需要扛过回撤，才能实现收益。因此你应该把最大回撤设置在你能够坚持扛下去的水平。

本章小结

全球最顶尖的资金管理人，他们的平均年化收益也不超过30%，还会每5年经历一次比其平均收益略微低一点的最大回撤。不幸的是，平均年化最大回撤的统计数据不容易找到，不过这是个重要的值，因为为了实现你的收益，你每年都需要经历这个值。因此在开发可交易系统时，我们的目标必须包括这两方面的业绩目标：

1. 平均年化收益要至少比5年中的最大回撤高一点。
2. 平均年化收益应该是平均年化最大回撤的某个倍数。

第三条业绩目标是由交易员自己来定义的：你能够承受的最大回撤是多少？选一个现实点的数字。

本书将给你演示，如何开发符合这些目标的策略。事实上，当我们完成开发过程时，将会得到两个被充分定义的股票和商品策略，如果你愿意，你可以用它们来交易。在我们开发这些系统之前，还存在可交易性的另一部分内容，那就是你的策略在真实市场中的表现，必须与开发过程中的表现一致。下一章就将讨论，如何才能开发出一个能保持一致性的策略。

第 2 章 如何开发具有一致性的策略

一个可交易策略的开发包括两个步骤。第一步为确定该交易员所希望获得的风险收益特征，第二步为开发一个能满足这些要求，并在真实交易时的结果会与回测时一致的策略（具有一致性的策略）。本书余下的大部分内容都在强调，如何开发出能满足你交易目标的策略，而本章则会强调一些更为重要的东西：在开发具有一致性的策略时会遇到的陷阱。已经有很多人介绍过"如何来开发"的方法，本书只会介绍我的方法，而这是确保你能开发出具有一致性的策略的唯一方法。这种方法会尽可能地减小开发中的曲线拟合，并让开发中关于交易的假设尽可能贴近现实。显然，最大的陷阱是曲线拟合。本章中会使用统计学来帮助厘清一些概念，不要因为有数学，就跳过这些内容。这都是些重要的概念，如果你不能理解它们，你就总会开发出一些没法在真实市场中交易的策略，并且永远不知道为什么。

曲线拟合

当你在开发一个交易策略时，你会用历史数据来测试这些交易想法，看看它们是否会盈利。如果你有无限量的历史数据，那你就可以确信，如果该想法在历史数据中能够盈利，那它在未来也会盈利。不过我们永远都不会有无限量的数据。在最好的情况下，我们也只会有几十年的数据。对于"无限数据集"中的一个很小的子集，我们就不能说，回测中会盈利的想法，在未来就一定也能盈利。这一开发问题还常被一种被称为"曲线拟合"的行为而加剧。曲线拟合可以被定义为：要么是在对一个相对较大的数据集中开发策略时过度使用了交易规则、参数、过滤器和止损等，要么是在对一个相对较小的数据集中开发策略时合理使用了交易规则、过滤器等。

我们可以就这两种情况，都各给出一个曲线拟合的例子。就使用相对较大的数据集时的例子而言，有一个真实的故事。我认识的一个交易员，他在九十年代末用 45 分钟 K 线开发了一个标普 500 的交易系统。他用 1984—1998 年的标普 45 分钟历史 K 线数据进行分析。在这段测试期的大部分时间里，标普 500 期货都会在东部时间 9 点 30 开盘，并在东部时间 16 点 15 分收盘。因此在这 15 年里，每天都会有 9 个 45 分钟 K 线。总共就是 34000 个历史 K 线数据。用所有这些数据，他开发出了一个在这 15 年里只有不足 90 笔交易的交易系统。在这些交易中，只有很少的交易会亏钱，单笔交易平均盈利超过 2000 美元。他通过计算认为，使用这个策略，他每年都会让起始资金为 10000 美元的账户翻倍。几年后我又见到他，于是问他的系统表现得如何。他挠了挠头后说道，他不知道哪里出了问题。当他一开始交易这个系统时，它就"停止工作"了。我认为，导致这一结果的真正原因是，他对这个相对大的数据集使用了太多的条件、过滤器等，这让他分离出了 90 个会有很高盈利的短时间期限。

对一个小数据集使用正确的开发方法所导致的曲线拟合

就使用一个相对小的数据集而产生的曲线拟合例子，可以看一看 20 世纪 80 年代的瑞士法郎。之所以选择这个时间段，是因为瑞士法郎在 20 世纪 80 年代有很漂亮的趋势。假设我们用移动平均线来确定趋势。如果今天的 n 日均线高于昨天的，趋势就在向上，因此你买入一手合约。你持有这个头寸,直至今天的 n 日均线低于昨天的。当这种情况发生时,你把多头平仓,并开空仓。这被称为反转系统。你总是持有头寸,要么多,要么空。表 2-1 显示了当 n 日均线从 10 天变化至 100 天(步长为 10 天)时的交易结果。

表 2-1 瑞士法郎移动平均系统,1980 年 1 月 1 日—1989 年 12 月 31 日:变化的 n 日均线

天数	盈利交易数	亏损交易数	盈利额	单笔盈利额
10	116	184	31625	105
20	77	127	64200	315
30	59	99	50763	321
40	49	63	61037	545
50	37	43	72072	900
60	25	59	45187	538
70	36	54	56275	625
80	25	53	55500	712
90	22	40	63475	1023
100	25	39	62925	983

该表显示出,瑞士法郎在 20 世纪 80 年代的趋势有多强。每个移动平均点都会有显著的盈利。如果我们选择 50 天移动平均线,并添加一个 n 日回顾过滤器来改善结果。趋势交易的一个原则就是只对长期趋势的方向交易。一个 n 日的回顾过滤器就是一种这样做的方法。你回头看看 n 天之前的数据,如果今天的收盘价高于 n 天之前的收盘价,趋势就在向上,那你就只做多头交易,而如果今天的收盘价低于 n 天前的收盘价,你就只做空头交易。当我们把这个逻辑添加到我们之前的 50 天反转系统中,就会得到表 2-2 中的结果(回顾期从 60 天变化至 150 天)。

表 2-2　瑞士法郎移动平均系统，1980 年 1 月 1 日—1989 年 12 月 31 日，增加 n 日回顾趋势过滤器

天数	盈利交易数	亏损交易数	盈利额	单笔盈利额
60	28	36	66924	1046
70	31	37	70987	1060
80	34	33	75737	1130
90	33	33	78349	1187
100	31	32	75849	1204
110	31	31	79187	1276
120	31	31	77287	1247
130	29	32	74487	1221
140	31	31	77412	1249
150	30	29	74200	1258

让我们选择 110 天回顾过滤器作为原系统的增加部分，接下来让我们增加一些风险控制措施。让我们使用"灾难性止损"（损失"太多"）来退出交易。当我们持有多头或空头时，把灾难性止损设置在距离入场点位 X 美元处。如果该止损被触发，我们就不再做相同方向的交易，直到出现反方向的入场信号。有两种方法来实施这个止损。第一种方法是，你可以用"除非撤销否则一直有效"（good until canceled）指令来设置止损。在这种情况下，该止损单会一直在市场中（当然需要在开市时间，没有什么会 24 小时/7 天一直交易的）。第二种方法是，你可以等某一天的收盘价超过止损价时，就在第二天开盘时出场。在这种情况下，你的损失可能会超过止损额，不过也会有两方面的好处。第一个好处就是该止损不会在市场不活跃的时间段内被触发；几乎所有商品的买卖价差，在夜间都会扩大，有时会非常大，如果是活跃止损单的话，可能会一下子亏很多。另一个好处是，许多情况下，活跃止损单都会在日内被触发，而在收盘时又回到止损价之内。在这种情况下，你的交易会继续存在，有可能会变成盈利。表

2-3 显示了用第二种止损方法时的交易结果，止损额从 250 美元变化至 2000 美元。

表 2-3　瑞士法郎移动平均系统，1980 年 1 月 1 日—1989 年 12 月 31 日，增加 110 日回顾趋势过滤器和灾难性止损

天数	盈利交易数	亏损交易数	盈利额	单笔盈利额
250	20	40	32588	526
500	23	40	38324	608
750	31	33	84887	1326
1000	30	34	82775	1293
1250	30	34	80512	1258
1500	30	35	79662	1226
1750	30	35	77162	1187
2000	31	34	75425	1160

显然，最佳的止损额为 750 美元。

该系统具有以下特点：

- 如果回撤是合理的，这将是一个非常好的系统。平均年化收益为 8500 美元，而每手合约所需要的保证金平均仅为 3000 美元。如果有个系统能产生这样的交易结果，我会很愿意去交易它。
- 该系统很纯粹和简单：一个入场条件，一个过滤器和一种风险控制逻辑。我想不会有人会认为它有太多的变量，或者被过度优化了。
- 750 美元的止损相对较小，因此即使你连续止损了两次或三次，也不会对你的账户有太大的影响。
- 亏损交易数比盈利交易数多这一事实，并不是我所关心的内容。平均来看，大多数长期趋势跟随系统都只有 30%—45% 的胜率。
- 单笔交易的平均盈利为 1326 美元，这已经足够好了。因为滑价和

手续费都只占盈利的很小比例。

你知道，这是一个曲线拟合的例子，那么后续结果会怎样呢？表 2-4 显示了这个系统在 1990 年至 2010 年间交易瑞士法郎的结果。

表 2-4 瑞士法郎 50 日移动平均系统，1990 年 1 月 1 日—2010 年 12 月 31 日，含 110 日回顾趋势过滤器和 750 美元灾难性止损

盈利交易数	亏损交易数	盈利额	单笔盈利额
77	154	30638	133

该系统在 20 世纪 80 年代的年平均盈利为 8500 美元，但在后续的 21 年里变成了只有 1500 美元。该系统显然适合瑞士法郎在 20 世纪 80 年代的超级趋势行情。在随后的时间里，法郎变得不那么"有趋势"了。我们曲线拟合在了一段相对小的数据集中，尽管我们并没有给该系统添加大量的规则、过滤器等。

曲线拟合与开发样本中所产生的交易笔数有关

我们对比下这两个曲线拟合的例子，其中有一个相似之处：它们在开发样本中所产生的交易笔数都相对较小。我们可以假设，曲线拟合与开发样本中所产生的交易笔数有关。我们知道，如果我们有无限笔的交易，那我们就能了解这些交易的全部信息，也就不存在曲线拟合了。问题在于：需要多少笔交易才能"足够"代表这个无限的样本呢？对于这个问题，我们可以用一个实验来说明。选择一种商品，生成大量的交易笔数，从这个大样本中抽取一个较小的样本，然后看这个较小的样本需要包括多少笔交易，才能让其统计特征与大样本（"无限的样本"）基本一致。如果该假

设①是正确的,那么我们将看到,随着小样本的样本规模变得越来越小,其与大样本的差异会越来越大;而随着小样本的样本规模变得越来越大,其与大样本的差异会越来越小。图 2-1 显示了这种想法。

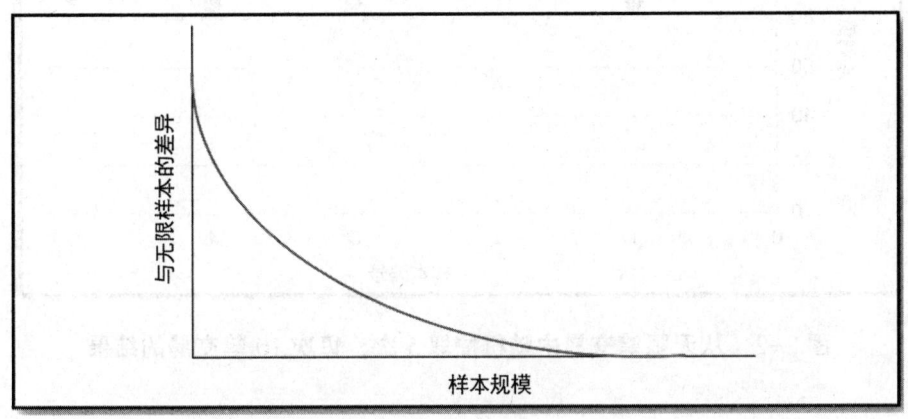

图 2-1　样本规模越大,其与无限样本的差异会越来越小

关于该方法的唯一争议是如何界定"结果存在差异"。幸运的是,统计学家们已经帮我们解决了这个问题。他们的方法被称为标准误差。你可以计算出这个无限样本的价值的平均值(单笔交易平均盈利),然后从中随机抽出不同时间的 n 笔交易。然后计算这些小样本的平均值,以及这些平均值的标准差,你就可以得到标准误差。我们可以用一个例子来说明这个过程。

假设你用一个策略生成了无限多笔交易,这个无限笔的样本的单笔交易平均盈利为 100 美元。你决定从中随机抽取 10 笔交易,然后看它们的结果是否与无限样本的分布一致。图 2-2 显示了随机抽取 5 次,每次抽取 10 笔交易时的结果。

---

① 指曲线拟合与开发样本中所产生的交易笔数有关的假设。——译者注

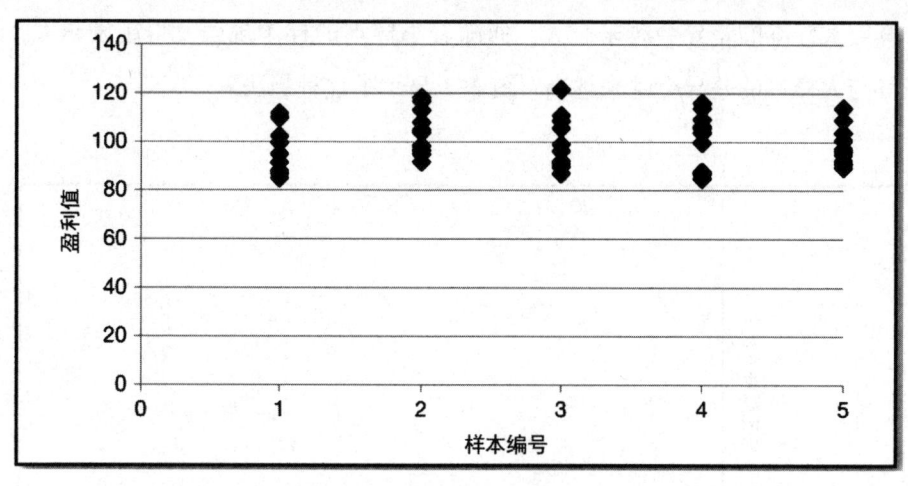

图 2-2　从无限笔交易中随机抽取 5 次，每次 10 笔交易的结果

每次抽样的单笔交易平均盈利为：

样本 1 的均值：97.94

样本 2 的均值：104.6

样本 3 的均值：100.17

样本 4 的均值：101.43

样本 5 的均值：98.89

　　这 5 个单笔交易平均盈利值的标准差，也就是标准误差为 2.59。现在来看看这个数值代表了什么涵义。从统计上说，68.3%的样本都介于无限样本均值 100 上下一倍标准差的范围内。0.683 乘以样本数量 5，得到 4.098 个样本。这意味着，当抽样次数为 5 时，应该有 4.098 个抽样结果的均值位于 97.41 和 102.59 之间（均值 100 减去一倍标准差 2.59 得到 97.41，均值 100 加上一倍标准差 2.59 得到 102.59）。在我们的例子中，有 4 个抽样结果的均值位于该区间内，有 1 个抽样结果（104.6）在区间之外。如果我们扩展这个例子，进行数百次抽样，每次抽取 10 笔交易，就会出现下面的结果：

- 68.3%的样本均值会位于100减去1倍标准差和100加上1倍标准差的区间内。
- 95.4%的样本均值会位于100减去两倍标准差和100加上两倍标准差的区间内。
- 99.7%的样本均值会位于100减去3倍标准差和100加上3倍标准差的区间内。

对于一个交易员而言，这意味着，如果你开发出了一个策略，其单笔交易平均盈利为100美元，标准误差为2.59美元，那么你就有68.3%的信心认为，该策略的单笔交易平均盈利的真实值会在97.41—102.59美元之间。并且你有99.7%的信心认为，单笔交易平均盈利的真实值会在92.23—107.77美元之间。

这就是标准误差的原理，不过在真实世界中，你没法进行数以百次的抽样。你只有一个样本，也就是你的回测结果。这种情况下该怎么做呢？别担心，有一个方法可以只用一个样本，就能估计出标准误差。计算你回测中各笔交易的标准差，然后除以样本规模的平方根。下面是我之前的5次抽样（每次10笔）的计算结果：

样本1：均值=97.94，标准差=10.26，

标准误差=$(10.26/\sqrt{10})$=3.25

样本2：均值=104.6，标准差=9.28，标准误差=2.94

样本3：均值=100.17，标准差=11.19，标准误差=3.54

样本4：均值=101.43，标准差=11.34，标准误差=3.59

样本5：均值=98.89，标准差=7.97，标准误差=2.52

根据先前使用所有抽样结果来计算时的结果，我们知道，标准误差应该为 2.59。因此只用一个抽样结果所计算出的标准误差不会太精确，但都比较接近。

在我们离开这些假想的例子去交易之前，还有另一个概念需要介绍：无限样本的方差。在之前的例子中，我们的 5 次抽样（每次 10 笔）结果都与无限样本的均值 100 比较接近。每次抽样的结果，与均值 100 都没有离得太远。这是因为我们在生成数千次交易以形成无限样本时，设置的标准差为 10。标准差为 10 意味着在随机生成的交易中，68.3%的交易会位于 90—110 的区间内（100 减去 1 倍标准差，以及 100 加上 1 倍标准差）；95.4%的交易会位于 80—120 的区间内（100 减去两倍标准差，以及 100 加上两倍标准差）；99.7%的交易会位于 70—130 的区间内（100 减去 3 倍标准差，以及 100 加上 3 倍标准差）。真实交易的分布不会这么窄。亏损时可能会亏数百甚至上千美元，而赚钱时也会这样，甚至更多。与我们示例中 60 美元的 3 倍标准差范围①不同，真实交易分布的变化范围可能为数千美元。基本上，基准分布的标准差（或者方差）越大，标准误差也会越大。下面的例子与先前的例子类似，只是无限样本的标准差不再为 10，而为 500。这会给我们一个为 3000 美元的 3 倍标准差区域，99.7%的交易会位于单笔交易平均盈利（或交易均值）上下 1500 美元的区间内。类似的，我们从这个均值为 100 美元，标准差为 500 美元的"无限交易池"中，进行了 5 次抽样（每次 10 笔交易），结果如下：

样本 1：均值 = 263.29 美元，标准误差 = 165.81 美元

样本 2：均值 = −31.05 美元，标准误差 = 151.96 美元

样本 3：均值 = −71.57 美元，标准误差 = 95.18 美元

---

① 当选择 3 倍标准差时，区间上限与下限之差为 130−70=60。——译者注

样本 4：均值 = 198.69 美元，标准误差 = 148.14 美元

样本 5：均值 = 275.74 美元，标准误差 = 195.65 美元

平均均值 = 127.02 美元

由于平均均值为 127.02 美元，这组抽样结果比均值为 100 美元的无限样本要好一些。上面的结果表明，当无限分布的方差相对较大时，标准误差也会扩大。当标准差为 10 时，标准误差为 2.59，而当标准差为 500 美元时，标准误差现在的范围是 95.18—195.65 美元。

再强调一遍，这个结果意味着，如果某位交易员的回测结果产生了 10 笔交易，平均损益为 275.74 美元，标准误差为 195.65 美元（即样本 5），那么他会有 68.3% 的信心认为，该策略的单笔交易平均盈利的真实值会介于 80.09—471.39 美元之间。你或许认为这个结果还不错，想赌一把，就交易这个策略。但你还需考虑到，你在回测中可能会得到样本 2 的结果。在这种情况下，样本均值有 68.3% 的可能性会介于 -183.01 和 120.91 美元之间，这就没什么吸引力啦。

这个例子可以用来说明我们都会面对的另一个问题。如果把这 5 次抽样均视为单独的回测结果，可能在回测中对某个参数的值进行了细微的改变，所以导致了不同的结果。我们很可能会认为，样本 1 和 5 的结果对我们有利，而样本 2 和 3 则对我们不利。但这些结果其实都来自于同一个分布。因此，如果样本规模很小，而标准差又相对较大，我们就很难做出判断。

用真实交易数据对曲线拟合与样本中交易笔数有关的假设进行检验

现在回到主题，让我们用真实交易数据来对我们的假设进行检验。我选用了黄金，这是因为我有黄金自 1975 年以来的全部日频数据。为了生成大量的交易，我使用了 20 日移动平均反转系统。当今天的 20 日收盘价平

建立稳固的交易系统：和回测结果一致，满足你的风险-收益目标的可交易策略

均值高于昨天的平均值时，该系统会做多；而当今天的20日收盘价平均值低于昨天的平均值时，该系统会平掉多头头寸，并做空。下面是该策略的一些回测结果：

盈利交易数：233

亏损交易数：450

总盈利：22400美元

单笔平均盈利：32.80美元

单笔交易最大盈利：16230美元

单笔交易最大亏损：5150美元

所有交易的标准差：1884美元

对于我们的分析而言，该策略是否是一个可交易策略并不重要。我们想知道的是，样本中应该有多少笔交易，才能让样本结果与总体结果比较接近。为了做这样的分析，我们把所有683笔黄金交易的损益都放在一个文件袋里。然后从中多次随机抽取相同数量的笔数，并计算每次抽样的均值。对于每个样本规模，我们都进行了10000次抽样。这10000次抽样的均值的标准差被用来计算该样本规模的标准误差。比如样本规模为90笔交易，那就从这个包含有693笔黄金交易的文件袋中，随机抽10000次，每次抽90笔交易。每抽样一次，就计算抽中的90笔交易的平均值，共计算10000次。然后再计算这10000个平均值的标准差，并用标准差除以90的平方根来得到标准误差。这个计算的结果约为200美元。图2-3显示了不同交易笔数时的标准误差。样本规模被限制在300以内，这是因为我们的交易文件袋中一共也只有683笔交易。

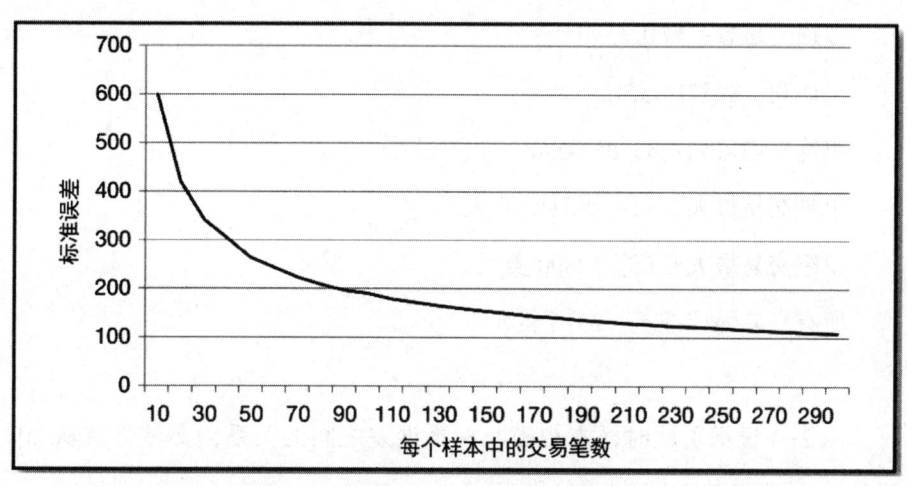

图 2-3　不同交易笔数时的标准误差

计算标准误差的过程为：对于每个样本规模，我们都抽出了 10000 个样本，计算每个样本的平均值，然后计算这 10000 个平均值的标准差，进而计算得到标准误差。样本规模从 10 笔交易递增至 300 笔交易，步长为 10。图 2-3 显示，随着样本规模增加，标准误差在下降。这与我们的假设是一致的。但样本规模为 300 时，标准误差约为 100 美元。此时仍与真实分布有较大偏差。此时，1 倍标准差区域为从均值 32.80 美元减去 100 美元，即 -67.20 美元，到 32.80 美元加上 100 美元，即 132.80 美元。显然，为了更为准确地定义基准无限样本，需要更大的样本规模。不过如果我们合理的限制抽样时的样本规模，那这 683 笔黄金交易就足以作为我们的"无限样本"。

为了得到更大的无限样本，我们可以使用商品系统公司（Commodity Systems Inc. INC）所提供的 37 种商品自发布以来的全部连续合约数据。通过使用这些数据，20 日反转系统在回测中产生了如下结果：

盈利交易数：7875

亏损交易数：17107

总盈利：845713 美元

单笔平均盈利：33.85 美元

单笔交易最大盈利：99641.20 美元

单笔交易最大亏损：12800 美元

所有交易的标准差：2316 美元

图 2-4 显示了此时样本规模与标准误差之间的关系，交易笔数从 20 增长至 1000，步长为 20。

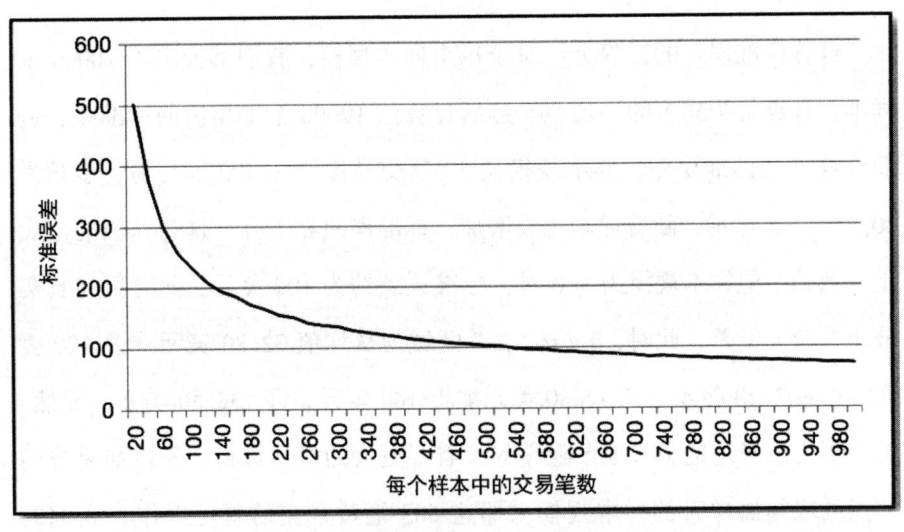

图 2-4　在更大规模商品交易笔数时，样本规模与标准误差之间的关系

图 2-4 显示，即使样本规模达到 1000 笔交易，标准误差仍相对较大——约为 75 美元。

对于上面的讨论，交易员可以从中学到一个实践上的经验。你回测结果的方差越大，你的样本规模就应该越大，这样你才会有足够的信心认为，该回测结果是对该策略在未来交易结果的真实反映。在第一个例子中，交易样本的标准差为10。当我们从这个分布中进行10次抽样时，所产生的标准误差约为2.5，而当交易样本的标准差增至500时，同样进行10次抽样，标准误差就增长至95—195的区间。根据上图（图2-4）我们知道，当交易的标准差增长至2316时，标准误差将约为500。对于短线和长线交易员而言，这些事实既有好消息，也有坏消息：

- 短线交易策略会有更小的平均盈利（坏消息），但平均亏损也会更小（好消息）。所有交易的标准差会相对较小，因此标准误差也会相应较小，此时很少数量的样本就可以避免曲线拟合（好消息）。
- 长线交易策略会有更大的平均盈利（好消息），但平均亏损也会更大（坏消息）。所有交易的标准误差会相对较大，因此标准误差也会相应较大，此时就需要更多数量的样本来避免曲线拟合（坏消息）。

对曲线拟合进行检验

统计学的部分结束了。上一节的重点是想说明，对于大多数交易系统（我没有说所有交易系统，不过我认为应该是所有），都需要在回测中产生数以百计的交易笔数，才能避免曲线拟合效应，这样才有信心认为，真实交易会与回测中所使用的参数相匹配。我不推荐大家去对自己的系统做统计校验，以看其是否存在曲线拟合。我有一个相对简单和稳健的方法提供给大家，以帮助你判断某系统在开发时是否避免了曲线拟合。这个方法是"构建、重新构建和比较"，简称为BRAC。该方法会使用你准备交易的品种的所有历史数据。在构建交易策略时，对你所实施的步骤和所使用的选择逻辑进行跟踪，如果你构建出一个表现还不错的策略，你就完成了"构建"部分的工作。下一步，剔除部分最新的历史数据。如果你使用了20年的日频K线数据，你可能需要剔除最近一年的数据。然后再用这个相对较小的数据集来"重新构建"你的交易策略，使用你在第一次构建策略时所使用的相同步骤和决策标准。最后一步就是把所有历史数据导入到这个"重新构建"的策略中，并将其结果与先前第一次构建出的策略结果相"比较"。如果两者的表现比较接近，你就有较大的信心认为，你的策略会在真实交易中有效。

BRAC 示例

现在使用我们之前在讨论曲线拟合时所使用过的37种商品数据，来构建一个移动平均系统，就像我们在本章之前讨论瑞士法郎曲线拟合例子，所构建的交易系统一样。在那个例子中，我们使用了下列的步骤和相应的选择逻辑：

- 变化移动平均的天数，从10变化至120，步长为10。选择能产生最大盈利的天数。
- 变化回顾过滤器的天数，从10变化至120，步长为10。选择能产生最大盈利的回顾值。
- 变化灾难性止损的值，从250美元变化至2000美元，步长为250美元。选择能产生最大盈利的止损值。

当实施了这三个步骤和相应的判断逻辑，我们就能得到表2-5所示的结果。该表使用了CSI自发布这37种数据以来至2010年末的全部数据。

表 2-5 对 37 种商品执行移动平均系统：移动平均的天数

天数	盈利交易数	亏损交易数	盈利额	单笔平均盈利额
10	11614	24153	-884394	-25
20	7875	17107	845713	33
30	6318	13976	1084360	53
40	5266	12153	1377589	79
50	4734	10822	1433893	92
60	4208	10060	1579068	110
70	4021	9020	2005335	153
80	3585	8201	2252218	191
90	3287	7569	2403499	221
100 *	3158	7067	2591263	253
110	2923	6810	2253408	231
120	2820	6441	1863185	201

* 根据判断标准所选择的值

在该步骤中，能产生最高盈利的天数为 100，这就是我们要选择的值。表 2-6 显示了当我们增加一个趋势回顾过滤器时的结果，此时只有与长期趋势方向相同的交易，我们才会执行。

表 2-6 对 37 种商品执行移动平均系统：增加 N 日回顾过滤器

天数	盈利交易数	亏损交易数	盈利额	单笔平均盈利额
110	2316	4887	2646091	372
120	2202	4665	2506464	365
130	2141	4536	2402654	359
140	2113	4428	2493393	381
150	2123	4363	2499807	385
160	2101	4264	2519704	395
170	2087	4171	2495891	399
180	2043	4129	2538957	411
190	2038	4102	2612408	425
200 *	2055	3996	2681790	443

* 根据判断标准所选择的值

当回顾过滤器为 200 天时，能产生最大盈利，因此我们就选择该值。现在让我们增加一个灾难性止损。表 2-7 显示了这些结果。

表 2-7　对 37 种商品执行移动平均系统：增加灾难性止损

灾难性止损(金额)	盈利交易数	亏损交易数	盈利额	单笔平均盈利额
250	2362	8682	2140902	193
500	2260	6474	2298666	263
750	2196	5516	2390608	309
1000	2160	4982	2482679	347
1250	2141	4705	2538943	370
1500	2127	4540	2524710	378
1750	2116	4411	2542710	389
2000 *	2103	4326	2555125	397

* 根据判断标准所选择的值

2000 美元的灾难性止损能产生最大盈利，因此我们就选择该值。

对所有的数据，该系统能产生 2103 笔盈利交易，4326 笔亏损交易，整个测试期内的净盈利为 2555125 美元。对于测试期的最后一年（2010 年 1 月 1 日至 2010 年 12 月 31 日），该系统有以下的盈利能力比较基准：

盈利交易数：101
亏损交易数：205
总盈利：333407 美元

现在让我们回过头来，使用相同的步骤和判断逻辑，重新构建该策略，只是把最后一年的数据从回测中剔除掉。表 2-8 至 2-10 显示了在每一步中根据判断标准所选择的参数值。

表 2-8 对 37 种商品执行移动平均系统：移动平均的天数

天数	盈利交易数	亏损交易数	盈利额	单笔平均盈利额
100 *	2982	6707	2250087	232

*根据判断标准所选择的值

表 2-9 对 37 种商品执行移动平均系统：增加 N 日回顾过滤器

天数	盈利交易数	亏损交易数	盈利额	单笔平均盈利额
200 *	1957	3832	2361508	407

*根据判断标准所选择的值

表 2-10 对 37 种商品执行移动平均系统：增加灾难性止损

灾难性止损（金额）	盈利交易数	亏损交易数	盈利额	单笔平均盈利额
2000 *	2002	4121	2221718	362

*根据判断标准所选择的值

可能会让你感到有些意外，每一步所选择的参数值与之前用全部样本时的选择是一样的。我对此并不奇怪，因为如果你开发的某个策略有数以千计的交易笔数，那么最优的参数集就不会每年都变。我以前开发过一个被称为偏差（Aberration）的策略，它交易由 35 种商品构成的篮子，最优的参数值为 80 天的数据。25 年过去了，它仍是最优的参数值，现在我用它来交易一个由全球 57 种商品构成的篮子。因此在这个 BRAC 检验中，第二步中所剔除的一年数据会产生的交易结果，与之前用全部数据来回测的结果一致。在后续的章节中，我们将会开发更多的策略。我们会对一些策略进行 BRAC 检验，其中一些会存在曲线拟合的特征。不过请记住：因为我们没有无限的数据集，并且我们是在用历史数据开发策略，因此总会有一些曲线拟合特征。关键在于，应尽可能的让曲线拟合效应最小。

BRAC 检验与样本外检验

有趣的是，有些东西被无限拔高，被狂热崇拜，被视为某个特定问题的唯一和终极解决方法。在交易的世界里，我认为以下三种说法就可以归为此类：

1. 蒙特卡洛分析能够告诉你，你的策略将会如何，以及最糟糕的回撤会是怎样。
2. 背离信号是一个非常强的入场技术。
3. 判断一个好系统的唯一值得信赖的方法是样本外检验。

我会在本书的其他部分讨论我对蒙特卡洛分析和背离信号的看法，这里我们主要讨论样本外检验。在研讨会时，我常被问及的一个问题是，在交易该系统之前，你进行了多少样本外检验？我一点都没有做。如果开发的系统通过了 BRAC 检验，那它就与我在交易的其他系统是一样的，我就会去交易它。样本外检验的主要问题在于，没有迹象表明，样本外检验有用。假设你用可获得的全部数据来开发了一个系统，然后你的样本外检验是"观察它在明午的交易结果。"你做了长达 20 年的回测，其中产生了数以千计的交易，年平均盈利为 20000 美元，年平均回撤为 10000 美元，最大回撤 20000 美元。当你观察样本外一年的结果时，你发现你亏了 5000 美元，回撤了 15000 美元。这是否就说明策略在样本外检验中失效了呢？我认为要视情况而定。假设该策略在最近 5 年的交易结果如下所示：

时间	盈利	最大回撤
5 年前：	30000 美元	5000 美元

4 年前：	−5000 美元	15000 美元
3 年前：	40000 美元	5000 美元
2 年前：	15000 美元	15000 美元
1 年前：	20000 美元	10000 美元
平均	20000 美元	10000 美元

如果你的样本外检验发生在 4 年前，那 5000 美元的亏损和 15000 美元的回撤就会是"正确的"答案。不过由于这个检验结果，大多数人都会放弃这个策略。

如果你的样本外检验方法是用 20 年中的 19 年数据来构建策略，然后把预留的 1 年加回去，再看看策略的表现。那你就错过了关键的数据。数据的缺失是开发过程中的一个大问题。如果我们有无限的数据，那这一章根本就不会存在。为什么还要放弃掉一些数据，来让这个问题更加严重呢？

BRAC 方法则通过提供不包括在开发样本中的数据的业绩表现参考，并让你使用所有可获得的数据来作为开发样本，来解决了这两个问题。

关于曲线拟合的其他补充

我认为存在一个阴谋，来让交易员们陷入曲线拟合的陷阱中。这个阴谋是由那些销售开发软件的公司所炮制的。几乎所有软件都会提供一个"范图"，你可以在窗口中添加一个或多个图，然后用该图中所标示出的数据来开发策略。这会导致你开发策略时所使用的数据量太小。此外，这种通过点击来增加交易规则、止损和过滤器，并对它们进行优化的方法，会让使用者认为，"这就是该这样使用它们的方式"。我之所以称其为阴谋，是因为那些软件公司们知道，这种方法会导致曲线拟合问题，但在两周的试用期（卖出这些软件的公司一般都只提供两周的试用期）内，消费者使用这种范图，很容易就可以"发现交易的圣杯"。

更好的做法是，所提供的软件包能够允许使用者对相同的时间使用不同的数据，但如果是这样的话，你就很难找到一个可交易策略，而你在广告中所看见的交易模式，其实际效果也不会有广告中那么好。

进行有效回测的其他障碍

如果你开发了一个交易策略，结果在实际交易中失效，90%的可能性都是因为你在这些数据中对策略进行了曲线拟合。但还存在其他可能导致该问题的因素：

- 假设K线中的每个点都是可以交易的点。
- 在同一个K线中使用了双边交易指令。
- 对交易费用的现实性考虑。
- 偏爱限价指令。

这些障碍的相对好处在于，如果你的单笔盈利目标较大，这些障碍的影响会减小。如果你用日频K线来开发策略，并且希望单笔交易盈利500美元以上，那这些障碍可能会降低你的实际收益，但并不会让策略失效；而如果你想每天交易2—3次，每次赚50美元，那这些障碍就有可能会让策略失效，使其变为一个亏损的策略。

假设K线中的每个点都是可以交易的点

如果你使用日频K线，某个股票在某日的开盘价、最高价、最低价和收盘价分别为101、101、99和99。你的回测平台可能会假设该日有200个可交易点：从101到99的每分钱处均可以交易。在现实中，这个股票可能在开盘时为101，然后马上跌到100.5，再然后则以一分钱的价格变化，直至收盘时为99。如果你的策略会在100.95时发出空头止损指令，你的软件会给你这个价格，但在现实中，你的实际成交价为100.5，甚至更低。如果你是一名长线交易员，这0.45美元的价差不会对你有太大的伤害。但如果你在做短线交易，单笔交易就只想赚 0.10 美元，那这 0.45 美元就是你 4.5 笔交易的盈利。解决这一回测障碍的方法是，先用日频 K 线来开发策略，但当你发现了某个感兴趣的策略时，再用更小周期的 K 线（比如 5 分钟 K 线、1 分钟 K 线和分笔数据[①]等）来测试同样的策略，并将其结果与使用日频 K 线时的结果相比较。

在同一个 K 线中使用了双边交易指令

实际上，许多策略在同一个 K 线上都会发出一个或多个交易指令。例如：

- 突破系统。你在市场开盘价处放置一个买入止损指令和一个卖出止损指令，并让市场来决定你在首次突破时的头寸。
- 反趋势，或区间交易系统。你在当前价格之上放置一个限价卖出指令，并在当前价格之下放置一个限价买入指令，希望价格的上下波动能够在触发你的入场价格后反方向变动，在达到你反方向限价指令时出场。此时你反方向的限价指令扮演了目标盈利的角色。
- 条件指令。你在发出入场指令的同时，也发出一个当入场指令被执行时提供止损保护的条件指令。

这些类型的指令所产生的问题是，如果 K 线的范围包括了这两个指令，你就没法知道究竟是哪个指令先被触发。在上面列出的第二个例子中，谁先被触发并不重要，因为这两种交易都会盈利。但在另两个例子中，结果就不一样了。同上面一样，解决这一回测问题的方法是使用周期

---

① 分笔数据（tick data）是指每笔交易的数据，而不是某个时间周期中的信息加总。在中国，并没有真正意义上的分笔数据，都只是提供某个固定时间间隔的截面数据（包括最新的成交价、买报价、卖报价、买报量、卖报量、该固定时间间隔内的所有成交量等），证券交易所行情刷新频率为每 3 秒钟一次，期货交易所为每 500 毫秒一次。——译者注

更短的 K 线数据，从而发现究竟是哪个指令先被触发。

对交易费用的现实性考虑

交易费用包括滑价和手续费。（事实上，对盈利的征税也应该被包括在内，但没有人提及过这一点。）当我在 1993 年发布第一套实际交易的系统时，我为单笔持有时间为 60 个交易日的交易考虑了每手合约 75 美元的交易费用。60 天的添加项是考虑了合约展期的费用。在当时，经纪商一般会对每手期货合约一个来回的交易收取 25 美元的费用，另外他们还会对单笔订单额外收取 50 美元的费用，这笔费用与你的订单大小或下订单的时间（记住这个可怕的词："快速的市场条件"）都没有关系。这种情况持续了很久。随着经纪商之间的竞争变得越来越激烈（一个来回的手续费变为 2—5 美元，金额为 25000 美元的股票一个来回的手续费为 5—10 美元），以及电子化市场把买卖价差降低至几分钱，夜盘交易除外。因此交易费用的影响已经没有以前那样显著。不过如果你想找到一个（单笔）盈利相对较小的策略，现实的交易费用就会有很大影响。

下面是我在进行回测时所使用的滑价设置，你应该使用你的经纪商给你提供的手续费数值。

股票

我只交易那些在过去 5 个交易日中的平均流动性在 20000000 美元之上的股票。我把流动性定义为收盘价乘以成交量。出于流动性的考虑，我一般不会使用日内止损指令。我会使用下列类型的指令，并希望平均滑价能与我设置的值相等：

开盘时的市价指令：实际成交价为在开盘价基础上变化 0.015 美元，即 1.5 美分。

收盘时的市价指令：实际成交价为在收盘价基础上变化 0.0025 美元，即 0.25 美分。

限价指令：见下文的"偏爱限价指令"部分的讨论。

如果你的账户规模相对较小，那还有一些事是你需要注意的。零股交易目前被界定为订单量小于100股的交易。如果你在开盘时的市价指令中使用零股交易，你的滑价会比整手交易（交易量大于100股的交易）大得多。这是由于零股订单并没有被包括在交易所开盘时的撮合过程之中，只能与其他的零股交易进行匹配。此时的滑价会大许多，我会避免这样做。

商品

如果该策略的单笔盈利相对较高，我会交易一些不太活跃的商品，但此时我会为它们考虑更大的滑价。

日盘时段的市价和止损指令：25美元。

夜盘时段的市价和止损出场指令：我会等到日盘时段买卖价差更好时再出场。

外汇

我并不是一个外汇的大玩家，但当我交易外汇时，我的指令一般都是限价指令，这是因为，我认为外汇更容易以反趋势的形式来交易。如果你有一个外汇经纪商，而不是一个做市商，并且你对6种主要货币进行配对交易，那每个来回为3—4个价位，是个不错的数字。

偏爱限价指令

在某些点，我确信几乎所有交易员都从限价指令中发现了潜在的"金鹅"。表面上看，它们消除了对滑价的所有担心，因为你能获得你报的价格，甚至更好的价格。但现实情况是，滑价在限价指令中会以另一种形式表现出来：错误入场信号。我曾经交易过一个股票系统，它会每天放置20—30个买入限价指令。我只希望入场10次，因此当有10个指令被触发时，我的软件就会取消剩下的指令。该系统能够盈利，但永远不会像我回测时那样好。出现这一现象的原因是，我错过了那些最好的交易，而仅能实现那些市场价格在我的价格之下的交易，接下来市场价格可能会更低。换句话说，我错过了一些有大额盈利的交易，却总是陷入那些亏损的交易之中。

如果市场价格下跌至你的买入限价，除非卖方有足够的流动性，此时你的订单才能以买入限价成交。否则你就会错过这笔交易，或者只能部分成交。许多人会争论说，像标普和外汇这样的流动性非常好的市场，在每个价位都会有大量的流动性。事实并不是这样的。即使只交易一手合约，或一个 100000 美元的外汇单元，市场价格与你的限价指令相同，你的订单不会成交。但你的回测软件则假设你成交了。我曾经多次坐在屏幕前，看着在我的买入限价处，有几百手的买量在等着，我不停地叫着，"加油，让我的能够成交"，但它却没有发生。因此，对于使用限价指令来入场，或使用限价指令来止盈出场的策略，它们的问题在于，你会错过一些刚好等于你的价格的交易，你的实际结果会比回测时差一些。如果你的单笔盈利相对较大，你可能只是看到策略的实际表现比你的模拟交易会差一些。但如果你的单笔盈利相对较小，这个问题可能会导致你的策略失败。

对于那些使用限价指令来捕捉小额盈利的系统来说，成交率在实际交易中大幅低于回测时的情况，会造成巨大的影响，把一个盈利机器变为一个金钱陷阱。下面是一个真实案例。我在电子迷你标普合约（emini S&P）上使用 5 分钟 K 线图，实施了下列的交易逻辑，该交易逻辑在回测中具有非凡的结果。

入场指令

限价买入点 = 收盘价 − 0.75 点

限价卖出点 = 收盘价 + 0.75 点

入场后的止损

止损 = 入场后亏 75 美元（对应电子迷你标普合约为 1.5 点）

限价指令盈利目标

卖出平仓限价 = 收盘价 + 0.75 点

买入平仓限价 = 收盘价 − 0.75 点

在 2011 年 3 月 12 日至 4 月 12 日的一个月期间，该策略具有下列的回测结果：

盈利交易数：928

亏损交易数：330

总盈利：21525 美元

单笔交易平均盈利：15.90 美元

最大回撤：1262.50 美元

其模拟资金曲线在图形上差不多是一条从左下角到右上角的直线。但在真实交易中，所有的亏损交易都会发生，但你只能实现差不多一半的盈利交易。最喜欢该策略的人，可能是你的经纪商，因为他能对你每个月 600 次回转收取大量的手续费。

本章小结

在你开发出一个可交易策略之后，你希望它在真实市场中的表现与回测时一致。本章讨论了那些最可能让你策略表现下降的原因。截至目前的讨论，最可能的原因是在开发过程中的曲线拟合。因此在你的开发过程中，我强烈建议你问一下自己这个问题：开发过程中的这一步，是否会导致某种形式的曲线拟合？

附录 D 提供了几个可能会让你吃惊的曲线拟合案例。我建议你仔细看一看。确保低程度的曲线拟合的最安全方法，是你在交易中找到某个感兴趣的策略时，对它进行 BRAC 检验。

第3章 在你想交易的市场中，找到阻力最小的路径

本章考察了三个市场类别（股票、商品和外汇货币对）的交易特征。每个市场类别都是全球性的交易，在执行交易时都有大量的流动性。许多交易员认为，每个市场都应该用同样的方法来交易。不过，由于某些原因，这些市场类别的表现有很大的不同。此外，在单个市场类别中，单一的金融工具在不同时间框架下（月频、周频、日频和日内K线）也会有不同的表现。本章将会展示这些差异，并提供一个用来确定某个交易类别的特征的一般方法。

发现某个市场类别的倾向，是找到能有效交易该类别的方法的捷径。如果某个市场在某个时间框架下表现出趋势性，那包括移动平均、突破和趋势线等趋势跟随技术就是策略开发过程的很好起点。如果某个市场表现出反趋势的特征，那诸如RSI、随机数或动量等超买/超卖震荡指标就会是好的起点。

市场是不同的：日频K线

为了表明不同的市场类别在本质上是以不同的方式在运行，我们将使

用一个易懂的分析过程来分析日频股票和商品数据。在看到这些数据之后，你可能会对下列结论表示认同：股票主要以一种反趋势的方式在移动（在上涨过程中，弱势股的表现会超过强势股），而商品则倾向于以趋势的方式移动（强势商品会在上涨中持续强势，而弱势商品会在下跌中持续弱势）。这个分析过程包括以下步骤：

步骤1：确定比较基准为买入并持有策略的表现。在每月的月初，对两类资产的每个成员都进行投资。对于股票来说，用月末的权益除以该资产类别中的股票数量，股份数量代表着将要买入的金额。在该月末，这些股份都会以月末的市场价格卖出。对于商品来说，在该月的首个交易日开盘时每种商品都买入1手合约，并在月末的收盘时平仓。对于股票，我们使用由1714只高流动性股票在2000年至2011年的数据作为基准。股票的基准业绩矩阵是用每月单笔交易平均盈利的百分比来表示。对于商品，我们使用由56种全球性的商品组成的篮子在同样时间段内的数据来作为基准，而业绩矩阵则用每手交易的收益金额来表示。

步骤2：确定趋势跟随策略在强势股票和商品中的表现。这一步复制了买入并持有的方法和矩阵，只是每月初所买入的对象为上个月末收盘价在其最近20个收盘价平均值的一倍标准差之上的股票和期货。标准差是用最近20个收盘价来计算的。

步骤3：确定反趋势策略在弱势股票和商品中的表现。这一步使用了在趋势跟随策略中选择强势股票一样的方法和矩阵，只是此时所买入的对象为收盘价在最近20个收盘价平均值的一倍标准差之下的股票和期货。

对股票进行三步骤分析过程所获得的结果

表3-1显示了对股票进行三步骤分析过程所获得的结果。我们计算了每年的结果。每年平均盈利为该年中12个月的平均盈利。表尾中的单笔交易平均盈利为所有交易的平均盈利。

表 3-1 不同买入股票策略的结果，用每月平均盈利百分比来表示结果

年度	买入并持有	趋势跟随：买入强势股	反趋势：买入弱势股
2000	1.78	0.41	1.96
2001	0.41	-1.46	4.11
2002	-1.26	-1.11	-0.82
2003	2.95	2.56	3.85
2004	1.54	0.95	2.33
2005	1.01	1.19	0.65
2006	1.35	1.08	1.43
2007	0.99	1.68	0.81
2008	-3.57	-4.81	-3.79
2009	3.38	1.55	3.63
2010	1.08	-0.62	1.37
2011	0.03	-1.11	1.79
单笔交易平均盈利(%)	0.71	0.16	1.56

表 3-1 中结果显示，对由 1714 只股票构成的篮子采用买入并持有策略，所得到的单笔交易平均盈利为每月 0.71%。如果你采用买入强势股票的趋势跟随策略，单笔交易你将只获得 0.16%，这比买入并持有策略每月低了约 70%。但如果你在每月初采用买入弱势股票的反趋势策略，单笔交易你将获得 1.56% 的收益，这比买入并持有策略每月高了 100%。显然，当在使用日频 K 线股票数据（以及中期时间框架，比如月频）来交易时，最简单的方法应该是买入弱势股。

你还会发现，在相同的时间周期内，这个篮子中的股票的表现，比市场整体要好。这是由于幸存者偏差。我们在分析时，所选择的是在 2011 年底最活跃的 1714 只股票。在之前的年度中，可能有其他股票也应该列在该列表之中，但它们现在都不再交易了。许多股票是因为差的业绩。它们的贡献会让测试收益率与实际市场表现一致。还需指出，这并不是这个研究中的主要漏洞。我们对三个策略都使用了相同的市场数据。

对商品进行三步骤分析过程所获得的结果

表3-2显示了对由56种商品所构成的篮子进行三步骤分析过程所获得的结果。我们计算了每年的结果。每年的平均盈利为每个月每笔交易的盈利之和，再除以该年中的所有多头交易笔数。

表3-2中的结果显示，对由56种商品构成的篮子进行买入并持有交易，单笔交易平均盈利为66美元。如果你采用买入强势商品的趋势跟随策略，你将比买入并持有策略单笔多获得92美元，差不多增加了140%。如果你在每月初采用买入弱势商品的反趋势策略，你将比买入并持有策略单笔少获得43美元。显然，当在使用日频K线商品数据来交易时，最简单的方法是做个趋势跟随者：买入强势商品并卖出弱势商品。

当我第一次进行这个分析时，我非常吃惊，买入弱势商品的反趋势策略实际上居然能获得单笔交易23美元的盈利。我本来预想的是会亏损。我又用1980年至2011年底的商品数据对反趋势策略重新进行了测试。此时单笔交易的平均盈利为负45美元。我猜测这一差异可能是由于最近十年中资产类别基金的兴起所导致的。这些基金会只买入一种或多种资产类别，比如金属或能源。对于它们来说，如果它们的资产类别中的商品变得弱势，将是很好的买入机会。如果你在开发商品系统，你会发现，多头交易的时间长度常常是空头交易的两到三倍。表3-2显示了部分原因。任何时候，只要你买入，你就能从该笔交易中获得每月66美元的盈利（对所有商品进行买入并持有交易时，单笔交易的每月平均盈利）。

表3-2 不同买入商品策略的结果，用单笔交易的月平均盈利金额来表示结果

年度	买入并持有	趋势跟随：买入强势商品	反趋势：买入弱势商品
2000	8	−109	−205
2001	−305	−625	−903
2002	41	−9	196

2003	429	434	473
2004	68	299	834
2005	169	193	419
2006	353	940	45
2007	629	1085	-668
2008	-377	130	-668
2009	439	524	731
2010	345	381	833
2011	-642	-1113	1270
单笔交易平均盈利	66	158	23

对外汇对进行三步骤分析过程所获得的结果

在评价某个资产类别或某个时间周期的业绩表现时，先前的分析相对比较简单。在外汇交易中，存在7种主要货币：美元、欧元（在1999年之前，为德国马克）、瑞士法郎、英镑、日元、澳元和加元。每种货币都可以相对于其他货币进行交易，因此存在21种主要外汇对。在交易外汇对时，"一手"合约对应的是100000单位的该货币，并将单笔交易的结果都转化为美元。我们对这些外汇对自2000年初开始的日频K线数据进行了分析。结果如表3-3所示。

表3-3 不同外汇对买入策略的结果，用单笔交易的月平均盈利金额来表示结果

年度	买入并持有	买入强势外汇对	买入弱势外汇对	反趋势方法
2000	-109	506	-743	-572
2001	249	304	640	290
2002	283	-578	894	750
2003	170	-111	867	626
2004	143	-67	10	129

2005	−142	−233	−47	45
2006	670	63	1125	484
2007	−34	215	−477	−300
2008	−1348	1356	−1745	−1628
2009	140	−1040	986	1005
2010	−746	−2332	−22	1237
2011	−199	−1022	160	685
单笔交易平均盈利	−87	−101	178	137

表3-3的结果显示，对这21种外汇对采用买入并持有策略，单笔交易的平均盈利为每月亏87美元。如果你采用买入强势外汇对的趋势跟随策略，单笔结果你会比买入并持有策略低14美元。如果你采用在每月初买入弱势外汇对的反趋势策略，单笔结果你会比买入并持有策略高265美元。由于外汇对交易无需对多头或空头交易支付任何罚金，因此买入弱势外汇对并卖出强势外汇对的反趋势方法，将是阻力最小的路径。实施这一反趋势策略的结果显示在上表的最后一列中。此时的单笔交易平均盈利为137美元，这比买入并持有的比较基准高出了224美元。

人们一般认为外汇对的趋势性很强

这个结果可能会让很多交易员都感到吃惊。大家一般都把外汇视为具有强趋势性的金融工具。这个信念可能来自于商品货币[①]的趋势性很强。对外汇进行投机交易，是最近才流行起来的事，而对商品货币进行交易，则在20世纪70年代就开始流行了。当时就有6种商品货币在交易。它们都对应了几种主要货币与美元的比价。表3-4比较了买入并持有这六种主

---

① 商品货币（commodity currency）一般是指那些严重依赖原材料出口来获得收入的国家所发行的货币。在外汇市场中，商品货币一般是指澳元、加元、新西兰元、挪威克朗、南非兰特、巴西雷亚尔、俄罗斯卢布和智利比索等货币——译者注

要外汇对美元的外汇对，以及它们之间的外汇对的交易结果①，交易结果均用美元来表示。表中的最后两列比较了对这些外汇对和商品货币采用趋势跟随方法时的交易结果。

表 3-4 比较六种以美元为基础的外汇对于商品货币之间的外汇对：用单笔交易的月平均盈利金额来表示结果

年度	买入并持有以美元为基础的外汇对	买入并持有商品货币外汇对	对以美元为基础的外汇对采用趋势跟随策略	对商品货币外汇对采用趋势跟随策略
2000	172	-777	634	783
2001	266	-518	550	428
2002	170	844	-9	-106
2003	71	1355	1150	582
2004	367	567	10	-119
2005	-290	-984	-107	160
2006	474	416	-1052	-536
2007	233	639	1150	890
2008	-875	-573	2117	1989
2009	111	760	-1153	-416
2010	-344	521	-951	-1237
2011	-142	208	-996	-921
单笔交易平均盈利	22	214	210	208

表 3-4 提出了两个问题：

---

① 商品货币对美元的外汇对，比如澳元对美元、日元对美元等；而商品货币之间的外汇对，则为这六种商品外汇之间的外汇对，比如澳元对日元、日元对加元等。——译者注

- 为什么对以美元为基础的外汇对和商品货币之间的外汇对均采用买入并持有策略,结果会有显著差异呢?以美元为基础的外汇对单笔交易的平均盈利为 22 美元,而商品货币之间的外汇对则为其 10 倍,达到单笔交易 214 美元。
- 当在交易外汇对时,为什么趋势跟随策略在这六种主要货币对美元的外汇对中会盈利,而在所有的 21 种主要外汇对中会亏钱呢?

先来看第一个问题,存在两种可能性。首先,这个不一致可能仅仅与测试的时间段有关。可能在更长期的测试中,两者的差异就不会有那么显著。另一个很强的可能性,则与这些商品货币的定价"需要时间"有关。

更复杂的是第二个问题。从日频数据来看,以美元为基础的外汇对存在趋势跟随特性,而剩余的外汇对则存在反趋势的特征。表 3-5 显示了对七种货币对采用趋势跟随策略时的结果。

表 3-5 对外汇对采用趋势跟随策略:用单笔交易的月平均盈利金额来表示结果

年度	美元外汇对	澳元外汇对	英镑外汇对	加元外汇对	欧元外汇对	日元外汇对	瑞士法郎外汇对
2000	634	432	1075	762	606	980	357
2001	550	599	-1476	-820	591	1	-899
2002	-9	-817	-739	-1254	-985	85	-510
2003	1150	-689	-1071	-910	-756	-510	-973
2004	10	78	-211	637	223	-1351	126
2005	-107	-473	436	-142	-213	679	-327
2006	-1052	-512	-184	-98	-421	-520	-430
2007	1150	319	-85	517	376	916	438
2008	2117	3145	-935	618	1621	4588	1367
2009	-1153	192	-1584	-2023	-77	-891	-965
2010	-951	-1202	-1015	-927	-357	-1548	-1689

| 2011 | −996 | −1010 | −381 | −570 | −736 | −1327 | 46 |
| 单笔交易平均盈利 | 210 | 3 | −405 | −375 | 22 | −87 | −352 |

你会注意到，如果用一个类似的表来显示这些外汇对在反趋势跟随时的结果，其值会完全一样，只是符号相反：某年中正的 100 美元会变为负的 100 美元。

以美元为基础的外汇对表现出强趋势特征，而英镑、加元和瑞士法郎则特别适合反趋势跟随交易（如果用反趋势入场来代替趋势跟随入场，则表中的负数会变为正数）。趋势跟随货币与反趋势跟随货币的组合，以及反趋势跟随货币与其他反趋势跟随货币的组合，值得特别注意。基于表 3-5 所提供的信息，每个组中都存在以下的外汇对：

- 趋势跟随外汇对：美元对澳元、美元对欧元
- 反趋势跟随外汇对：英镑对加元、英镑对日元、英镑对瑞士法郎、加元对日元、加元对瑞士法郎。

表 3-6 显示了它们的年度表现。

表 3-6 明确地显示出，当对每种金融工具采用与其交易倾向相一致的策略时的结果。在这些数字中，对于趋势跟随外汇对，有 84 个盈利月和 69 个亏损月，总盈利为 103431 美元，而对于反趋势跟随外汇对，则有 192 个盈利月和 166 个亏损月，总盈利为 225376 美元。此外，表 3-6 还显示出，某个金融工具集的亏损年度，往往对应着另一个金融工具集的盈利年度。换句话说，当市场处于纠结状态，趋势不再延续时，反趋势的金融工具就会表现得比较好，而当市场变得对那些反趋势金融工具不利时，趋势跟随的工具则会表现得好。只有在 2005 年中，这两个金融工具集都亏损。

表 3-6 交易具有相同趋势倾向的外汇对：
用单笔交易的月平均盈利金额来表示结果

年度	对趋势跟随外汇对 采用趋势跟随策略	对反趋势跟随外汇对 采用反趋势跟随策略
2000	838	-1424
2001	-1360	1647
2002	-402	388
2003	2022	2905
2004	445	202
2005	-415	-472
2006	-370	142
2007	1062	-161
2008	4780	612
2009	-430	1846
2010	-1380	1926
2011	-1280	314
单笔交易平均盈利	675	629

在我们完成对外汇对趋势倾向分析之前，让我们来看一下由强趋势跟随的外汇和强反趋势跟随的外汇组成的外汇对。（澳元的单笔交易平均盈利只有 3 美元，而欧元在趋势跟随策略中只有 22 美元，因此它们都不是强趋势跟随或强反趋势的外汇，将会被剔除掉。）这些外汇对为：美元对英镑、美元对加元、美元对日元、美元对瑞士法郎。这些结果如表 3-7 所示。

使用日频数据，当你把一个强趋势跟随倾向的货币与一个强反趋势跟随倾向的货币组合在一起时，结果就是僵局：组合而成的工具将不具有持续性的趋势或反趋势特征。

表 3-7 对由不同趋势跟随倾向的货币组成的外汇对采用趋势跟随策略：用单笔交易的月平均盈利金额来表示结果

年度	盈利
2000	478
2001	432
2002	−273
2003	698
2004	−167
2005	−48
2006	−905
2007	1204
2008	130
2009	−1131
2010	−786
平均值	−950
单笔交易平均盈利	−12

日频 K 线的倾向小结

总结一下我们之前所分析的内容，我认为股票在日频数据上主要是一种具有反趋势跟随倾向的金融工具；而商品在日频数据上主要是一种具有趋势倾向的金融工具；总体而言，外汇对主要是一种具有反趋势倾向的金融工具，但对于外汇来说，存在一些具有或弱或强的趋势跟随倾向的外汇对。

市场是不同的：日内 K 线

我建议对你想交易的每种金融工具在你想交易的时间框架进行某种形式的"倾向分析"。如果你想交易 5 分钟 K 线，那就应该知道该金融工具是否倾向于趋势或反趋势。我们将使用股票、商品和外汇对的小时频 K 线数据来说明这一点。对于股票，我们将使用纳斯达克 100 指数中的 100 只股票自 2000 年至 2010 年底的数据。对于商品，我们将使用所有电子化交易的美国商品自 2000 年至 2010 年底的数据。对于 21 种外汇对，我们将使用自 2002 年至 2010 年底的小时频数据。

用日内 K 线来交易股票

股票的趋势跟随判断标准，是当最新的小时频收盘价在 10 个小时频收盘价平均值一倍标准差之上时，在下一个 K 线处做多。出场时间则为下一个交易日的收盘时。表 3-8 显示了测试结果。

股票数据再一次表现出向上的偏差，买入并持有策略的日平均收益为 0.07%。当在小时频数据中使用趋势跟随方法时，收益率几乎会翻倍。这与之前对股票做的日频 K 线分析结果刚好相反，在日频数据中，反趋势策略的结果会更好。这表明，某一金融工具在某个时间框架中的倾向，并不必然与其在其他时间框架中的趋势倾向一致。

表 3-8 对股票采用趋势跟随和反趋势跟随策略，单日收益：用单笔交易的平均盈利百分比来表示结果

年度	比较基准：在开盘时买入，在收盘时卖出	当收盘价高于 10 小时平均值之上一倍标准差时买入股票，在下一个收盘时卖出
2000	0.07	0.40
2001	0.10	0.25
2002	-0.05	0.18
2003	0.26	0.30
2004	0.13	0.14
2005	0.04	0.08
2006	0.04	0.01
2007	0.05	0.10
2008	-0.17	-0.12
2009	0.23	0.10

2010	0.09	-0.05
平均值	0.07	0.12

用日内 K 线来交易商品

对于商品，我们在分析中使用了 25 种有高流动性电子合约的商品。买入并持有策略被定义为在每天的收盘时买入，并在下一天的收盘时平仓。这些商品同样用一种趋势跟随方法来交易：如果收盘价高于最近 10 个小时频收盘价平均值之上一倍标准差时，则买入该商品；如果收盘价低于最近 10 个小时频收盘价平均值之下一倍标准差时，则卖出该商品。平仓时点则为下一天的收盘时。表 3-9 显示了这些测试结果。

表 3-9 对商品采用趋势跟随策略，单日收益：
用单笔交易的平均盈利百分比来表示结果

年度	比较基准：在每天的开盘时买入，在收盘时卖出	当收盘价高于 10 天平均值之上 1 倍标准差时买入商品，当收盘价低于 10 天平均值之下 1 倍标准差时卖出商品，在收盘时平仓
2000	44.64	95.06
2001	1.14	10.54
2002	28.14	7.25
2003	64.41	-23.05
2004	25.03	-71.14
2005	7.60	-4.66
2006	58.26	96.78
2007	44.02	29.34
2008	-80.68	47.78
2009	58.36	56.87
2010	29.46	50.55
平均值	21.26	30.05

商品也表现出一个显著的向上偏差，如买入并持有策略的单商品每日盈利所示，为 21.26 美元。趋势跟随策略则超出买入并持有策略 40%，为 30.05 美元。对于商品而言，日频 K 线和小时频 K 线都表现出趋势性。

用日内 K 线来交易外汇对

对外汇进行小时频分析的方法，与商品的方法一致。结果如表 3-10 所示。

在这个时间框架内，外汇对有下跌的倾向，这可以从比较基准每天每个外汇对亏损 11.64 美元这一点看出。趋势跟随方法的结果比比较基准高出 20 美元，趋势跟随方法的单笔交易盈利为 9.17 美元，而比较基准单笔交易会亏损 11.64 美元，与股票的情况一样，外汇对在日频数据中的倾向和在小时频数据中的倾向不同。

表 3-10 对外汇对采用趋势跟随策略，单日收益：
用单笔交易的平均盈利金额来表示结果

年度	比较基准：在每天的开盘时买入，在收盘时卖出	当收盘价高于 10 天平均值之上一倍标准差时买入外汇对，当收盘价低于 10 天平均值之下一倍标准差时卖出外汇对
2002	5.25	-100.85
2003	4.96	66.00
2004	5.45	37.423
2005	-2.70	-21.02
2006	33.31	50.95
2007	-2.13	-1.21
2008	-74.33	30.55
2009	5.59	24.00
2010	-35.39	-79.75
平均值	-11.64	9.17

为什么不同资产类别的趋势倾向会不同

我希望通过本章的分析，已经让你确信，不同资产类别的趋势倾向会不同。一个显然的问题是：为什么会这样？在日频数据的股票情形中，我认为它们主要是反趋势的金融工具，这是因为股票主要是由情绪驱动的，而非由价值驱动的。恐惧和贪婪的情绪会导致行动的羊群效应。当股票快速上涨时，贪婪会让投资者迫不及待地参与进去，以避免错过行情。随着越来越多的人参与进去，其市值会超过合理价值，直到再没有新的买家，然后股价就会掉头向下。此时，恐惧就会占主导地位，先前的盈利快速变为损失，投资者们会不计价格地卖出，以便尽快脱手。当再没有新的卖家时，市值会低于合理价值，然后新一轮向上的周期又开始了。虽然我无法证明这些论断，但我可以提供以下的证据：

当你买入股票时，你获得的是一张表明股票所有权的纸，而不是像金条或谷物等硬资产，而它们才是商品价值的基础。当网络股泡沫破灭前，没有人知道这些公司究竟该值多少钱。这些公司总在讲一些由会计游戏编织的故事，缺乏透明度。当缺乏一个明确的价值基准时，交易员/投资者们就不知道某个股票是否值得买。

随着股票市场出现泡沫并随后暴跌，自1997年至2003年，用标普500期货合约来度量的股票市场，在83.6%的时间里日波动幅度都超过收盘价的1%。在同样的时间段内，我们的由56种商品（比股票指数期货少一些）构成的篮子，只在53.6%的时间里日波动幅度超过1%；而商品货币在相同的时间段内，只在26%的时间里日波动率幅度超过1%。我很想知道，在没有基本面因素的影响时，为什么股票市场会每5天就有4天的波动超过1%。我认为肯定是交易员的情绪促使了市场的上涨和下跌。

本章小结

不同资产类别的交易方式是不一样的，对于同一资产类别，不同时间框架下的交易特征也会变得不同。在你开发策略之前，值得花点时间，来对你想要交易的工具在你想要交易的时间框架中的表现进行分析。本章提供了一种简单的分析过程，你可以用它来发现阻力最小的路径，这会成为你策略开发过程的一个很好起点。

第4章 交易系统的要素：入场

交易系统的开发是一个重复的过程，但该过程的起点常常是关于入场的想法。如果你在交易某个资产类别，或仅仅是某个诸如股票指数的金融工具，你就需要一些关于该类别或工具应该如何交易的一些想法，然后对你的这些关于如何在合适的时间点入场的想法进行检验。入场的想法可能比较简单，比如"我会顺着趋势，在连续出现两根阳线时入场做多，或在连续出现两根阴线时入场做空。"也可能比较复杂，比如"我会等到在艾略特波浪周期的第三浪中出现了三分之一的回调时才入场，然后在后续出现的每个斐波那契回调水平都增仓。"对于许多人来说，入场想法来自于其对图表的分析，在某个特定的图表形态下，可能会出现重复的向上或向下变动。一些入场想法则由某些关于技术分析的文献所激发。对于另一些人来说，比如我，会在逛街或除草的时候，头脑中就迸发出想测试的想法。不管你是属于哪种情形，如果你找到了一个不错的入场想法，剩下的开发工作就相当直接了。

本书会用3章的篇幅来详细介绍策略构建的过程，本章为其中第1章。第5章会分析如何在交易中出场，第6章则会介绍所使用的交易过滤器，这些过滤器与入场信号组合在一起，用来筛选出好的交易设置和筛除掉坏的交易设置。在这3章的分析中，我们将分别构建一个股票和商品的策略，来说明这个过程。当然，还会有一些其他的例子。在构建好策略之后，我会提供一个简单的资金管理度量方法，它是由资金曲线所计算出的，用来显示开发过程中最近一步的价值。这3章中所介绍的开发过程，就是我所使用的方法。你可以不断地重复该过程，直到你找到了某个真正能交易的策略。即便在之前的失败中，对于你将要去交易的市场，你也会学到一些东西。许多时候，正是这些失败，才会形成突破。如果在某些步骤中，结果变得更差了，那反方向做，可能就是正确的路。

由于这些议题非常重要，因为本章将首先从"确定入场想法应该有多好"这个过程为出发点。我把这个过程称之为"确定某个设置的入场能力"。使用这个方法，我们将对许多流行的入场技术进行定量分析。

入场：最重要的系统要素

很多人并不认为入场是最重要的系统要素。如果他们是趋势跟随者，他们会说，每个人都会发现趋势方向并参与其中，但不同的出场点，会造成很大的差异。当然，何时出场确实很重要，但入场点决定了你能够多快和多迅速地从一笔交易中获利。如果你的入场点很好，平均来看，你随便怎样出场都能获得盈利。但如果你的入场点不好，随机出场则没法盈利，不管你的出场点有多好，都是如此。入场点才是你的盈利优势，这就像拉斯维加斯的赌场的盈利优势一样。平均来说，它会让你很快就能获得盈利。交易系统的剩余部分，则只是确定盈利优势会在何时消失，然后就到了该出场的时间了。

在入场信号的设置逻辑中，好的入场点与使用多少根 K 线呈比例关系。K 线就是信息，一根 K 线只告诉了你一点点信息，你使用得更多，那你对未来会发生什么就会有更好的想法。如果你的入场策略使用了 10 根 K 线的信息，那它将会有一种预测能力，能够在后续的 K 线延续方向或转向之前，就产生特定水平的盈利。如果你的入场策略使用了 20 根 K 线的信息，那你的盈利就会比只使用10根K线来入场时更高和持续更长时间。类似的，在使用50根K线的信息时，你就能获得更大的盈利冲击和更长的持续期。图4-1显示了这个想法。

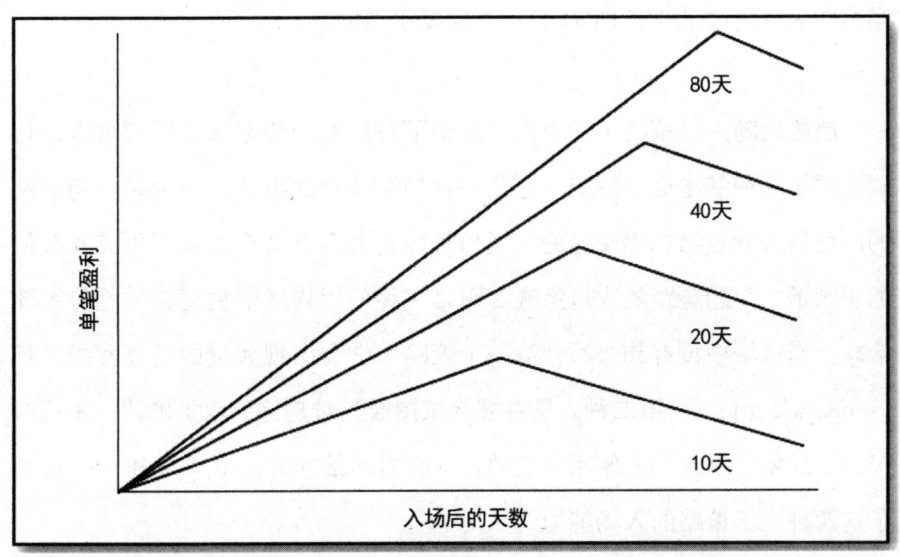

图4-1 盈利冲击和持续期与K线数量的关系

这是否意味着更多的K线能够产生更好的信号呢？并不是这样。在使用50根K线来产生1个信号的时间里，你的10根K线的入场策略所完成的交易笔数可能已经足够多，使得后者成为一个更好的选择。这意味着，你应该从一个共同的基础来比较入场信号。这个共同的基础是：用所使用的K线数量来决定入场。用每种入场策略所产生的交易信号来交易，以及在入场后的一段时间里，这些交易的累积盈亏来做比较①。

以下的两种入场策略例子，显示了它们在商品中的入场能力：

---

① 本文此处提供了一种对不同入场策略的入场能力进行比较的方法，即统计不同策略的入场信号，计算一定时间后出场时的平均盈亏，比如持有一天、两天等的单笔交易平均盈利。——译者注

趋势跟随入场策略1：当收盘价高于n日均线时做多，而当收盘价低于n日均线时反手做空。

趋势跟随入场策略2：当短期n日均线高于长期n1日均线时做多，而当短期n日均线低于长期n1日均线时反手做空。

趋势跟随入场策略1的规则，总结了对所有趋势跟随策略都可以进行测试的第一种基本交易系统。它是一种持续持仓的系统，因为第一笔交易的出场信号就是第二笔交易的入场信号。它总会有持仓，就不再需要其他的规则了，而趋势跟随入场策略2则是一种使用均线的更复杂的趋势跟随策略。当市场中没有趋势时，第一个策略中常会出现大量的反复亏损入场（whipsaw entries）。第二种入场系统则试图通过对趋势的双重确认，来规避掉部分反复亏损入场。使用我们的入场能力判断方法，图4-2和4-3总结了这两种入场策略的入场能力。

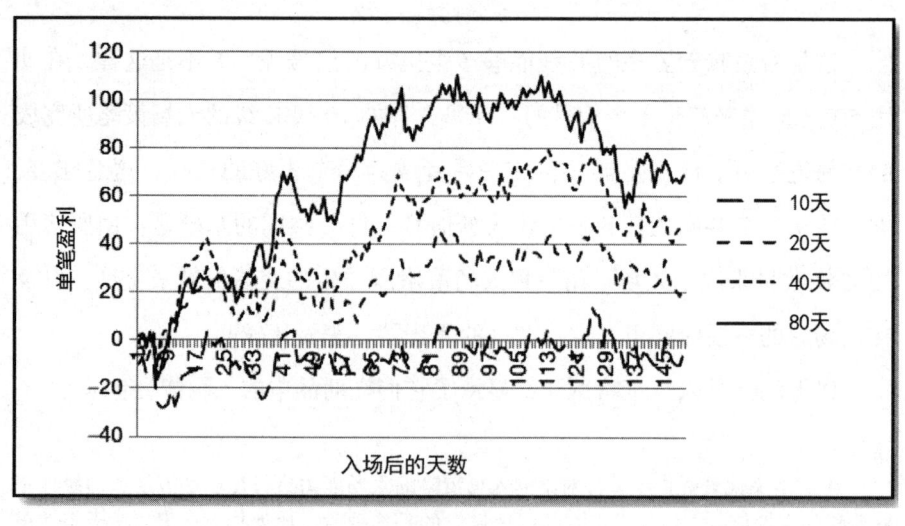

图4-2 趋势跟随入场策略1的入场能力（56种商品）

图4-2显示出，10日均线是最没有效率的入场方法。在150个交易日中，该方法的盈利总是在零线附近徘徊。20日均线的最大盈利点约为50美元/笔。40日均线则差不多能达到80美元/笔，而80日均线则在90个交易日后达到了110美元/笔。

在该图中有一个很有意思的反常现象：对于每条线，并没有在入场后一开始就变得盈利，而是在许多个交易日之后才变得盈利。10日均线入场直到入场20天后才变得盈利，20日均线在10天后才变得盈利，40日均线在入场7天后才变得盈利，而80日均线则在入场9天后才变得盈利。如果我要使用其中的某个入场策略，我就会利用这个信息。我会看一下，如果推迟入场，等到过了这些对应的天数之后会怎么样。或者用限价指令来获得一个比入场信号出现时的下一个开盘价更好的价格①。

这个反常现象指出了许多常见入场策略的一个特点：并不能在入场后就马上产生盈利，而是需要等待一段时间。之所以会出现这样的情况，可能是由于这些入场策略太出名了，因此有一些反向交易员会在这些信号出现之后进行反向交易。即使这些入场策略可能最终是有效的，但他们的交易量可能不能支撑反向入场的交易量，因此价格会反方向回一些。随后市场流动性最终满足了反向交易的需求，因此在几个交易日后这些头寸开始产生盈利。如果你在使用某个流行的入场策略，那就需要承受价格会反向走的缺点。

图4-3显示了双均线系统的入场能力。

---

① 趋势跟随策略1的原入场方式为，当入场信号出现时（收盘时），在下一个交易日的开盘时以开盘价入场。此处的意思是，由于原入场方法在入场后会平均亏几个交易日，所以可以等待几个交易日再入场，或者在入场信号出现后，用限价指令来等待一个比原入场价更好的价格来入场。——译者注

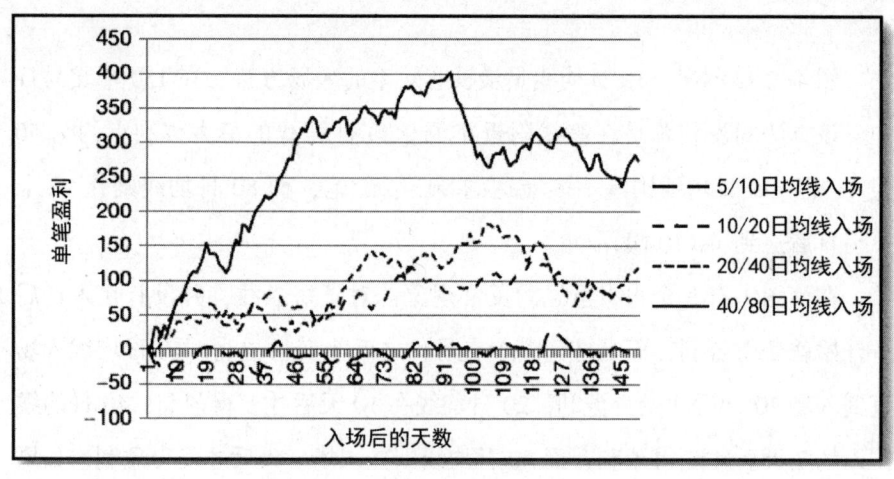

图4-3 趋势跟随入场策略2的入场能力（56种商品）

图4-3显示出，5日和10日双均线入场系统都不值得交易，它们的150天的整个入场后周期中都在零线附近徘徊。10日和20日双均线入场系统的盈利峰值约为125美元，而20日和40日双均线入场系统的盈利峰值约为175美元。40日和80日双均线入场系统的盈利峰值约为400美元。显然，这个入场策略的效率比入场策略1的单均线系统更高。不过，需要提醒的是，单均线系统的入场信号数量会比第二个系统多一些（大约为1.5倍）。

商品日频K线中常用的趋势跟随入场策略比较

本节中的图针对我们的56种商品篮子，对常见的入场策略使用了10、20、40和80根K线的信息。

相对强弱指数（RSI）

该指标是由王尔德（J. Welles Wilder Jr.）在其经典的《技术交易系统新概念》一书中介绍，其算法取决于在特定数量的K线中，上涨收盘价数量和下跌收盘价数量之间的比率。其结果被标准化为一个介于 0 到 100 之间的值。当用来作为趋势跟随方法时，当该值高于 50 时代表看涨，而低于 50 时代表看跌。在此处的分析中，我们把高于 53 的 RSI 值视为趋势跟随买入信号，而把低于 47 的 RSI 值视为趋势跟随卖出信号。图 4-4 显示了测试结果。

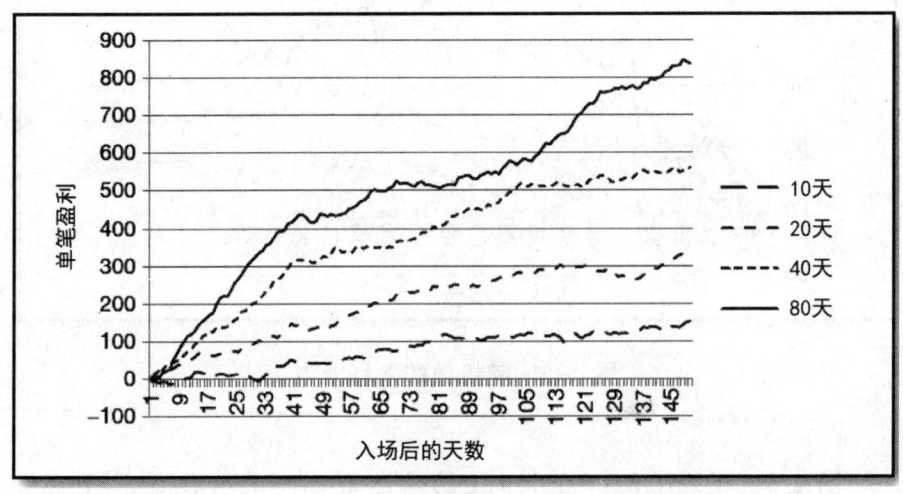

图 4-4 RSI 的入场能力

图 4-4 中的所有入场策略都分得很开，也具有持续性。看上去它们在入场 40 天后会有一个中期峰值。虽然该图是用来形象地显示入场能力的，但它也同样显示了你应该何时控制浮盈下降。在 40 根 K 线之后，我会适当地收紧止损，以控制浮盈回吐。

随机数

这个指标是由乔治·兰恩所提供的。与 RSI 指标一样，随机数也被标准化为了一个介于 0 到 100 之间的值。该数字显示了当前收盘价相对于某个高/低区域的位置，这个高/低区域是用分析中所使用的 K 线数量来得到的。这个随机数可以用求其最近三个值的平均值来进行平滑。图 4-5 显示了平滑后的值。在此处的分析中，当随机数值高于 51 时，发出趋势跟随买入信号；而当随机数值低于 49 时，发出卖出信号。

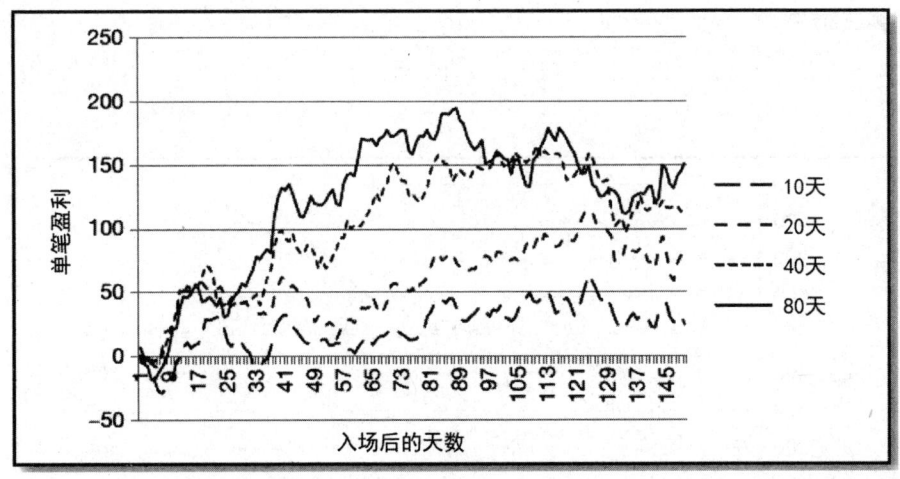

图 4-5　随机数的入场能力

图 4-5 中的线比 RSI 中直接向上的线更加纠结。我从来没有找到能很好使用随机数的方法，虽然它的算法很合理。它一般是作为一个两个值的指标：慢速和快速随机数。

变化比率

变化比率是一种用来度量价格变化速度的指标。一般情况下，会用今天的收盘价除以某个数量天之前的收盘价，再乘以 100，来得到一个度量值。当该值高于 100 时，速度在上升；低于 100 时，速度在下降。图 4-6 显示了这种入场信号的能力。此时我们在 ROC 高于 102 时做多，而在低于 98 时做空。

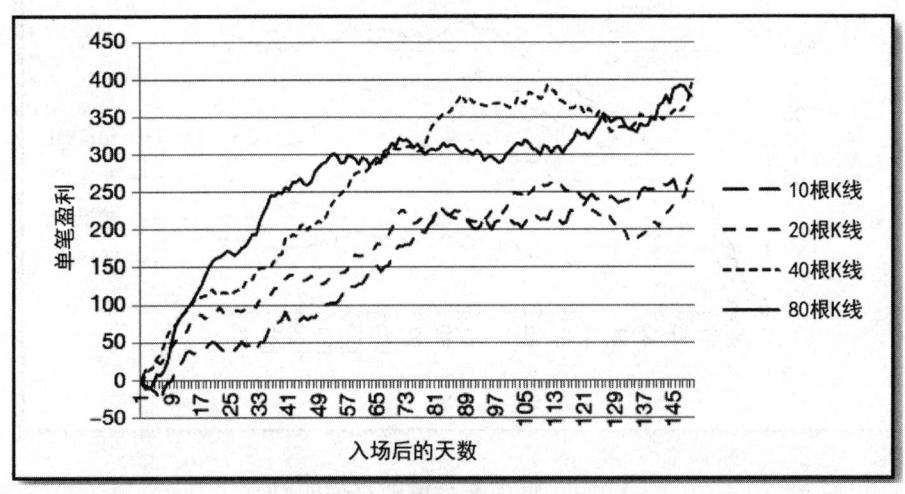

图 4-6　变化比率的入场能力

图 4-6 中的线在 50 天之前都分得很开，随后又交织在一起。50 天处的中期峰值比 RSI 图（图 4-4）中的中期峰值要更小一些。

标准差突破

突破入场策略是指当价格突破某个区间的上沿或下沿时入场。一定数量 K 线的均价的某个标准差倍数，就是这样的一种区间。通常情况下，标准差是用这些 K 线的收盘价来计算得到的。图 4-7 使用了 10、20、40 和 80 根日 K 线，计算均线上下的两倍标准差区间，从而得到突破点。

与图 4-4 中的 RSI 图形一样，图 4-7 中的线表现出你所想看见的特征：分开得很大，并在更长期的入场中表现更好。这一组线与 RSI 图形中线的区别在于，在标准差图形中，在入场一定数量交易日后的盈利缩水较为有限。

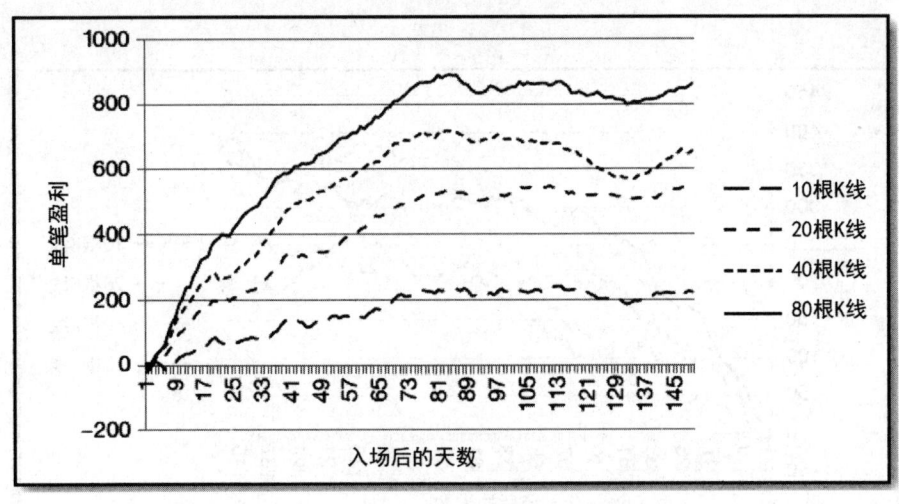

图 4-7　标准差突破的入场能力

唐奇安入场

唐奇安入场策略是由理查德·唐奇安在20世纪60年代针对股票交易所提出的。后来，该策略成为理查德·丹尼斯和威廉·埃克哈特的海龟交易系统的入场基准。这个突破系统的上方突破点为过去n根K线的最高价（或收盘价）的最大值，下方突破点位过去n根K线的最低价（或收盘价）的最小值。这是一种很受欢迎的入场方法，一方面是由于它声名远扬，另一方面是因为它在几乎所有时间框架下都表现良好。也正是因为它太出名了，所以几乎所有入场点都会有很大的入场量，和相对应的滑价，或一段时间的价格回撤。在本文的分析中，我们会在收盘价高于n根K线的唐奇安最高价时做多，并在收盘价低于n根K线的唐奇安最低价时做空。其中n是用来确定唐奇安最高价和最低价的K线数量。图4-8显示了唐奇安入场策略的表现。

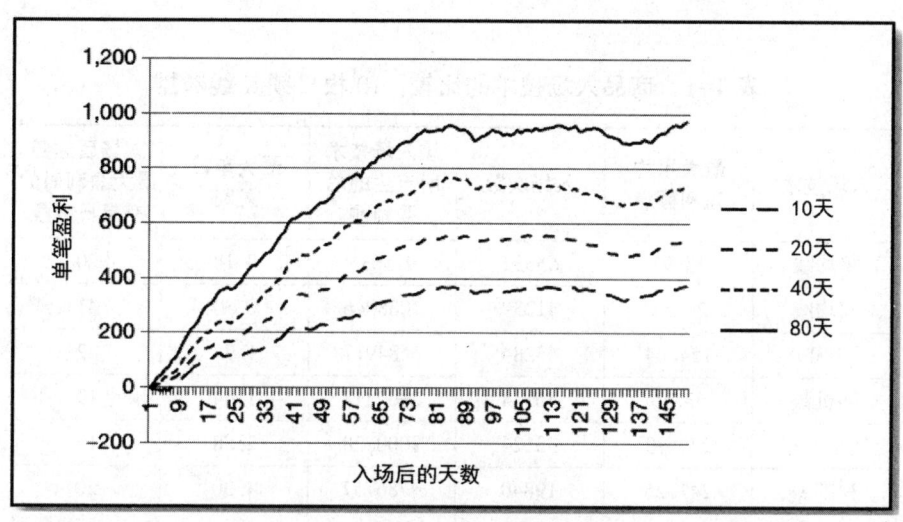

图 4-8　唐奇安入场的入场能力

图 4-8 中的这组线，与图 4-7 中标准差方法的图形非常接近。根据我的经验，这是这些知名入场策略中表现最好的两个策略。

商品中趋势跟随入场策略的入场能力小结

我们对一些趋势跟随入场策略的入场能力进行了分析，这些分析结果可以成为系统开发的很好起点。如果你想更详细地了解这些入场策略，并自己进行测试，我强烈推荐你阅读约翰·希尔、乔治·布雷特和伦迪·希尔的《完全交易优势》一书。约翰和乔治运行的"期货真理"策略，在对开发者提交的交易系统进行真实交易的比赛中得了奖。他们确实不错。

虽然每种入场策略都使用了相同数量的 K 线，但这些图形却不严格相同。这是由于每种方法所产生的入场信号不一致。表 4-1 至 4-4 显示了在 10、20、40 和 80 根 K 线时对应的盈利峰值点和入场次数。表中的第三列则是将盈利峰值点乘以入场次数所得到的结果。该数值表明，如果这些入场头寸持有了至盈利峰值点时的交易天数时，所能获得的总盈利。表中的最后两列则是一个替代矩阵，单日最大盈利是将图中的每个点除以入场后的天数来得到的。它是一种度量盈利累积速度的方法。

表 4-1　商品入场技术的比较：10 根日频 K 线数据

入场技术	最大平均盈利额点	入场次数	该入场技术所产生的总盈利额	最大单日盈利	入场后达到最大盈利时的交易日数量
单均线	13.97	65532	915636	0.18	20
双均线	26.38	41239	1088046	0.30	41
RSI	154.44	43284	6684917	1.77	82
随机数	63.49	36374	2309317	1.54	19
变化比率	271.73	33124	9000828	2.88	13
标准差	241.26	19840	4786757	4.30	20
唐奇安	373.88	42538	15904280	6.33	19

使用 10 根 K 线的信息，唐奇安入场是诸多入场策略中最好的一种。它的最大平均盈利点排名第一，入场次数排名第三，入场的总盈利额几乎是第二名的两倍。此外，单日最大盈利差不多比第二名（标准差入场）高 50%。

表 4-2　商品入场技术的比较：20 根日频 K 线数据

入场技术	最大平均盈利额点	入场次数	该入场技术所产生的总盈利额	最大单日盈利	交易日数量
单均线	48.85	43237	2112438	1.53	20
双均线	127.48	20062	2557473	6.52	12
RSI	300.87	31155	9373667	6.57	15
随机数	113.12	24131	2729890	4.08	12
变化比率	266.23	28087	7477637	5.48	15
标准差	554.89	21795	12093802	10.73	15
唐奇安	559.47	31353	17541213	8.96	15

使用20根K线的信息，唐奇安入场和标准差入场是诸多入场策略中最好的两种。它们的最大平均盈利点几乎相同。唐奇安入场的总盈利额更大，而标准差入场的单日最大盈利则更高。

表4-3　商品入场技术的比较：40根日频K线数据

入场技术	最大平均盈利额点	入场次数	该入场技术所产生的总盈利额	最大单日盈利	交易日数量
单均线	79.09	29108	2302212	2.24	14
双均线	182.40	10015	1826697	3.63	11
RSI	566.05	21080	11932386	7.65	13
随机数	165.24	16418	2712996	4.32	12
变化比率	394.66	21492	8482083	7.29	12
标准差	717.96	18071	12974274	15.60	16
唐奇安	766.99	22699	17409918	12.37	16

使用40根K线时，唐奇安和标准差入场同样也是最好的两种，RSI入场则紧随其后。

表4-4　商品入场技术的比较：80根日频K线数据

入场技术	最大平均盈利额点	入场次数	该入场技术所产生的总盈利额	最大单日盈利	交易日数量
单均线	110.55	20111	2223364	1.71	41
双均线	402.18	5.019	2018565	8.13	19
RSI	858.48	13533	11617857	14.98	20
随机数	194.63	11151	2170272	3.62	13
变化比率	392.19	15699	6157026	7.91	20
标准差	888.23	13178	11705133	20.01	16
唐奇安	973.30	16184	15751880	18.31	16

最后，使用 80 根 K 线时，唐奇安、标准差和 RSI 是表现最好的，分别排第一、第二和第三。

许许多多的交易员都对这些入场策略进行过测试和使用。某个知名入场策略的信号会导致大量的订单，而这会增加滑价。如果你发现了某种入场策略，能与唐奇安、标准差和 RSI 入场策略在任何时间框架下的表现进行竞争，那你就找到了交易的金矿。围绕该入场策略，构建一个可交易系统，然后你就可以用它来交易很多年。

下面让我们来看看使用日频股票市场数据时的入场策略。

股票日频 K 线中常用的反趋势策略比较

在本节中，我们将考察之前在商品中使用的同样的入场技术，不过有两点不同。第一，我们将只关注股票的多头交易；第二，由于股票在日频 K 线中表现出反趋势的特征，因此我们会在这些入场技术表现出弱势时买入。虽然我们仅关心多头方向的交易，但我们也会了解做空的机会。还记得吗，如果多头交易亏了很多，那根据这些信号进行做空，就可以在做空交易中获利。我们将使用 10、20、40 和 80 根日频 K 线，就像我们在分析商品趋势跟随入场策略时那样。与我们在商品分析中所使用的每手合约盈利额标准不同，本节中我们会使用单笔交易的收益率标准。在本书的最后一章中，我们会看见，由于生存偏差，我们的由 1716 只股票组成的篮子存在细微的向上偏差。在我们的入场分析中，我们会对所发生的每笔交易都移除掉这个平均每天细微向上的偏差。

使用单均线的反趋势跟随股票入场策略

单均线的反趋势入场，是指当收盘价下穿均线时买入。图 4-9 显示了所有交易从入场起至持有不多于 150 天时的平均收益率。

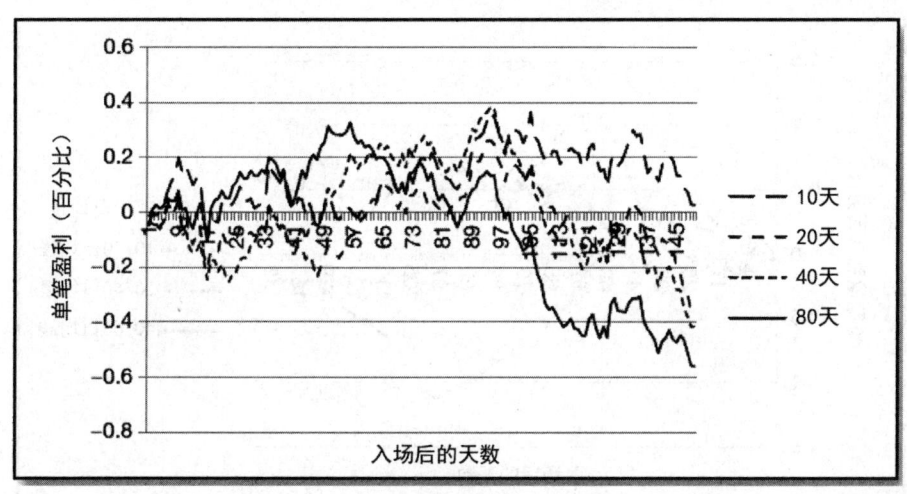

图4-9 单均线的入场能力

图4-9显示,股票的表现与商品有很大的不同。对于商品而言,入场表现一般与K线的数量密切相关,表现更好意味着收益更大和收益的增长均有持续性。这幅股票图则显示,做更长期的股票交易会更难。该图中的最高收益率为约0.4%,对应95天。由于一年中约有250个交易日,这差不多对应为2.5个95天周期。每95天获得0.4%的收益,对应的年化收益率约为1%,这无疑是不值得交易的。可能这只是股票中的一个较差的例子,下面让我们来看看双均线系统。

使用双均线的反趋势跟随股票入场策略

使用双均线的反趋势入场策略是指,当短期均线下穿长期均线时买入。图4-10显示了所有交易从入场起至持有不多于150天时的平均收益率。

双均线系统的结果差异较大。最有意思的点包括:20/40日入场后持有50天的交易,此时的最大收益率为1.06%;40/80日入场后持有33天的交易,此时的最大收益率为0.49%。同样的,这两种入场方法(20/40和40/80)的年化收益率只有5.3%和3.7%。

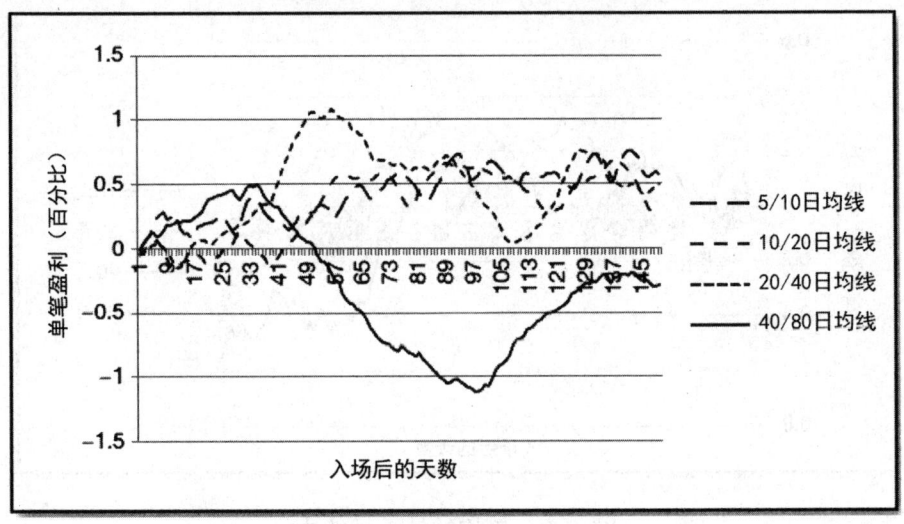

图 4-10　双均线的入场能力

使用 RSI 的反趋势跟随股票入场策略

使用 RSI 的反趋势入场策略是指，当 RSI 值低于某个阀值时买入。在我们的分析中，该阀值为 47。图 4-11 显示了所有交易从入场起至持有不多于 150 天时的平均收益率。

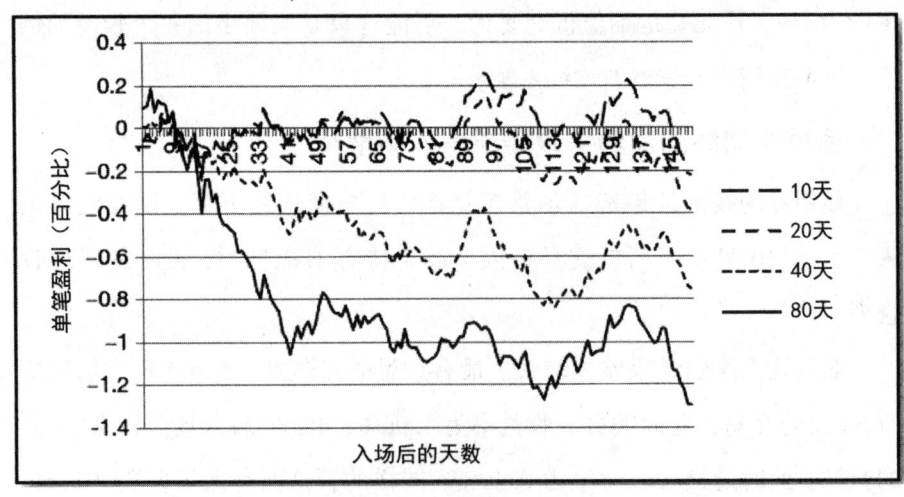

图 4-11　RSI 的入场能力

图 4-11 显示，80 天的入场策略能在 3 天中最大获得 0.19% 的收益，然后就掉头向下，在 41 天时亏损 1.06%。假如你在第 4 天时入场做空，那就能在 37 天中获得 1.25% 的做空收益，对应的年化收益率为 8.4%——这个值本身并不值得交易。不过如果你是在想从股票的空头交易中赚点钱，那它还是值得注意的。这种类型的交易可以对你只做多的交易形成对冲。

图 4-11 中另一件值得注意的事是，80 天的入场策略能在多头方向获得 0.19% 的收益，它对应的年化收益率为 17.3%，但由于滑价和交易费用的存在，净收益会更小一些。

使用随机数的反趋势跟随股票入场策略

使用随机数的反趋势入场策略是指，当经 3 天平滑后的随机数值下穿某个特定阀值时买入。此处分析所使用的阀值为 49。图 4-12 显示了所有交易从入场起至持有不多于 150 天时的平均收益率。

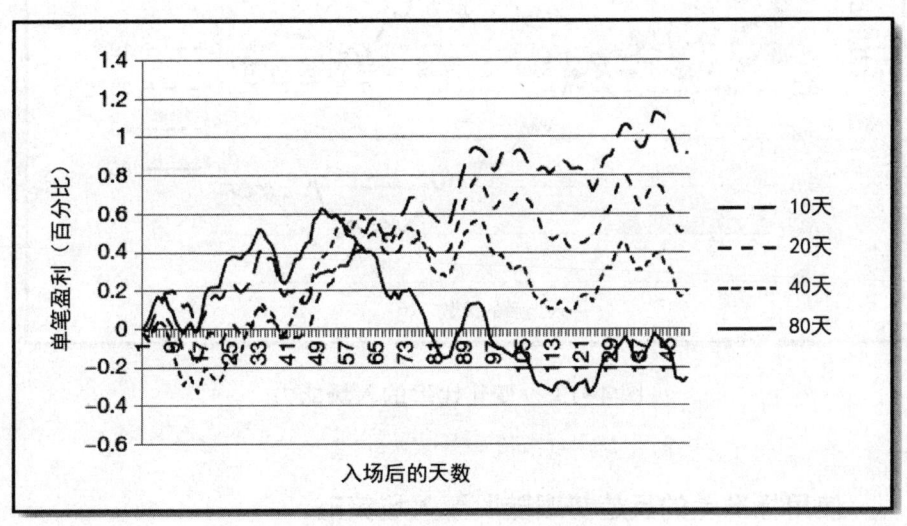

图 4-12 随机数的入场能力

图 4-12 看上去更像是上一节中分析商品时的图，而不是之前分析股票时的图。特别的，不同 K 线数的线分开得很大，更长期的信号也没有跌到零线以下。但与商品图不同之处在于，最好的持有期更长的结果，并不是来自于更长期的信号，它们都是短期信号。在每种情况下，入场信号发出后，都需要很长时间才会出现峰值，这就很难得到值得去交易的年化收益率。

使用变化比率的反趋势跟随股票入场策略

使用变化比率的反趋势入场策略是指，当变化比率值下穿某个特定阀值时买入。此处分析所使用的阀值为 100。图 4-13 显示了所有交易从入场起至持有不多于 150 天时的平均收益率。

图 4-13 中没有任何能引人注意的东西。

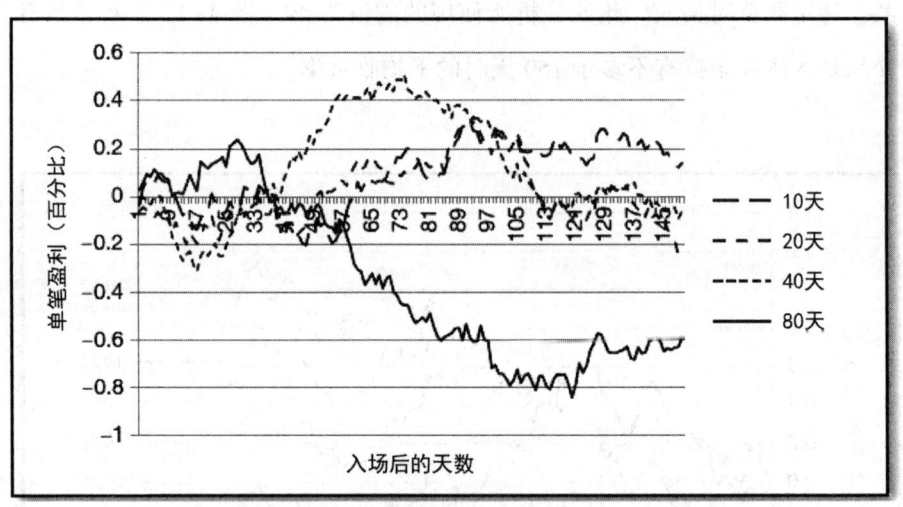

图 4-13　变化比率的入场能力

使用标准差的反趋势跟随股票入场策略

使用标准差的反趋势入场策略是指，当收盘价下穿均线减去两倍标准差时的价格时买入。图 4-14 显示了所有交易从入场起至持有不多于 150

天时的平均收益率。

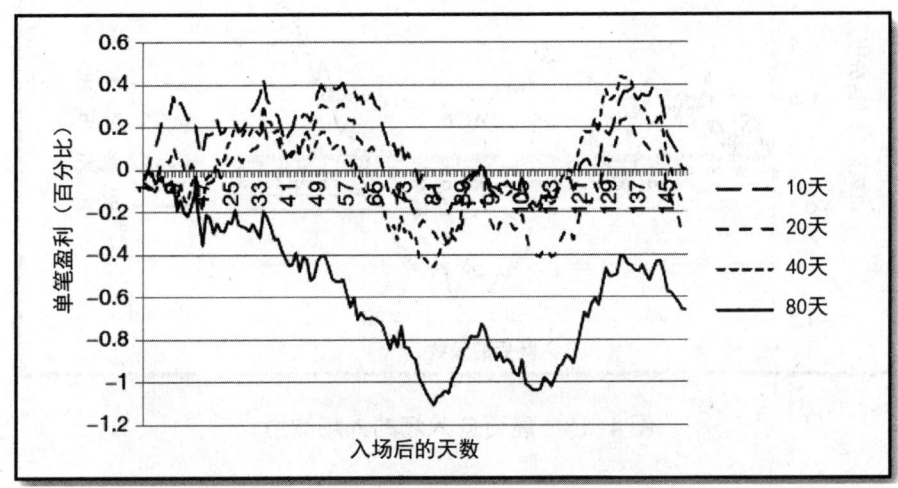

图 4-14 标准差入场的入场能力

与我们在图 4-11 中讨论 RSI 80 天入场策略时一样,标准差的 80 天入场策略也可以用来做空头交易,它能在入场若干天后获得超过 1% 的收益率,不过该结果本身并不值得交易。对于多头交易而言,10 天入场能在入场 9 天后获得 0.35% 的收益率,其年化值约为 9.7%——仍然不让人惊喜。

使用唐奇安的反趋势跟随股票入场策略

使用唐奇安的反趋势入场策略是指,当收盘价下穿最近 n 根 K 线的最低收盘价时买入。图 4-15 显示了所有交易从入场起至持有不多于 150 天时的平均收益率。

这张图就有一些值得注意的东西了。在入场后的头 10 天,所有四个信号都跳跃出盈利,然后就消失了。下面列出了这些突破信号的最吸引人点和它们的年化收益率:

图 4-15 唐奇安入场的入场能力

- 10 天信号：
    ◇ 持有 5 天后，获得 0.29%的收益率，年化收益率为 14.5%。
    ◇ 持有 6 天后，获得 0.34%的收益率，年化收益率为 14.2%。
    ◇ 持有 9 天后，获得 0.37%的收益率，年化收益率为 10.3%。
- 20 天信号：
    ◇ 持有 6 天后，获得 0.27%的收益率，年化收益率为 11.2%。
- 40 天信号：
    ◇ 持有 5 天后，获得 0.24%的收益率，年化收益率为 12.0%。
- 80 天信号：
    ◇ 持有 3 天后，获得 0.28%的收益率，年化收益率为 23.3%。
    ◇ 持有 5 天后，获得 0.39%的收益率，年化收益率为 19.5%。

对于这种突破，10 天和 80 天看上去是最好的备选方案。

对反趋势跟随股票入场策略的备注

显然，先前的分析并不详细。在有了入场策略的备选方案后，再从该入场策略着手，开始进行系统开发之前，还有许多工作要做。例如，RSI、ROC、随机数和标准差入场的结果都低于正常值，需要对它们进行更改。此外，由于所得到的结果都主要集中于短期信号，因此我们需要对这些入场的产生来源进行更多的分析。最后，请记住，这些图都移除了正的幸存者偏差。在测试后面的几年中，这个偏差没有之前几年那么显著。因为该股票篮子已经与当时交易的真实股票篮子比较接近了。我将回过头来检查，这些有趣的信号在不移除偏差时，在最近几年中的表现，以确定这些信号究竟有多好[①]。

对反趋势跟随股票入场策略的观察

商品的图和股票的图之间存在明显的差异：

- 在商品的图中，不同时间长度的线之间，存在明显的分离。它们从一开始就出现差异。而在股票的图中，10、20和40天线之间的差异很小，而80天股票线则从一开始就掉头向下。
- 在商品的图中，随着K线数量从10增加至80，单笔交易平均盈利会相对增加，而在股票的图中，使用80天数据时的平均收益率最差。在大多数情况下，10天线的结果最好。

本章小结

在本章中，我们对许多著名的入场策略的入场能力进行了分析。所采用的方法是，对一个较大的可交易的资产篮子，入场策略使用之前一定数量的K线信息来产生入场信号。在获得入场信号后，就计算持有该头寸不

[①] 文中此处的意思是，由于股票篮子存在幸存者偏差，因此先前的分析中都移除了这些偏差。但对于最近几年的数据来说，由于股票篮子与真实市场非常接近，因此并不需要移除偏差。所以作者想看看，在不移除偏差时，这些入场策略会表现如何。——译者注

同天数时的盈利，并用图的形式来表示结果。根据这些图，我们可以看到显著的峰值点，并计算年化收益率。因此入场能力是用图的形式和通过年化收益率来表示的。

　　对于商品而言，RSI、标准差和唐奇安入场策略表现得最具吸引力。对于股票而言，唐奇安入场策略就远不是最好的了。不过需要注意的是，此处的分析并不全面，仅仅是作为展示。如果你有一个入场想法，你就应该用这种分析方法来判断它是否值得去交易，以及它在哪个时间框架下表现最好。在后续的两章中，我们将使用唐奇安入场策略来分别构建一个商品和股票的系统。

第 5 章　交易系统的要素：出场

交易的最优出场时间，是在盈利达到峰值时。想找到该点，说比做容易得多。我从未看见谁想去度量今天是否是盈利峰值日。在现实中，大多数开发者都以下列四种方法中的某一种来出场：反向信号出现，触及止损，基于时间的出场，或是触及止盈。在本章中，我们会用一个股票策略和一个商品策略来说明这些方法。

对于这个分析，我们将使用纳斯达克 100 指数成份股在 2000 至 2011 年底（如果它们上市交易了那么长时间的话）的日频 K 线数据。对于商品而言，我们将使用由 56 种商品组成的篮子在 1980 至 2011 年的数据。我们会对股票和商品合约进行向后调整。在未明确说明的情况下，都没有考虑交易费用（滑价和手续费）。

股票和商品的基准入场信号将都是之前在第 4 章中所讨论的唐奇安入场策略。与这两类交易工具的趋势倾向一致，我们将对股票使用唐奇安入场策略来做反趋势交易，而对期货使用唐奇安入场策略来做趋势跟随交易。对于股票而言，我们将对每个做多和做空信号初始建立 5000 美元的头寸，对商品而言，我们则买入或卖出一手合约。

反向信号出场（股票情形）

反向信号出场常用于始终在场系统，第4章中测试过的均线系统就是如此。当前头寸的出场时机，也为反向头寸的入场时机。有时，在以某个入场想法为起点，开始进行系统开发。通过设计反向系统，交替地从多头转换为空头，再转为多头，从而发现多头和空头入场的最优参数集，是个不错的选择。

第4章中对趋势倾向的分析结果显示，反趋势唐奇安入场策略是股票交易系统入场策略的一个不错备选方案。该股票反向系统的入场/出场规则为：

当收盘价低于前n天最低收盘价时，在下一天的开盘时，退出空头头寸并做多。

当收盘价高于前n天最高收盘价时，在下一天的开盘时，退出多头头寸并做空。

使用由100只股票组成的篮子，入场的回顾期从10天变化至80天，步长为10，看看最佳的交易点可能在哪里。多头和空头交易都包括在内。表5-1显示了不同回顾期时的结果。

表 5-1　不同回顾期时的股票交易结果

回顾期	盈利交易数	亏损交易数	总盈利额	单笔交易平均盈利额
10	11603	6410	245422	13
20	5806	3232	95625	10
30	3832	2126	-67307	-12

从回顾期变化至 30 天的结果来看，显然交易该入场策略的唯一方法是进行短期交易。因此我们就没有再继续测试更长期的结果。这一现象与我的开发经验相匹配：对于股票而言，很难通过使用技术分析来找到一个长期的交易方法。

下面是 10 天回顾期时的更详细结果：

多头盈利交易数：　　　　　　6248
多头亏损交易数：　　　　　　2779
多头总盈利额：　　　　　　　629586
多头单笔交易平均盈利额：　　69
空头盈利交易数：　　　　　　5355
空头亏损交易数：　　　　　　3631
空头总盈利额：　　　　　　　-384147
空头单笔交易平均盈利额：　　-43

显然，空头交易会让这个策略回撤。平均而言，每笔空头交易都会亏损 43 美元。有人可能会问，那为什么空头交易会在胜率为 60% 的情况下亏损呢？这是一个反映反趋势交易策略正常表现的好例子。你在超卖时买入，而在超买时平仓并卖出。超卖和超买的区间取决于你在设置中使用了多少天的数据。我们这里使用了 10 天，因此超卖和超买之间的距离就相对较小。这意味着，当你正确时，你的盈利很少。但某个股票在下跌至零的路径中，可以一直维持超卖状态；或在涨到天上去的路径中，一直维持超买状态。这就意味着，当你错的时候，你的亏损会很大。在本例中，对于空头交易，盈利交易的单笔交易平均盈利额为 258 美元，而亏损交易的平均亏损为 498 美元。空头交易表现很差的事实，也与我们的开发经验相符：很难找到某个策略，能够从做空中赚钱。

基于这些结果，下面让我们把这个策略改为只做多的策略。我们将仍在空头边使用唐奇安入场信号，不过此时将不是用它来平多并开空，而是仅仅平掉多头头寸，然后就等待下一个多头信号。我们知道，在使用 10 天的参数值入场时，这个只做多的策略能单笔交易赚 69 美元。那 10 天是否就是最好的短期入场参数值呢？表 5-2 显示了回顾期从 20 天下降至 2 天（步长为 2 天）时的结果。该表中使用了一种被称为收获—痛苦比（gain-to-pain metric）的方法，我们后面将继续使用它。该方法是用平均年化盈利（收获）除以平均年化最大回撤（为获得该收获，而必须承受的痛苦）所得到的一个比率。平均年化最大回撤值，是对该期间的前 x 大最大回撤求平均来得到的。x 为该期间的年数。在我们的例子中，测试期为 2000 年至 2011 年底，也就是 12 年。用总盈利除以 12 就得到该比率的分子，然后再找到前 12 大最大回撤，对它们求平均，就得到该比率的分母。即使前 12 大最大回撤中有好几次都发生在了同一年中，也都是这样计算的。

表 5-2 不同回顾期时的股票多头交易

回顾期	单笔交易平均盈利额	平均年化盈利额	平均年化最大回撤额	最大回撤额	收获—痛苦比
20	119	49240	70436	182652	0.70
18	108	49390	69243	190157	0.71
16	97	49713	71821	188504	0.69
14	83	48330	69024	194907	0.70
12	72	48481	68617	199515	0.71
10	69	57099	66316	199714	0.86
8	62	63953	69288	188764	0.92
6	48	65219	69664	184404	0.94
4	34	66779	67491	148018	0.99
2	24	79553	64319	102895	1.24

一般情况下，随着回顾期从 20 天下降至 2 天，存在下列趋势：

- 单笔交易平均盈利下降。
- 年化盈利上升。
- 平均最大回撤下降。
- 最大回撤下降。
- 收获—痛苦比上升。

除单笔交易平均盈利的变化趋势不好之外，其他的都是好的趋势。如果你认为我们应该使用2天的回顾期，那你就会落入这种分析方式所产生的一个陷阱中。

问题在于单笔交易平均盈利与现实的交易费用之间的关系。此时的单笔交易平均盈利是如此之小，以至于交易费用就会显著地吞噬掉许多盈利。如果你选择的是诸如盈透①（Interactive Brokers）之类的经纪商，对于平均5000美元的头寸，回转一次的手续费大约为4美元，那你24美元/笔的盈利就被降低至20美元。我认为你执行这些订单的滑价平均约为0.015美元/股。如果你入场和出场时的每股均价为20美元，市价指令的滑价就为3美分，占股价的0.15%；而对于5000美元的头寸，20美元的盈利对应的收益率为0.40%。从0.40%的收益率中减掉滑价，就只剩下0.25%。对于5000美元的头寸，扣除交易费用后的盈利就变为12.50美元。我们初始为24美元的单笔交易平均盈利差不多被减半了。

对于表5-2，我的选择会是8天的回顾期。即使手续费为4美元，两个市价指令的滑价为0.03美元，对于初始为62美元的平均盈利，在扣除交易费用之后都还剩50.50美元。这比我们5000美元本金的1%，都还多一点。我们应该在真实交易中使用这个值。

---

① 盈透为美国知名电子经纪商，手续费率较全面经纪商低很多。——译者注

止损出场（股票情形）

止损出场可能是因为触发灾难性止损，或是跟踪止损。我发现，跟踪止损常常只在长期系统中作为识别趋势已经确定完结的信号时才有效。我会在所交易的几乎全部商品系统中都使用灾难性止损。它是该笔交易的"叔叔"点。对于日内的商品或外汇系统，它可能为离入场点有500美元距离的位置。对于更长期的系统而言，它可能离入场点有数千美元的距离。如果该点被触及，只得承认该次入场不好，出场，等待下一次机会。

使用回顾期为8根K线的唐奇安入场、只做多的策略作为基准，让我们看看在不同的灾难性止损水平，结果会如何。当收盘价让持仓的亏损超过事先选定的金额止损水平时，该止损就会被触发。如果收盘价低于该止损价，则在第二天开盘时出场。表5-3显示了不同灾难性金额止损水平时的结果。

表5-3 只做多的股票交易，在不同灾难性止损水平时的结果，第二天出场

灾难性金额止损值	单笔交易平均盈利额	平均年化盈利	平均年化回撤额	最大回撤额	收获—痛苦比
无①	62	63953	69288	188764	0.92
3000美元	61	63243	69070	187978	0.92
2500美元	60	62027	70061	187633	0.89
2000美元	59	60375	67423	187189	0.90
1500美元	58	59707	64775	182585	0.92
1000美元	54	55748	58924	169126	0.95
750美元	51	52263	54627	144297	0.96
500美元	45	46276	46464	119152	1.00

* 基准

① 盈透为美国知名电子经纪商，手续费率较全面经纪商低很多。——译者注

当止损在收盘时被触发后,在第二天开盘时执行止损的方法,会在止损水平低于1000美元时对交易结果有所改善。但执行这些止损的成本是单笔交易的平均盈利会大幅下降。比如,当增加了3000的止损后,基准的交易结果发生了改变。这意味着,其中有些交易会触发止损。你需要50笔平均盈利为62美元的交易,才能弥补一次3000美元的亏损。这再一次说明了反趋势交易的特性:单笔损失可能会相当大。下面让我们来看看,如果在收盘触发止损时就平仓,结果会如何。表5-4显示了这样做的结果。

表5-4 只做多的股票交易,在不同灾难性止损水平时的结果,收盘时出场

灾难性金额止损值	单笔交易平均盈利额	平均年化盈利	平均年化回撤额	最大回撤额	收获—痛苦比
无*	62	63953	69288	188764	0.92
3000美元	61	63231	70184	188022	0.90
2500美元	60	61894	69748	187610	0.89
2000美元	59	60286	67426	187255	0.89
1500美元	57	59157	64913	183493	0.91
1000美元	53	54957	59182	167747	0.93
750美元	50	51764	54404	142423	0.95
500美元	43	44503	46612	120626	0.95

*基准

此时,灾难性止损在收盘价时被触发,并同时平仓。这种方法只在止损水平低于1000美元时才会有改善作用,但也需承受单笔交易平均盈利较基准有相当大的下降。相对于当止损在收盘时被触发就出场的方法,在第二天开盘时才出场的方法会更好一些。对于这一点,我并不感到奇怪。当

止损被触发时，当天股票应该是在下跌。由于股票交易存在反趋势的特性，你可以预期它会在第二天开盘时上涨。

最后，让我们来看看在日内触发灾难性止损而出场的情况。表5-5显示了这些结果。

表5-5 只做多的股票交易，在不同灾难性止损水平时的结果，日内出场

灾难性金额止损值	单笔交易平均盈利额	平均年化盈利	平均年化回撤额	最大回撤额	收获—痛苦比
无*	62	63953	69288	188764	0.92
3000美元	60	62149	70814	190977	0.88
2500美元	59	60989	68066	186422	0.90
2000美元	58	59475	64866	186367	0.92
1500美元	55	57143	63539	184880	0.90
1000美元	51	52283	56591	153767	0.92
750美元	46	47209	49064	137194	0.96
500美元	37	38556	44939	99243	0.86

*基准

此时，收获—痛苦比指标会在止损值为1500、1000和750美元时超过基准。但比较之前两张表中的结果，显然，更好的方法是等到第二天开盘时才出场。

我们已经讨论了灾难性止损的三种版本，我认为这些表可以说明以下要点：

- 止损并不会增加你的单笔盈利。许多人认为，止损可以消除很大比例的大额亏损，那么就应该能提高总盈利额。这些止损确实能消除大额亏损，但很多可能会盈利或只是小额亏损的交易，也会因触及

止损而退出交易，它们也就看不见价格在触及止损点后反转了。所以止损的净效应不会是单笔盈利的提高。事实上，单笔盈利常常会降低。不要认为这意味着我会反对使用止损。当止损能改善交易绩效时，我就会使用止损。事实上，我从来不会在不设置止损时就交易某个期货策略。另一方面，我从不对股票策略设置灾难性止损。现在，如果某个股票策略是在每笔交易中都赌上了全部的账户资金，比如交易诸如 Power-shares QQQQ[①]（QQQ）之类的 ETF 时，那某种类型的灾难性止损可能就是必要的。不过当你在交易一篮子股票，并使用某个短线策略时，那单笔交易对该组合的风险就没有那么大。不管怎样，在策略开发过程的早期就考虑止损，这样的做法还是值得的。

- 止损并不会增加你的总盈利。之前对单笔盈利的分析结果表明，使用止损并不会增加策略的盈利能力。不过再强调一次，这并不意味着，就不应该使用止损。如果在降低风险和降低盈利能力之间进行权衡之后，表明值得这样做的话，那就应该使用止损。

- 灾难性止损是一种风险规避方法。从这三个表（5-3—5-5）中可以看出，随着灾难性止损变得越来越小，平均最大回撤和最大回撤的数值都在下降。这就达到了止损的目的：风险控制。

- 实时止损并不一定是风险控制的最佳手段。我很少使用实时止损，这并不是因为我讨厌这样做，而是因为我的分析结果表明，当在收盘时或在第二天开盘时执行止损，会有最佳的风险/回报结果。此处并没有考虑"捕捉止损"（stop hunting）[②] 的因素，而许多人把

---

① 一种跟踪纳斯达克 100 指数的 ETF 产品。——译者注

② 捕捉止损是指，有人对市场参与者的实时止损位的密集点进行预测，比如某个关键价位或某个关键技术形态，然后故意通过短期大批量下单的方式，将市场价打至超出该关键价位或形态，从而触发这些实时止损单，从中获利。——译者注

捕捉止损视为实时止损的一个重大缺点。这些交易员认为，有一双强有力的手，出于自己的目的，在把市场价推去触发这些在等待的止损单。我不知道这个想法是正确的还是错误的。不过我知道，如果你在商品市场的夜盘中有实时止损单，那就会有奇怪的事情发生[①]。

对于跟踪止损，我使用了多种跟踪止损方法来对这个策略进行测试，结果没有发现能改善交易结果。在本章的后面，当我们开发商品策略时，我们会对跟踪止损进行详细的讨论。对于现在而言，就让我们回到不带有灾难性止损的基准股票策略中来吧。

基于时间的出场（股票情形）

基于时间的出场可以在下列情况下使用：日内交易员可以在收盘或邻近收盘时出场，中线交易员可以不持仓过周末，或者某个交易员在已经持仓了一段时间之后，想把钱用来开始另一笔交易时。最后一种情形比较有趣。第 4 章中关于入场能力的图告诉我们，x 根 K 线的入场策略会在达到特定点时开始亏钱。如果有笔交易一直存活到了该点，那此时就是出场的最好时机。

下面继续考察我们的唐奇安股票策略，看看在持有不同数量的交易日后再出场时的结果。我们对第 x 天收盘时和第 x 天的第二天开盘时出场都进行了测试。第二天开盘时出场的结果还稍微好一些。表 5-6 显示了这些结果。

[①] 此处是指在夜盘时段的实时止损单容易被触发，然后价格就会反转，好像有人故意这样做一样。——译者注

表 5-6　在持有 x 个交易日后出场

x 天后的第二天开盘时出场，x 的值	单笔交易平均盈利额	平均年化盈利额	平均年化回撤额	最大回撤额	收获—痛苦比
无 *	62	63953	69288	188764	0.92
20	60	65598	68719	186823	0.95
15	54	62736	68058	179481	0.92
10	49	62155	68199	169470	0.91
8 **	47	65676	61596	137433	1.07
6	41	60289	62186	161139	0.97
4	34	55372	55918	124762	0.99

* 基准

** 新基准

8 天出场的方法，看上去能获得最大的收获—痛苦比。此时它的平均年化盈利会比平均最大回撤要更大一些，而最大回撤也比基准少了 50000 多美元，但它付出了单笔盈利比基准小 15 美元的代价。我认为，相对于这样的回撤改善，付出单笔盈利的损失是值得的。因此这个出场方法将被加入到新基准中。

止盈出场（股票情形）

止盈出场是一种常值得去考察的出场策略。它违反了让盈利奔跑的规则，但它会让交易在达到资金高点时结束。从这个角度来看，它避免了资金的回撤。虽然在使用盈利目标方法时，单笔盈利会降低，但它仍是值得考虑的，因为它降低了回撤。表 5-7 显示了在基准中加入止盈出场时的结果。当盈利在日内超过某个金额水平时，止盈出场指令被触发，将发出一个限价卖出指令来出场。止盈出场指令被放置在入场点位加上止盈金额除以5000美元后的值。

表 5-7　股票策略的止盈结果

止盈额	单笔交易平均盈利额	平均年化盈利额	平均年化回撤额	最大回撤额	收获—痛苦比
无*	47	65676	61596	137433	1.07
1000美元	47	64241	57507	133303	1.12
800美元	48	65451	56080	125095	1.17
600美元	48	65752	54808	114273	1.20
400美元	49	68190	51339	106628	1.33
300美元**	50	70877	50693	92510	1.40
200美元	46	68207	46817	81262	1.46
100美元	39	64714	38916	74525	1.66

* 基准

** 新基准

正如你所看到的，止盈出场确实会在不额外付出什么的情况下，改善该策略的结果。在止盈目标高于300美元之前，单笔盈利实际上都有提高。也许你想知道，为什么总盈利会提高，这是由于增加了交易机会。当我们在达到盈利目标退出时，我们会对不需要持有该笔交易8个交易日而感到高兴（上一节中的时间止损）。这会为新的交易提供机会。

对于这样的短线策略而言，盈利目标是有效的出场方法。有这样几个理由：首先，你在超卖时买入，希望能在超买时卖出，但超卖与超买之间的距离并不是很大。盈利目标可以让你使用限价出场指令来获得某种形式的弹性。此外，当你在做短线交易时，滑价是个主要的问题。任何能用限价指令来替代止损或市价指令的方法，都会降低滑价。

还有其他形式的止盈出场方法，我们会在后面开始开发我们的商品系统时看到它们。在开始讨论商品策略之前，图 5-1 显示了此时的股票系统的资金曲线。

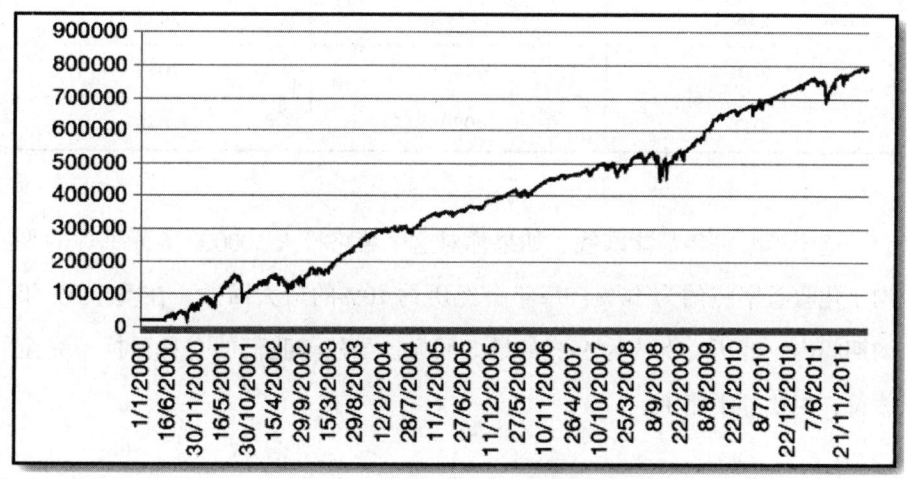

图 5-1　股票策略的资金曲线

我们都见过更好的资金曲线，不过它们都有一个灾难点，那就是 2008 年的股灾。但即便是在那个时候，这个策略仍能在该年获得盈利。

表 5-8 显示了不同年度的盈利和回撤。

表 5-8　该股票策略的年化盈利和最大回撤

年度	年盈利额	年化最大回撤额
2000	45107	37404
2001	63310	86213
2002	31798	57830
2003	129933	18715
2004	61593	24871

2005	37968	17558
2006	64461	24155
2007	49914	22007
2008	16144	92510
2009	147870	32435
2010	59441	31037
2011	49806	79048

这个策略每年都能赚钱。如果你对这个策略投入 500000 美元，你的平均年化收益率将约为 14%，每年会经历约 10% 的最大回撤，在整个 12 年的期间内，经历一次约为 19% 的最大回撤。虽然与我们的交易目标不完全相符，但还算不错了。

反向信号出场（商品情形）

我们之前已经选择了一个趋势跟随的唐奇安入场策略来作为商品系统的基准入场策略。该趋势跟随入场策略的规则如下所示：

多头入场：如果无持仓或者持空仓，当价格高于之前 x 天的最高收盘价时，就平掉空仓，并开多仓。用止损指令来入场。

空头入场：如果无持仓或者持多仓，当价格低于之前 x 天的最低收盘价时，就平掉多仓，并开空仓。用止损指令来入场。

表 5-9 显示了在不同回顾期时的反向交易结果。与之前一样，我们还是使用由 56 种商品组成的篮子，时间为 1980 年至 2011 年底。不考虑交易费用。

表 5-9　不同唐奇安回顾期时，反向交易商品的结果

回顾期天数	单笔交易平均盈利额	平均年化盈利额	平均年化回撤额	最大回撤额	收获—痛苦比
10	149	135933	137314	440869	0.99
20 *	387	169384	150574	455456	1.12
30	525	150091	150410	511032	1.00
40	676	141309	138431	431614	1.02
50	826	136619	148487	438396	0.92

* 基准

当回顾期长于 50 天时，下列所示的趋势仍存在，但此时的总盈利和单笔盈利都会持续下降，因此上表中就没有显示这些结果。

- 单笔盈利在上升。
- 平均年化盈利在下降。
- 平均最大回撤在下降。
- 最大回撤在上升。
- 收获—痛苦比在下降。

20 天的回顾期将作为该商品策略的入场基准。更详细的测试结果如下所示：

多头盈利交易数：　　　　2716

多头亏损交易数：　　　　3982

多头总盈利额：　　　　　3719788

多头单笔交易平均盈利额：555

空头盈利交易数：　　　　2451

空头亏损交易数：   4218
空头总盈利额：   1463458
空头单笔交易平均盈利额：219

这些统计结果很好地展现了中长线趋势跟随策略的特征：

- 盈利交易的占比低于50%。在这个例子中约为39%。
- 使用的K线数量越多，单笔盈利会增加。
- 多头交易的统计结果会比空头交易好很多。
- 单笔盈利很大，因此交易费用只会造成业绩下降很小的幅度。

不过这些统计结果并没有显示趋势跟随策略的最大缺点：资金曲线的回撤。趋势跟随会截断亏损，让盈利奔跑。当奔跑结束时，问题就出现了。我在1999年有一笔钯的趋势跟随交易，当时单手合约的浮盈超过了30000美元。但我只从该笔交易中实际获得了约20000美元。我回吐了差不多10000美元的浮盈。在你的策略开发过程中，你应该使用任何能帮助你尽可能多的获得资金峰值的方法，有两个原因：第一，你将能获得更多的盈利；第二，也是更为重要的，你将能降低因回吐浮盈而导致的回撤。

下面让我们来看看灾难性止损出场、基于时间的出场和盈利目标出场等是否能降低这些大额回撤，从而让该策略能够用于交易。

止损出场（商品情形）

在本节中，我们会对商品反向基准策略中使用止损出场进行更细致地分析。除了基于金额的灾难性止损之外，还会讨论一些基于波动率的止损。

灾难性止损

在股票的情形中,我们只考察了基于金额的灾难性止损:偏离入场点一定金额后就止损。对于短线系统,你不能太富有想象力,因为你是在几百美元的区间里交易。当你开发一个更长期的趋势跟随系统时,就可以试试不同的选择了。这是因为,此时有很多笔交易都能产生数千美元的盈亏。使用一个随机的止损,来永久地终止其中的一些交易,会对最终的交易结果产生巨大的影响。在本节中,我们将考察三种不同的灾难性止损方法。

我们将测试的第一种灾难性止损方法是金额止损。对于多头交易而言,我们会在入场点下方 x 美元处放置一个固定的止损;而对于空头交易,我们会在入场点上方放置一个止损。当收盘价穿过该止损水平时,我们会在第二天开盘时出场。表 5-10 显示了这样做的结果。

表 5-10 在商品系统中使用灾难性金额止损

止损金额	单笔交易平均盈利额	平均年化盈利额	平均年化回撤额	最大回撤额	收获—痛苦比
无 *	387	169384	150574	455456	1.12
1000	319	158186	146784	452520	1.08
1500	341	159267	148279	415709	1.07
2000	359	162909	147398	445036	1.11
2500	366	163807	149811	441384	1.09
3000	370	164493	145589	466114	1.13
5000	379	166694	147235	465759	1.13

* 基准

表 5-10 表明了在开发好的中长线趋势跟随策略时的主要变化:很难控制风险(用回撤和单笔交易的风险来表示)。即便在入场时设置了 5000

美元的止损，回撤也没有被降低。如果使用那么大的止损，你就不能交易资金额为10000至20000美元的账户。如果第一笔交易被止损掉了，那你的账户将会亏掉25%—50%。此外，这个5000美元的止损实际上只对那些波动更大的商品有效。下面显示了不同商品触及5000美元止损的交易次数占总交易次数的比例（%）：

谷物：	0	美国金融：	0
肉：	0	外国金融：	<1
软商品：	<1	外国股票：	5.0
金属：	1.8	美国股票：	<1
能源：	<1		
货币：	<1		

上述结果表明，只有金属和外国股票指数会受这5000美元止损的影响。对于其他的商品种类，它并不能提供多大的保护。

由于基于金额的止损无效，这促使我们把目光转移至以该商品近期波动率的一些度量值为基础的止损方法上来。这样做有两个优势：第一，每种商品都有近似休眠期和近似发射期，该指数能根据这种差异进行调整。第二，一些尽管处于近似休眠期的商品，其波动程度仍比一些处于近似发射期的商品更大。DAX期货指数和燕麦就是这样的例子。为什么不根据该商品当前的波动率来调整灾难性止损呢？

有两种常用的波动率度量方法：平均日波幅，或真实波幅，以及某个时期收盘价的标准差。有时，在入场设置中也可以使用近期波动率的度量值。唐奇安入场策略就是一个这样的例子。之前n天的最高价和最低价之间的距离，就度量了该商品在这n天的相对波动。下面我们将对这三种方法都进行分析。

表5-11显示了反向基准策略，以及在反向基准策略中添加了以唐奇

安入场时的变化点为基础的灾难性止损时的结果。该变化点被称为中点，它是该笔交易入场时唐奇安做多入场点和做空入场点的平均值。

表 5-11 在商品中使用基于唐奇安中点的灾难性止损

灾难性止损类型	单笔交易平均盈利额	平均年化盈利额	平均年化回撤额	最大回撤额	收获—痛苦比
无 *	387	169384	150574	455456	1.12
中点	315	158666	157305	521900	1.01

* 基准

该中点止损太紧了，它会过早地终止掉很多盈利交易，从而导致单笔盈利下降了70美元，并对最大回撤没有什么改善。

表 5-12 显示了使用基于标准差的灾难性止损时的结果。由于唐奇安入场中点是用过去20根K线来计算的，这里我们也用过去20个收盘价来计算标准差。

表 5-12 在商品中使用基于标准差的灾难性止损

20天标准差的倍数	单笔交易平均盈利额	平均年化盈利额	平均年化回撤额	最大回撤额	收获—痛苦比
无 *	387	169384	150574	455456	1.12
1	271	156305	148665	467125	1.05
2	335	159638	148821	484715	1.07
3	378	167553	147173	474203	1.14
4	387	169535	149713	455456	1.13

* 基准

表 5-12 显示，当在距入场点3倍标准差处放置止损时，收获—痛苦比会从基准的1.12提高至1.14。下面让我们来看看平均波幅止损是否会

有改善。

表 5-13 显示了使用平均波幅止损时的结果。该平均波幅是用出现信号之前 20 天的数据来计算的，唐奇安入场点也是用同样的数据来计算的。

表 5-13 基于平均波幅的灾难性止损

20 天平均波幅的倍数	单笔交易平均盈利额	平均年化盈利额	平均年化回撤额	最大回撤额	收获—痛苦比
无 *	387	169384	150574	455456	1.12
1	255	147835	150939	470649	0.98
2	322	156642	151509	453018	1.03
3	358	164545	150680	445154	1.09
4	370	166975	151974	460784	1.10
5	379	169470	151231	464934	1.12
6	380	169563	150999	469309	1.12

＊基准

在平均波幅的情况下，最佳的收获—痛苦比与基准的 1.12 相等。

根据上面的分析，最佳的灾难性止损为 3 倍标准差止损。如果转换为金额，它的值看上去会比较大。因此我们又进行了一次测试，来看一看该止损的平均金额。它是 1910 美元。它还是比较大，特别是对那些比较小的账户而言。不过现在我们还是把它作为新的基准，然后继续我们的开发过程。如果必要的话，我们会稍后再回过头来讨论它。

跟踪止损

在中长线趋势跟随策略中，一个好的跟随止损，会在交易呈抛物线变化时逐渐抬高止损的加速度。图 5-2 显示了这样的想法。

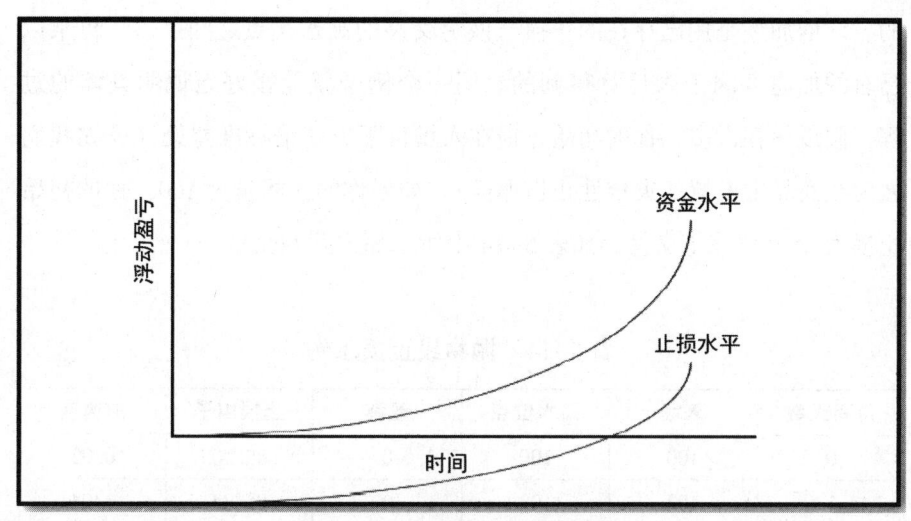

图 5-2　理想中的跟踪止损

当交易盈利开始加速增长时，固定的均线并没有足够快的反应，因此你的资金曲线的回撤会很大。在本节中，我们将考察三种类型的设置方法，以尽可能地达到理想中的跟踪止损。第一种方法是在 1978 年出现在公开文献中的。

威尔斯·维尔德，在他开创性的《技术交易系统新概念》一书中，介绍了大量的创新概念，例如相对强度指数（RSI）和平均动向指数（ADX）。大多数人都会忽略他的抛物线时间/价格系统。虽然他把它作为一种反转系统来使用，但我想它更应该作为跟踪止损来使用。在建立一个多头头寸时，就放置一个初始止损，在随后的每一天中，该止损会以不断增加的速度向上移，不管该头寸是否有浮盈。这个不断增加的速度是一个加速度因子的函数。在维尔德的书中，使用了值为 0.02 的加速度因子。每当该笔交易在某一日有盈利时，该值就会增加 0.02。不过该数字实际上与你所交易的策略类型有关。对于短期系统而言，该因子应该相对较大，而持有期越长，该加速度因子就需要变得小一些。

加速度因子是通过对已有的止损增加一个不断增加的量，来收紧止损的。该增加量是用已存在的止损与该笔交易的高水位点之间的差,再乘以已有的加速度因子来计算得到的。用一个例子就能很好地说明具体的过程。假设你在做多,你的初始止损在入场价下方 3 倍标准差处（就如我们之前在商品中设置的灾难性止损那样）。如果你的入场价为 100,你的初始止损为 85,那该笔交易会如表 5-14 中所示那样开始交易。

表 5-14　抛物线止损示例

持有天数	入场	高水位点	盈利	止损因子	加速度
0	100	100	0	85.00	0.02
1	102	102	2	85.34	0.04
2	101	102	1	86.01	0.04
3	105	105	5	86.77	0.06

随着盈利的累积,你会看到,止损会以一个持续增加的速度在收紧。

表 5-15 显示了将不同加速度值的抛物线止损应用于我们基准策略时的结果。

表 5-15　在商品中使用抛物线跟踪止损

加速度因子	单笔交易平均盈利额	平均年化盈利额	平均年化回撤额	最大回撤额	收获—痛苦比
无*	378	167553	147173	474203	1.14
0.02	227	132452	154229	474115	0.86
0.01	271	144487	147698	449898	0.98
0.05	308	151603	148257	480639	1.02
0.002	354	164100	149982	468108	1.09
0.00175	361	166740	148238	469931	1.12
0.00150	371	170325	158456	468223	1.07

* 基准

书中所使用的值为 0.02 的加速度因子，对于这个策略而言就太快了。它会损失掉 150 美元的单笔盈利，并对最大回撤没有什么改善作用。下面让我们来试一下另一种不同的跟踪止损策略。

我开发过一种跟踪止损，并用于一个我商业销售的交易系统中。它会在获得特定盈利增加额时采用更短期的均线跟踪止损来对止损进行加速。你应该在入场时使用一个距入场价足够远的均线，这样你就不会很快地退出交易。当该笔交易产生了可观的盈利时，则把止损移到更短期的均线上。可以使用各种方法来衡量什么是可观的盈利，我使用的是标准差。当我们使用 20 根 K 线来入场时，我会用入场这一天的收盘价的标准差来作为盈利目标。当某一天的收盘价高于入场价加上这个标准差水平时，跟踪止损就会移到更短期的均线上。

表 5-16 显示了不同均线组合的结果。我并没有进行详细地测试，仅仅是作为演示，来说明跟踪止损确实是有效的。

表 5-16 基于均线的跟踪止损

均线长度	单笔交易平均盈利额	平均年化盈利额	平均年化回撤额	最大回撤额	收获—痛苦比
无 *	378	167553	147173	474203	1.14
40/35/30/25/20	317	158158	152682	396945	1.04
45/40/35/30/25	330	164180	152642	392218	1.08
50/45/40/35/30	331	165338	180787	387336	1.10
60/50/40/30/20	312	162045	142253	379952	1.14
80/70/60/60/40	321	171296	148723	371356	1.15

* 基准

这些结果表明，这种设置加速度止损的方法确实可以改善结果。虽然最后一行中的收获—痛苦比 1.15 只比基准提高了一点点，但每种情形下的最大回撤都显著地降低了。我们并不能把最后一行作为新的基准。为了降低回撤，它放弃了大量的单笔盈利。我们重新开始，看是否有其他方法能够解决这个最大回撤的问题。

基于时间的出场（商品情形）

在本章中的股票系统开发过程中，我们发现，当限制交易持有期在 8 天时，会获得较基准有很大改善的结果。下面让我们来看看，同样的逻辑是否对商品系统有效。表 5-17 显示了当我们在持有头寸特定天数之后再出场时的结果。

表 5-17 基于时间的出场（商品）

x 天后的收盘时出场，x 的值	单笔交易平均盈利额	平均年化盈利额	平均年化回撤额	最大回撤额	收获—痛苦比
无 *	378	167553	147173	474203	1.14
30	272	156543	157424	480732	0.99
40	308	162459	145085	451963	1.12
50	340	169530	153469	482254	1.10
60	350	168619	148425	466228	1.14
70	363	172015	161613	472137	1.06
80	371	173386	150178	470228	1.15

* 基准

当出场天数为 80 天时，收获—痛苦比会有所增加，但这个方法并没有改善最大回撤的问题。这是中长线趋势跟随系统的典型特征。很难用一个固定的时间，来限制趋势究竟会持续多长时间。我们需要采用其他能显著降低这个策略的风险的方法，否则它就不能用于交易。

止盈出场（商品情形）

也许某种类型的盈利目标可以降低风险。我们知道，盈利目标出场发生在交易的盈利峰值点，因此这些交易就不会再有浮盈回撤的现象。也许这种方法可以限制回撤，尤其是当这个 470000 美元的最大回撤让这个策略没法开始交易时。

首先我们尝试一下基于金额的止盈。如果在收盘时盈利额为 x 美元，我们就在第二天开盘时出场。表 5-18 显示了基于金额的止盈目标从 4000 美元变化至 15000 美元时的结果。

表 5-18 基于金额的止盈（商品）

基于金额的盈利目标额	单笔交易平均盈利额	平均年化盈利额	平均年化回撤额	最大回撤额	收获—痛苦比
无*	378	167553	147173	474203	1.14
4000	369	169363	161136	498180	1.05
6000	375	170820	156766	504604	1.09
8000	374	170395	157890	506325	1.08
10000	377	171334	150880	481065	1.14
15000	379	172238	152661	469953	1.13

*基准

基于金额的盈利目标并没有什么帮助。事实上，此时最大回撤会变得更糟。

下面让我们试一下基于波动率的盈利目标。我们之前看到，基于波动率的灾难性止损对商品系统有效，因为风险被该商品的近期波动率裁剪掉了。可能基于波动率的止盈也会有效。我以前成功地使用过基于波动率的止盈，它是在计算交易所产生的盈利所代表的标准差倍数。当该数值超过出场值时,就在第二天开盘时出场。由于我们使用的是 20 天的数据来计算唐奇安入场,因此我们也用最近 20 天的收盘价来计算标准差。当出现多头交易信号时,第一盈利目标为入场点加上该日的 1 倍标准差值。如果该值被超过了,则设置第二盈利目标,即用第一盈利目标被超过的那一天的收盘价加上这一天的 1 倍标准差。当第 x 盈利目标被触及时,该笔交易就出场。请注意,我们是在用调整日的标准差来调整每个盈利目标的大小,而不是用该笔交易入场时的标准差值。正常情况下,如果该笔交易在持续盈利,波动率会增加,资金曲线会变得像抛物线。我们在盈利目标调整中考虑了波动率增加的情况。

表 5-19 显示了不同计数时的结果。

表 5-19 基于标准差计数的盈利目标

在止盈出场前,一倍标准差计数的值	单笔交易平均盈利额	平均年化盈利额	平均年化回撤额	最大回撤额	收获—痛苦比
无*	378	167553	147173	474203	1.14
6	326	167127	148114	472945	1.13
7	346	170137	155089	467454	1.10
8	357	170890	146913	473515	1.16
9	368	173072	149169	470345	1.16
10	371	172556	149242	470040	1.16

*基准

表 5-19 显示,仅当标准差计数为 8 到 10 时,收获—痛苦比会有所改善。同前面一样,最大回撤并没有被降低。

我还尝试过一些其他的止盈方法,但都没法降低最大回撤。可能我们在下章中将要测试的过滤器会解决这个难题。

图 5-3 显示了截至目前基准策略的资金曲线。

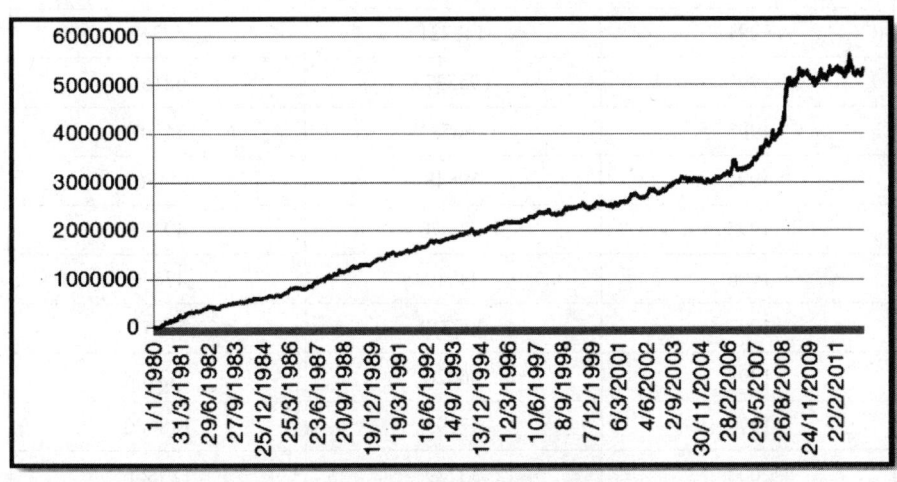

图 5-3　商品系统的资金曲线

该资金曲线在 2009 年之前都相当不错，但之后就有点难看了。表 5-20 显示了年度的盈利和最大回撤。

表 5-20　商品策略的年度盈利和最大回撤

年度	年度盈利额	年度最大回撤额
1980	150845	51798
1981	154428	48019
1982	84492	64931
1983	110407	28269
1984	84499	34984
1985	116143	44293
1986	102198	56869
1987	274372	50386
1988	139532	69911
1989	102122	53132

1990	186828	54889
1991	148221	56342
1992	95537	68153
1993	166581	36303
1994	59648	144862
1995	179870	49397
1996	44510	47849
1997	200712	59072
1998	86020	133908
1999	57195	148686
2000	33229	123866
2001	177332	76769
2002	59923	122965
2003	291803	66924
2004	-32488	126280
2005	118320	83433
2006	137292	235711
2007	454018	157243
2008	1388602	225404
2009	-6302	239299
2010	190711	245347
2011	-139022	446438

该策略只有三个亏损年度，但它们都发生在最近的 8 年中。最大回撤在 2006 年之前都控制得很好，平均约为 75000 美元/年。但从 2006 年开始到最后，年度最大回撤的平均值就变为了约 275000 美元。

表 5-21 显示了不同商品的盈利能力。

表 5-21 不同商品的盈利能力

商品	盈利交易数	亏损交易数	总盈利额	单笔盈利额
玉米	108	178	36100	126
大豆	111	164	119312	433
豆粕	101	171	68740	252
豆油	109	181	46134	159
小麦	111	184	53000	179
堪萨斯交易所小麦	108	169	71262	179
稻谷	81	113	88299	455
活牛	96	203	-5451	-19
瘦猪肉	107	192	16480	55
肉牛	106	189	6975	23
咖啡	115	173	169181	587
棉花	115	173	103815	384
橙汁	111	146	62137	228
木材	111	177	65978	229
可可	92	192	-24500	-9
糖	111	146	71187	276
铜	104	186	101799	351
钯	96	186	152265	539
白银	115	188	214764	708
黄金	101	150	151010	601
铂	109	217	24874	76
伦敦铜	113	158	335472	1237
伦敦铝合金	53	137	11030	58
伦敦铝	83	141	11875	53
伦敦镍	109	150	627498	2422
原油	845	164	104489	421
燃料油	109	146	234490	919
汽油	88	157	150611	614
迷你天然气	36	63	19212	194

布伦特原油	77	116	165439	857
日元	109	169	160212	5763
瑞士法郎	121	166	142449	496
加拿大元	99	199	-18331	-62
英镑	109	175	116443	410
美元指数	102	124	109924	486
澳大利亚元	84	139	44909	201
墨西哥比索	59	104	33312	204
欧元	115	150	220537	832
30年期债券	103	172	76734	279
10年期国债	105	154	88000	339
5年期国债	83	118	53601	266
2年期国债	72	99	52812	308
欧洲美元	106	128	84475	361
澳大利亚债券	85	160	30531	177
加拿大政府债券	73	118	33918	177
欧洲债券	73	101	67261	386
英国政府债券	105	171	67049	242
西班牙债券	54	96	16265	108
Simex 日本政府债券	61	106	22902	137
恒生指数	93	133	79499	351
Dax 指数	76	113	197275	1043
迷你标普	99	200	14112	47
迷你罗素2000	35	59	4789	50
迷你中盘股	69	120	-8651	-46
迷你纳斯达克	50	93	61010	426
日经	76	96	98075	570
所有交易	2976	4137	2756675	387
多头交易	1594	2086	1895123	514
空头交易	1382	2051	861542	250

本章小结

在本章中，我们开始开发两个交易策略，一个是股票的，另一个是商品的。这两个策略都用唐奇安入场策略，不过股票策略的入场是反趋势的，而商品策略则是趋势跟随的。此时此刻，我们已经基本完成了这两个策略的入场和出场方法的开发。在下一章中，我们将看看能不能给这些策略添加一些过滤器，使其变得有交易价值。

第6章 交易系统的要素：过滤器

一般而言，过滤器是与入场策略一起使用，用来回避特定交易的。在20世纪90年代后期，标普的波动率很高，常常使用过滤器来避免在星期五做多，或在星期一做空。其中的缘由是，许多交易员并不愿意冒持多仓过周末的风险，因此他们会在星期五出场。这会让星期五比该周的其他交易日更容易下跌。相反，资金会在星期一流回来，因此星期一就常会上涨。这就是一周中不同交易日类型的过滤器。

其他常用的过滤器还有季节性、波动率和长期趋势等等。季节性过滤器使用该金融工具的季节性趋势来回避与历史有偏差的交易。许多交易员不会在进入驾驶旺季时做空汽油，或在冬季来临时做空燃料油。对于股票而言，季节性过滤器的形式则为，不在财报公布日或盈余公告日入场。波动率过滤器则让你避免在某个金融工具呈抛物线变化时入场，或当交易的区域变得更波动时，你的止损很可能被这些隔天的波动所构成的正常噪音所触发。这些情形会有很大的盈利潜力，但也有过度的风险。长期趋势过滤器是短期系统的有用附属品，你将只进行那些与长期趋势方向相同的交易。

我几乎在所有系统中都会使用过滤器。有一些是用来增强盈利能力的，有一些是用来严格避免风险的。下面我们将首先开发股票系统的过滤器，然后再来看看它们对商品系统的改善情况。

一周中不同交易日的过滤器（股票）

让我们来看看，如果回避在一周中某一特定交易日的入场信号时，能否对基准策略有所改善。表6-1显示了我们在上一章中所得到的基准系统的表现。所增加的交易逻辑为忽略体现在所显示的交易日中的入场信号。

表6-1　一周中不同交易日的过滤器（股票）

禁止入场的交易日	单笔交易平均盈利额	平均年化盈利额	平均年化回撤额	最大回撤额	收获—痛苦比
无 *	50	70877	50693	92510	1.40
星期一	48	62842	49007	102360	1.28
星期二	49	65249	49741	91760	1.31
星期三	52	68538	47013	91176	1.46
星期四	51	67922	44802	93204	1.52
星期五	53	70020	46779	87027	1.50

＊基准

看上去好像最佳的入场发生在一周中的前几天。如果我们回避星期一或星期二的交易，统计结果会下降。在一周中的后几天，禁止入场时的结果会变得更好。不过没有哪一天对交易结果有足够大的影响，以至于需要得到特别的考虑，值得增加至基准系统中。

对于股票而言，还有另一种一周中不同交易日的过滤器值得来考察一下，那就是季度末和月初的期间。其中的道理在于，资金管理人会在这些时间段里粉饰一下他们的组合，以获得投资人的关注。

当把每月最后一天的交易结果、每月第一天的结果，与基准表现进行对比时发现，盈利是相同的：50美元/笔。这些交易日的交易结果与该策略在其他时间里的交易结果并无差异。

长期趋势过滤器(股票)

我们只做多的股票策略,是在弱市中入场。它是在收盘价低于之前8个交易日的最低价时入场。这些交易在长期趋势向上或向下时均会发生。下面让我们来看看,如果只在长期趋势向上时才交易,结果会如何。定义长期趋势的一种简便方法,是比较今天的收盘价与之前一定天数的收盘价。如果今天的价格更高,则趋势向上。表6-2显示了我们的基准策略在衡量长期趋势的周期为30-90根K线时的结果。

表6-2 增加长期趋势过滤器(股票)

衡量长期趋势的K线数量	单笔交易平均盈利额	平均年化盈利额	平均年化回撤额	最大回撤额	收获—痛苦比
无*	50	70877	50693	92510	1.40
30	53	35227	19985	39201	1.76
40	48	33761	21535	37633	1.57
50	50	35620	21095	37744	1.69
60	52	37565	20516	37828	1.83
70**	54	39904	21026	41467	1.90
80	52	39146	21219	38044	1.84
90	51	38633	21620	46537	1.79

* 基准
** 新基准

带有长期趋势过滤器的交易会产生业绩跳跃,这可以从我们的收获—痛苦比衡量标准中看出。请注意,当我们使用70天回顾期的过滤器时所得到的新基准,几乎满足了一个可交易系统的最低条件。

- 每年平均盈利几乎与最大回撤一样大。

- 如果你用 200000 美元来交易该策略，你的最大回撤将会为 21%。
- 如果你用 200000 美元来交易该策略，你的平均年化收益将会为 20%，每年的平均最大回撤将约为 10.5%。

基于波动率的过滤器（股票）

我常会检查两种波动率过滤器的表现。你的入场设置可能发生在一个乏味的低波动市场中，也可能发生在一个高波动、上下乱窜的市场中。在第一种情形中，你的盈利能力相对于正常情况会降低。你每次入场都会冒风险，但你的盈利能力并没有像市场热度朝你交易的方向上升时那么好。为了过滤掉这些低盈利潜力的交易，第一种过滤器就是只接受那些超过特定波动率限额时的交易。这就是低波动率过滤器。当波动率高于常态时，由于市场噪音变得更大，你会有更大的概率触及止损。高波动率过滤器会让你回避掉那些在入场时就有很高波动率的交易。度量波动率有许多种方法，比如平均波幅、平均真实波幅，或某些标准差的度量方法。我们将测试这两种波幅和标准差。表 6-3 显示了当交易被低波动率过滤器（近期的平均波幅低于价格的一定百分比）所限制时的结果。平均波幅是用入场之前 5 个交易日的数据来计算的。

表 6-3　基于平均波幅的低波动率过滤器（股票）

平均波幅大于价格的 x%	单笔交易平均盈利额	平均年化盈利额	平均年化回撤额	最大回撤额	收获—痛苦比
无*	54	39904	21026	41467	1.90
1	54	39873	21015	41467	1.90
2	58	36822	20052	34354	1.84
3	67	26670	15757	23047	1.69

*基准

低波动率过滤器确实会通过排除掉那些不具有较好盈利潜力的交易，来提高单笔盈利，但收获—痛苦比也下降了，因此我们就没有增加这个过滤器。下面让我们来看看使用平均波幅的高波动率过滤器。表6-4显示了这些交易的结果。

表6-4 基于平均波幅的高波动率过滤器（股票）

平均波幅小于价格的 x%	单笔交易平均盈利额	平均年化盈利额	平均年化回撤额	最大回撤额	收获—痛苦比
无*	54	39904	21026	41467	1.90
10	53	38848	20863	41467	1.86
8	51	36273	20578	41467	1.76
6	48	32667	19859	40797	1.64
5	47	30201	18114	40327	1.67

*基准

高波动率过滤器会排除掉那些有更高波动率的股票，从而降低单笔盈利和平均最大回撤。但盈利能力的下降幅度比回撤更快，因此收获—痛苦比也下降了。可能标准差波动率过滤器会让结果更好一些。

表6-5显示了使用低波动率标准差过滤器时的结果。标准差是用入场信号出现时的之前20个收盘价来计算的。

表6-5 基于标准差的低波动率过滤器（股票）

标准差大于价格的 x%	单笔交易平均盈利额	平均年化盈利额	平均年化回撤额	最大回撤额	收获—痛苦比
无*	54	39904	21026	41467	1.90
1	57	39011	20888	41187	1.87

2	67	31198	17366	29045	1.80
3**	84	23650	11491	17207	2.06
4	97	16028	7994	11511	2.01

* 基准

** 新基准

若只接受收盘价的标准差大于价格的 3% 时所发出的交易信号，此时单笔盈利会增加，平均最大回撤和最大回撤都会降低。请注意，现在这个新的基准股票策略是可交易的了。

平均年化收益比最大回撤更大。如果用 100000 美元来交易，那每年的平均收益率将为 24%，而在过去 12 年中最大回撤将只约 17%，而你每年会遇到的最大回撤只有约 11.5%。

下面让我们来看看，标准差高波动率过滤器是否会让结果更好。表 6-6 显示了当标准差高于价格的 x% 时就停止交易时的结果。

表 6-6 基于标准差的高波动率过滤器（股票）

标准差小于价格的 x%	单笔交易平均盈利额	平均年化盈利额	平均年化回撤额	最大回撤额	收获—痛苦比
无 *	84	23650	11491	17207	2.06
10	84	23148	11469	17207	2.02
8	82	22402	11430	17207	1.96
6	78	20210	10701	17207	1.89

* 基准

这个过滤器没能改善交易结果，因此我们就没有在最新的基准中加入它。图 6-1 显示了目前所开发的策略的资金曲线。

第6章 交易系统的要素：过滤器

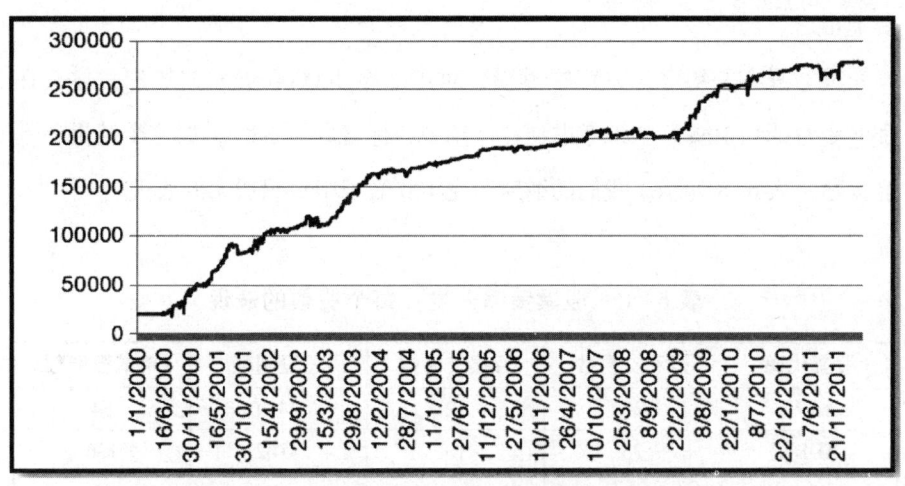

图6-1 目前所开发的股票策略的资金曲线

请注意，我们在第5章中曾看见的，发生在2008年中的回撤已经消失了。这主要是由于增加了70天的长期过滤器。当市场在2008年中暴跌时，该过滤器让我们回避了大多数的多头交易。表6-7显示了每年的盈利和回撤。

表6-8 股票策略开发：每个股票的表现

年度	年度盈利额	年度最大回撤额
2000	30424	12875
2001	38149	11682
2002	20709	10674
2003	53978	10476
2004	10812	8171
2005	15788	4712
2006	4073	5365
2007	16871	6762
2008	-9422	12347
2009	54054	8781
2010	14749	11288
2011	9315	17207

此时只在一年（2008）中亏损，对于一个100000美元的账户，你会在那年中亏掉约10%。如果考虑到在该年中，标普跌了38%，那这个结果还不算太糟。表6-8显示了我们的纳斯达克100篮子中每只股票的表现。

表6-8 股票策略开发：每个股票的表现

股票代码	盈利交易数	亏损交易数	总盈利额	单笔盈利额
AAPL	33	12	2434	54
ADBE	23	10	4162	126
ADP	4	3	141	20
ADSK	23	12	1185	33
AKAM	36	17	2894	54
ALTR	18	15	−2518	−77
ALXN	24	20	1116	25
AMAT	25	11	2475	68
AMGN	5	4	302	33
APOL	32	4	7105	197
ATVI	30	11	5051	123
AVGO	9	2	310	28
BBBY	19	5	3634	151
BIDU	24	6	5421	180
BIIB	25	8	4098	124
BMC	15	9	1307	54
BRCM	33	12	5967	132
CA	14	11	196	7
CELG	33	9	5483	130
CERN	24	7	6062	195
CHKP	21	9	2605	86
CHRW	11	9	592	29
CMCSA	9	6	766	51
COST	8	2	1833	183
CSCO	12	11	56	2

CTRP	22	13	4751	135
CTSH	30	14	5549	126
CTXS	23	15	-1621	-43
DELL	13	9	306	13
DLTR	17	7	21202	87
DTV	4	6	243	24
EBAY	21	11	2127	66
ESRX	21	9	4751	158
EXPD	27	7	4684	137
FAST	19	12	1760	56
FFIV	40	11	5771	113
FISV	6	6	240	20
FLEX	20	11	1464	47
FOSL	22	14	3484	96
GILF	32	4	7896	219
GMCR	31	20	473	9
GOLD	38	14	3857	74
GOOG	9	6	-544	-37
GRMN	25	14	1362	34
HSIC	11	8	1711	90
INFY	25	9	4831	142
INTC	13	4	2298	135
INTU	19	11	3153	105
ISRG	27	16	1966	45
KLAC	30	9	6481	166
LIFE	14	10	1170	48
LINTA	5	6	357	32
LLTC	21	9	2433	81
LRCX	33	14	4557	96
MAT	8	4	1174	97
MCHP	18	12	704	23
MNST	26	15	3419	83
MRVL	26	16	5299	126

MSFT	9	6	575	38
MU	36	16	5002	96
MXIM	21	9	3378	112
MYL	17	3	2374	118
NFLX	35	20	2726	49
NTAP	28	19	3236	68
NUAN	37	18	6257	113
NVDA	34	25	−46	−1
NWSA	10	6	1186	74
ORCL	12	11	−116	−6
ORLY	16	9	594	23
PAYX	7	6	−92	−8
PCAR	18	8	1578	60
PRGO	16	8	1578	108
QCOM	21	7	4387	156
RIMM	31	17	1879	39
ROST	21	5	3070	118
SBUX	19	7	3386	130
SHLD	16	13	−1350	−47
SIAL	3	8	−849	−78
SIRI	39	15	7611	140
SNDK	47	16	4390	69
SPLS	14	7	1858	88
SRCL	21	6	3520	130
STX	23	4	5715	211
SYMC	21	8	3742	129
TEVA	10	2	2796	233
TXN	13	10	1133	49
VMED	10	8	412	22
VOD	8	5	848	65
VRSN	27	15	2486	59
VRTX	33	15	2650	55
WCRX	4	3	243	34

WFM	18	9	2583	95
WYNN	26	10	3941	109
XLNX	18	13	2115	68
XRAY	7	4	422	38
YHOO	23	11	2755	81

这些结果中，100只股票中只有8只没有挣钱，有37只的平均盈利超过100美元/笔。下面让我们看看商品策略的开发。

一周中不同交易日的过滤器（商品）

有一种强有力的一周中不同交易日的过滤器，我会在几乎所有中线至长线的商品趋势跟随策略中使用它。它就是拉回过滤器（pullback filter）。如果多头信号出现了，我会等价格在某一天下跌，如果此时多头信号仍存在，那我就入场做多。对于空头交易，我会等价格在某一天上涨。大多数趋势跟随多头信号都发生在收盘价上涨的时候。这个过滤器的逻辑是等一个下跌的收盘价来获得更好的价格。除此之外，该过滤器还消除了大量的错误入场信号，包括那些发生在价格高位的入场，然后就直接掉头向下，触发你的灾难性止损。

为了说明这一点，我们对56种商品的篮子进行了测试，只要今天的收盘价低于昨天的，就在第二天开盘时入场做多，并在第三天的开盘时平仓，空头交易则是相反的规则。测试结果如表6-9所示。

表6-9 一周中不同交易日过滤器的多头和空头突破交易

	盈利交易数	亏损交易数	总盈利额	单笔盈利额
多头交易	103423	96495	3907148	19
空头交易	103743	104504	1660935	7

还不错。增加这个过滤器所产生的盈利，基本能够覆盖该交易的交易费用。下面让我们来看看，当我们只在趋势方向与多头或空头拉回方向一致时，才执行过滤器时的结果。由于我们使用的是20天的唐奇安入场，所以我们也使用20天的趋势拉回过滤器。如果今天的收盘价比20天之前的高，则长期趋势向上，我们会在每次收盘价下跌时入场做一个为期一天的交易。空头交易则是相反的逻辑。测试结果如表6-10所示。

表6-10 （带有趋势过滤器的）一周中不同交易日过滤器的多头和空头突破交易

	盈利交易数	亏损交易数	总盈利额	单笔盈利额
多头交易	47582	42862	3270100	36
空头交易	42660	41707	1834168	21

所增加的过滤器所创造的盈利，能够覆盖整笔交易的交易费用。在其他统计结果不受影响的情况下，这样做无疑是值得的。下面让我们在第5章中得到的基准唐奇安商品系统中加入该过滤器。表6-11显示了这样做的交易结果。

表6-11 带有拉回过滤器的商品策略

是否有拉回过滤器	单笔交易平均盈利额	平均年化盈利额	平均年化回撤额	最大回撤额	收获—痛苦比
无*	378	167553	147173	474203	1.14
有	430	136498	126445	472767	1.08

*基准

该拉回过滤器确实能较基准增加单笔盈利，但用平均年化盈利来度量的总盈利能力会下降约20%。平均回撤并没有下降太多。这是我所发现的该过滤器少数几次不能改善测试结果中的一次。下面让我们来看看长期趋势过滤器。

长期趋势过滤器（商品）

该过滤器与我们之前在股票系统中所使用的一致。我们只接受那些与长期趋势方向相同的交易，长期趋势是用今天的收盘价与 x 天前的收盘价进行比较后所确定的。表 6-12 显示了回顾期从 30 天变化至 90 天时的交易结果。

表 6-12 长期趋势过滤器（商品）

趋势过滤器的回顾天数	单笔交易平均盈利额	平均年化盈利额	平均年化回撤额	最大回撤额	收获—痛苦比
无 *	378	167553	147173	474203	1.14
30	416	151116	146063	513398	1.03
40	463	158228	140948	474856	1.12
50	467	152796	136426	464345	1.12
60	519	162705	140193	395950	1.16
70 * *	545	166002	135441	354671	1.23
80	559	165919	138583	342742	1.20
90	554	161079	140617	420117	1.15

* 基准

* * 新基准

70 天回顾期的过滤器会让单笔盈利提高约 40%，并且显著降低了平均最大回撤和最大回撤。我将把它加入到已有的策略中，以形成新的基准。

基于波动率的过滤器（商品）

与我们在开发股票策略时所做的一样，我们将测试基于标准差和平均波幅的低和高波动率过滤器。表6-13显示了当我们只接受当标准差大于X美元时所产生的交易信号。度量标准差的方法是该信号出现之前20个交易日的收盘价的标准差，并用标准差乘以该商品每点标准差所代表的金额，来转换为金额。

表6-13 基于标准差的低波动率过滤器（商品）

接受标准差 >X美元时的交易	单笔交易 平均盈利额	平均年化 盈利额	平均年化 回撤额	最大回撤额	收获—痛苦比
无*	545	166002	135441	354671	1.23
100	546	165728	135424	354546	1.22
150	550	164790	135451	353982	1.22
200	560	163356	135570	354073	1.20
250	574	161537	135790	353637	1.19
300	593	159267	135855	352566	1.17

*基准

低波动率过滤器会避免一些低盈利能力的交易，这在表6-13中表现为单笔盈利的上升，但它对回撤没有什么帮助，因此我们就不能将其纳入基准。下面我们将测试高波动率的标准差过滤器。表6-14显示了这些交易结果。

表 6-14　基于标准差的高波动率过滤器（商品）

接受标准差<X 美元时的交易	单笔交易平均盈利额	平均年化盈利额	平均年化回撤额	最大回撤额	收获—痛苦比
无*	545	166002	135441	354671	1.23
2000	481	140017	94013	197578	1.49
1500	461	129392	81262	174542	1.59
1000	384	98256	60269	137611	1.63
900	362	89546	55327	121582	1.62
800	354	83435	49994	100037	1.67
700	331	73115	45318	106570	1.61

*基准

高波动率的标准差过滤器会改善交易结果，这体现在收获—痛苦比上面。请注意，回撤被显著地降低了。下面让我们来看看，基于平均波幅的低和高波动率过滤器是否能做得更好。

我们测试了使用平均波幅的低波动率过滤器，其结果与使用标准差的低波动率过滤器基本相同，因此它们都不能被加入到基准中。表 6-15 显示了基于平均波幅的高波动率过滤器的结果。平均波幅为入场之前 20 天的平均波幅，通过乘以该商品的每点价值，平均波幅被转换成了金额。

表 6-15　基于平均波幅的高波动率过滤器（商品）

接受平均波幅<X 美元时的交易	单笔交易平均盈利额	平均年化盈利额	平均年化回撤额	最大回撤额	收获—痛苦比
无*	545	166002	135441	354671	1.23
800	407	96926	48847	89669	1.98
700**	410	91354	43209	86296	2.11
600	384	82041	40703	78142	2.02

*基准

**新基准

此时，基于平均波幅的高波动率过滤器的表现，会比标准差过滤器更好。这种情况并不常发生。加入了该过滤器后，交易结果得到了显著改善，新的系统能够符合我们对交易能力的要求了。

- 平均年化盈利超过最大回撤，并为每年的平均最大回撤的两倍多。
- 你可以用 450000 美元的账户来交易该策略，每年的平均收益率约为 20%，平均最大回撤小于 10%，30 年中的最大回撤小于 20%。

在我们离开这个商品策略的开发过程之前，基于表 6-15 的结果，还有另一件事是值得我们去关注的。这就是我们应该在 20 天的平均波幅大于 700 美元时停止入场。但假设我们已经进入了一笔交易，市场后来变得更活跃了。可能这个过滤器还可以作为平均波幅超过特定波动率限额时出场的信号。

表 6-16 显示了当过去 20 天的平均波幅超过特定金额限额时出场的结果。如果在收盘时出现了这种情况，则在第二天开盘时出场。

表 6-16　商品策略：基于高波动率过滤器的出场

当平均波幅 >X 美元时出场	单笔交易 平均盈利额	平均年化 盈利额	平均年化 回撤额	最大回撤额	收获—痛苦比
无 *	410	91354	43209	86296	2.11
1000	399	88979	39752	83837	2.24
900	395	87916	38158	82650	2.30
800 * *	387	86793	35634	81150	2.44
700	337	79780	33705	79330	2.36

* 基准

* * 新基准

这个增加项会改善交易结果。目前的收获—痛苦比为 2.44。图 6-2 显示了此时的资金曲线。

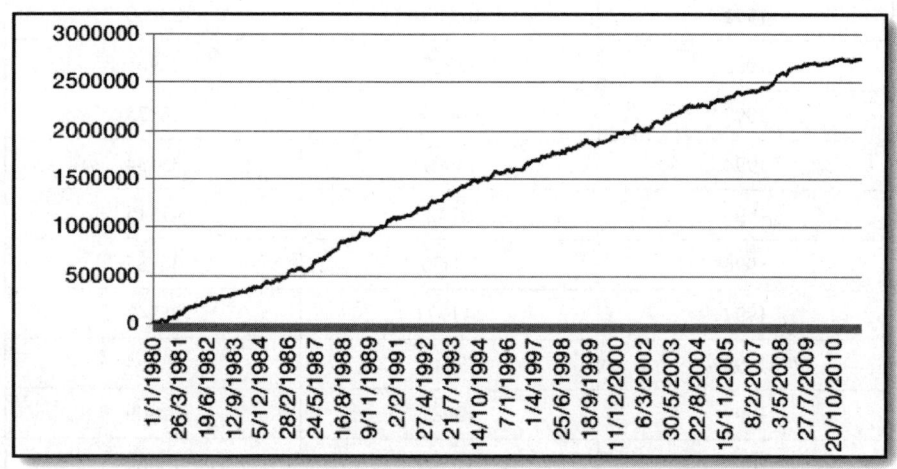

图 6-2　目前所开发的商品策略的资金曲线

这是一条看上去相当好的资金曲线，尽管最近 3 年斜率的向上幅度有所趋缓。表 6-17 显示了每年的业绩结果。

表 6-17　商品策略的年度盈利和最大回撤

年度	年度盈利额	年度最大回撤额
1980	45243	31602
1981	131473	35973
1982	70948	26559
1983	60062	20128
1984	75650	23651
1985	80800	30075
1986	72105	42244
1987	176109	33076

1988	140708	19920
1989	72787	32454
1990	149391	22837
1991	103496	23260
1992	71787	27965
1993	174368	16375
1994	74961	35434
1995	107427	41515
1996	70475	34187
1997	111771	25842
1998	77517	33384
1999	40987	72809
2000	107739	13563
2001	49441	44766
2002	77130	36383
2003	131397	36355
2004	47863	35843
2005	90391	22619
2006	60636	36073
2007	77027	23311
2008	172057	38758
2009	25429	21180
2010	56932	19557
2011	-34366	46111
平均	86639	31369

表6-18显示了不同商品的业绩表现。

表 6-18 所开发的商品策略：不同商品的业绩表现

商品	盈利交易数	亏损交易数	总盈利额	单笔盈利额
玉米	79	111	25675	135
大豆	71	94	57025	345
豆粕	74	108	52490	288
豆油	90	100	52182	274
小麦	69	123	9562	49
堪萨斯交易所小麦	66	114	29825	165
稻谷	53	73	70479	559
活牛	71	142	-4271	-21
瘦猪肉	77	143	-1520	-7
肉牛	76	113	25687	135
咖啡	37	40	50493	655
棉花	80	92	100590	584
橙汁	79	114	56302	291
木材	62	81	75514	528
可可	60	136	-16808	-83
糖	79	88	55238	330
铜	65	93	21387	135
钯	59	96	101279	653
白银	55	87	110074	775
黄金	56	88	54440	378
铂	62	120	45791	25
伦敦铜	44	54	41545	423
伦敦铝合金	40	78	39240	332
伦敦铝	48	63	39062	351
伦敦镍	33	56	81165	911
原油	525	60	61059	545
燃料油	69	81	94290	628
汽油	50	63	81408	720
迷你天然气	20	30	15675	313

品种				
布伦特原油	44	41	71139	836
日元	38	32	88475	1263
瑞士法郎	43	33	81512	1072
加拿大元	61	107	26179	155
英镑	40	48	117225	1332
美元指数	57	68	104734	837
澳大利亚元	45	74	22470	188
墨西哥比索	45	57	36549	358
欧元	14	12	51774	1991
30年期债券	47	67	43500	381
10年期国债	72	92	67609	412
5年期国债	61	78	52085	374
2年期国债	54	62	51562	444
欧洲美元	80	90	66399	390
澳大利亚债券	66	93	53733	337
加拿大政府债券	60	76	37503	275
欧洲债券	41	32	93161	1276
英国政府债券	36	39	50070	667
西班牙债券	45	51	46245	481
Simex日本政府债券	50	70	26562	221
恒生指数	19	20	37149	952
Dax指数	15	23	9075	238
迷你标普	56	92	8750	59
迷你罗素2000	1	4	1809	361
迷你中盘股	28	44	7589	105
迷你纳斯达克	30	38	20725	304
日经	52	53	98675	939
所有交易	2976	4137	2756675	387
多头交易	1594	2086	1895123	514
空头交易	1382	2051	861542	250

对于不同商品的表现，我有以下几点提示：

- 谷物、软商品、金属、能源、货币和金融等都表现良好，而肉和股票指数则不尽然。这是一个典型的趋势跟随策略。我从没有找到一个能很好交易肉的方法，而美国股票指数的表现则更像股票，而非商品。它们更适合用反趋势的方法来交易。
- 咖啡、镍、日元、英镑、欧元、欧元债券、英国政府债券和大多数股票指数的交易频率都不太高。这是由于波动率过滤器和这些商品在交易所的定价方式所导致的。当交易所把某个商品的最小价格变动单位设置为每点 1 美元时，一个很小比例的价格变动，就能导致很大的金额变动（请参考附录 B 中"相对合约风险"一节）。高波动率过滤器会阻止这些商品的很多交易。
- 多头交易的总盈利几乎是空头交易的 3 倍，而单笔盈利也几乎是后者的两倍。再提醒一次，这是一种典型现象。

现在到了结束商品策略开发过程的时候了。在下一章，我们将对其搭配资金管理的方法，以使其能适应你的账户规模和风险承受能力。

本章小结

在本章中，我们完成了股票和商品策略的开发。它们现在都满足了可交易策略的要求。对于每个规则/参数值，我们都用计算机对整个篮子进行了测试，并得到资金曲线。根据资金曲线，我们用平均年化盈利除以平均年化最大回撤，来得到收获—痛苦比。该指标被用来确定所加入的规则/参数能否形成一个新的基准。在此过程中，你已经注意到，我们拒绝了许多能增加单笔盈利或总盈利的方法，这是因为收获—痛苦比指标显示，它们并不是一个更好的方法。第 7 章将进一步强调开发一个与收获—痛苦比类似的整合的风险—收益指标，用来替代总盈利或单笔盈利的重要性。

第7章 为什么要在你的系统开发中包括资金管理部分

当我第一次开发交易系统时,我用总盈利或单笔交易平均盈利来作为策略表现的评价指标,而对开发过程中的回撤并没有关注。当这个系统开发完成时,我对其添加了资金管理的内容,然后就觉得心满意足了。正如你从之前3章中所看见的,我现在更喜欢在开发过程中的每一步都包括一个简单形式的资金管理,而我用于衡量策略表现的标准,则是用平均年化盈利除以平均年化最大回撤,即收获—痛苦比。通过这一过程,我从一开始就知道这个系统从风险收益的角度,是否是可交易的。此外,在资金管理过程中,我并不需要回过头来看该系统的某个要素对控制风险是否有帮助,我在之前的开发过程中就已经知道了这一点。

在开发过程中的每一步都整合进资金管理的内容,这样做的最大好处是,我们能得到一个有更好风险收益特征的系统。此外,你可以通过收获—痛苦比的值,来直接比较不同类型的系统。你不能用总盈利和单笔盈利指标来做到这一点。不能用它们来比较长线、短线或高频系统,也当然不能用它们来比较商品、股票和外汇系统。

在本章中,我们将重新开发我们的股票系统和商品系统,不过此次是一个简化的版本,并且衡量的标准是单笔盈利,而不是收获—痛苦比。在本章的最后,我们会比较这两个策略集的资金曲线。我相信你会同意,使用像收获—痛苦比这样的风险—收益指标来开发策略，会得到更好的结果。

用单笔盈利指标来开发股票系统

使用只做多的唐奇安入场，表7-1显示了这100只股票的篮子在唐奇安回顾期从20天变化至2天时的交易结果。

表7-1 用单笔盈利指标来开发股票系统：唐奇安回顾期的天数

回顾期天数	单笔交易平均盈利额	平均年化盈利额	平均年化回撤额	最大回撤额
20*	90	42879	68393	190044
18	87	46587	70715	184490
16	77	47079	72058	192191
14	69	48053	71727	190794
12	61	49764	69125	191484
10	55	55171	66642	175396
8	45	56811	66607	177774
6	35	57536	69582	150370
4	21	50516	67370	138584
2	14	55419	59321	107455

*基准

在回顾期为20天时，单笔盈利最高，为90美元，因此这就是我们的入场基准。接下来，让我们考察一下基于金额的灾难性止损。当止损金额为2500美元时，单笔盈利提高至98美元，因此将该止损被加入到基准中。表7-2显示了基于时间的出场的结果。如果止损没有被触发，交易会在x天后出场。

表 7-2　用单笔盈利指标来开发股票系统：基于时间的出场

在 x 天后的收盘时出场，y 的值	单笔交易平均盈利额	平均年化盈利额
无 *	98	46622
40	92	46460
30	84	45197
20	80	49225
10	54	42616

* 基准

对于这个版本的策略，基于时间的出场并不能增加单笔盈利，因此就没有被加入到基准中。在之前的股票策略中，基于金额的盈利目标会产生显著不同的结果。表 7-3 显示了它们在这个版本中的效果。

表 7-3　用单笔盈利指标来开发股票系统：止盈

止盈额	单笔交易平均盈利额	平均年化盈利额
无 *	98	46622
2000	100	47626
1500 * *	101	48006
1000	96	45983

* 基准

* * 新基准

当止盈额为 1500 美元时，单笔盈利和平均年化盈利都会较基准有所提高，因此我们将其作为新基准。下面来看看带有过滤器时的交易结果。

我们对之前讨论过的所有类型的过滤器都用单笔盈利指标进行了重新测试，除了拉回过滤器之外，其他过滤器都没能对当前的基准有改善作用。新的基准变为：只接受当前价格高于 70 天之前价格时的交易信号。此时的单笔盈利提高至单笔交易 104 美元。图 7-1 显示了此时的资金曲线。

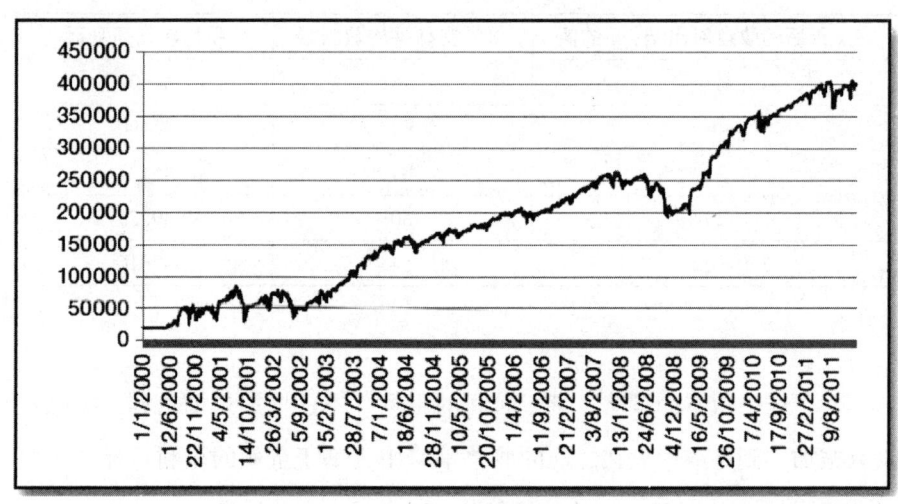

图 7-1 用单笔盈利指标来开发股票系统：资金曲线

将该资金曲线与图 7-2（使用收获—痛苦比指标来开发的策略的资金曲线）作对比。

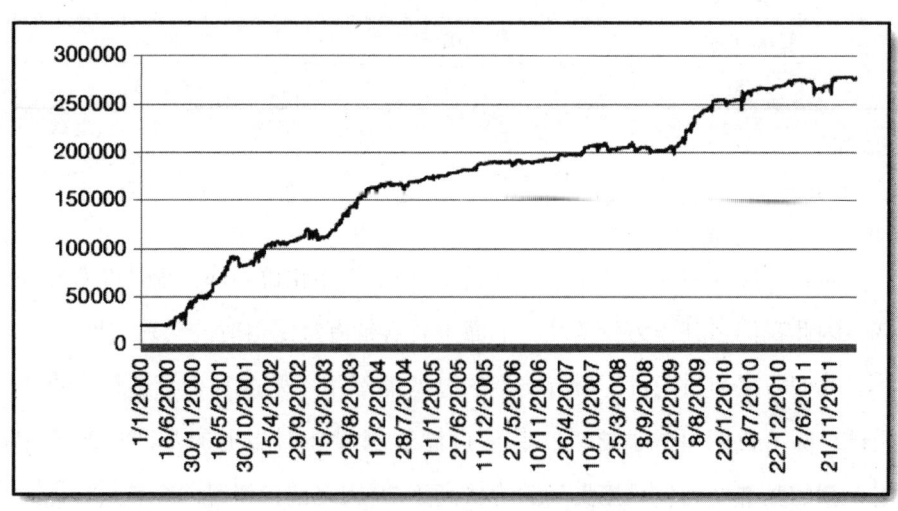

图 7-2 用收获—痛苦比指标来开发股票系统：资金曲线

最后，表7-4比较了两个策略在每年中的表现。

表7-4 比较两个股票策略的年度盈利和回撤

年度	收获—痛苦比策略的盈利额	收获—痛苦比策略的最大回撤额	单笔盈利策略的盈利额	单笔盈利策略的最大回撤额
2000	34710	17431	26324	28613
2001	35731	24303	14960	57379
2002	34969	13006	−5545	45790
2003	90816	13770	83318	18543
2004	41299	10566	29990	25574
2005	32259	12039	22273	16780
2006	37004	17445	21576	24217
2007	45026	16569	48534	21685
2008	−15502	25461	−58155	70126
2009	120637	17596	132319	17361
2010	52424	28660	40105	34206
2011	25717	40631	26546	43081
平均	44591	19789	31854	33613

显然，收获—痛苦比方法会比单笔盈利方法在年度盈利和降低回撤两方面都更优。现在让我们转向商品系统，用单笔盈利方法再开发一次商品系统。

用单笔盈利指标来开发商品系统

表7-5显示了使用不同唐奇安入场回顾期时反向交易的结果。我们还是使用由56种商品组成的篮子，时间为1980年至2011年底，不考虑交易费用。

表 7-5　用单笔盈利指标来开发商品系统：唐奇安回顾期

回顾期天数	单笔交易平均盈利额	平均年化盈利额
10	149	135,933
20	387	169384
30	525	150091
40	676	141309
50	826	136619
60	972	132232
70	1153	131384
80	1354	132660
90	1531	133462
100	1692	131651
110	2028	141089
120 *	2037	128895
130	2004	116623

* 基准

当回顾期为120天时，单笔盈利最大，因此我们将它作为基准。接下来，让我们看看灾难性止损水平。

与我们之前开发商品系统时所做的一致，这里我们也测试了两种基于波动率的灾难性止损：平均波幅和标准差。对于这两个测试，都使用了入场前20天至120天的收盘价来进行计算。当参数值为120天时，结果会更好一些，对于基于标准差的灾难性止损也是如此。表7-6显示了使用120天标准差的某个倍数来做止损值时的结果。虽然这个止损值并没有改善单笔盈利，但对于长线交易系统而言，添加某种类型的止损保护是必须的，而这个止损是最好的。

表 7-6　用单笔盈利指标来开发商品系统：标准差灾难性止损

120 天标准差的倍数	单笔交易平均盈利额	平均年化盈利额
基准	2037	128895
1	1335	125631
2	1879	134683
3 *	2020	131906

*新基准

为了完成对止损的开发，我们还考察了跟踪止损和止盈（如第 5 章中所做的那样），但都对基准没有改善。下面让我们来看看过滤器。

首个考察的过滤器是拉回过滤器，我们在第 6 章中开发商品系统时曾尝试过。拉回过滤器会等在下跌的日子里做多，而在上涨的日子里做空（如果入场信号仍存在的话）。你可能还记得，在第 6 章所开发的策略中，拉回过滤器确实提高了单笔盈利，但却对收获—痛苦比没有帮助。因此我们当时没有把它作为新基准。表 7-7 显示了我们现在的基准在增加了该过滤器时的结果。

表 7-7　用单笔盈利指标来开发商品系统：拉回过滤器

是否有拉回过滤器	单笔交易平均盈利额	平均年化盈利额
无 *	2020	131906
有 * *	2268	129533

*基准

* *新基准

该拉回过滤器会将我们的单笔盈利提高 148 美元，因此我们加入它来构成新基准。下面让我们来看看长期趋势过滤器。

当某笔交易的方向与长期趋势不一致时，长期趋势过滤器会禁止该笔交易。我们用出现入场信号这一天的收盘价，与 x 天之前的收盘价进行比较，来确定长期趋势。由于这个策略使用了 120 天的 K 线信息来入场，因此比较的日期应该比 120 天更长。表 7-8 显示了在不同回顾期天数时的结果。

表 7-8　用单笔盈利指标来开发商品系统：长期趋势过滤器

回顾期天数	单笔交易平均盈利额	平均年化盈利额
基准	2268	129533
150	2449	126803
175	2545	124611
200 *	2777	130367
225	2768	126459
250	2591	111997

*新基准

当使用 200 天回顾期的长期趋势过滤器时，单笔盈利达到 2777 美元的峰值。因此我们将加入该过滤器来组成新基准。

要考虑的最后一种过滤器是低和高波动率过滤器。在计算基于平均波幅和标准差的波动率过滤器时，我们使用了 20 至 120 天的数据。结果表明，平均波幅过滤器所提供的高和低波动率效果，比标准差过滤器更好。并且最近 20 天的平均波幅比 120 天的平均波幅更好。表 7-9 显示了该高波动率过滤器的结果。

表 7-9 用单笔盈利指标来开发商品系统：基于平均波幅的高波动率过滤器

高波动率平均波幅剔除额	单笔交易平均盈利额	平均年化盈利额
基准	2777	130367
3500	2741	128157
4000	2805	121423
4500 *	2829	132553
5000	2820	132217
5500	2797	131215
6000	2777	130367

*新基准

当高波动率剔除额为 4500 美元时，单笔盈利达到峰值，为 2829 美元，因此该条件被加入来形成新基准。最后，表 7-10 显示了添加低波动率过滤器时的表现。

表 7-10 用单笔盈利指标来开发商品系统：基于平均波幅的低波动率过滤器

低波动率平均波幅限额	单笔交易平均盈利额	平均年化盈利额
基准	2829	132553
100	2847	131044
200 *	2938	128805
300	3207	120188

*新基准

在金额限额上升至 1000 美元之前，单笔盈利都会增加，但平均年化盈利却持续地显著下降。200 美元的限额，是一个比较好的折衷。

图 7-3 显示了该策略的资金曲线。

建立稳固的交易系统：和回测结果一致，满足你的风险-收益目标的可交易策略

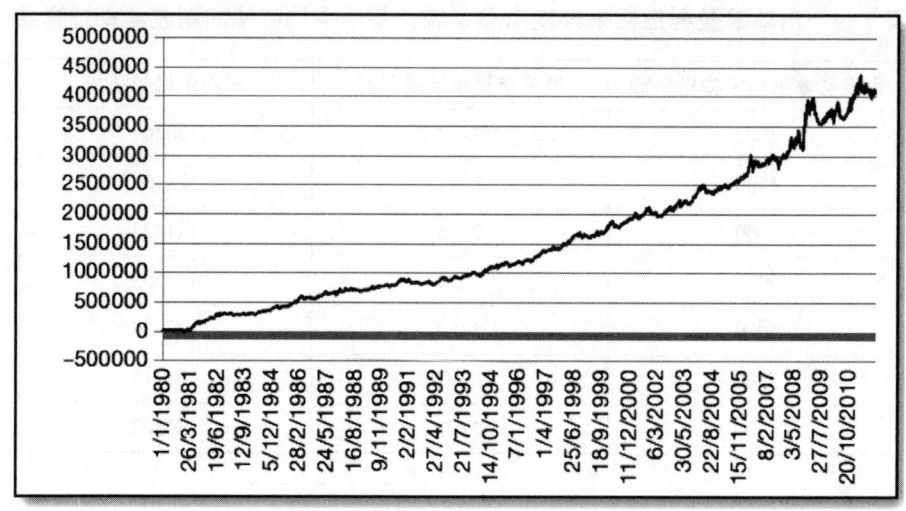

图 7-3　用单笔盈利指标来开发商品系统：资金曲线

与图 7-4（用收获—痛苦比指标来开发的系统）的资金曲线进行比较。

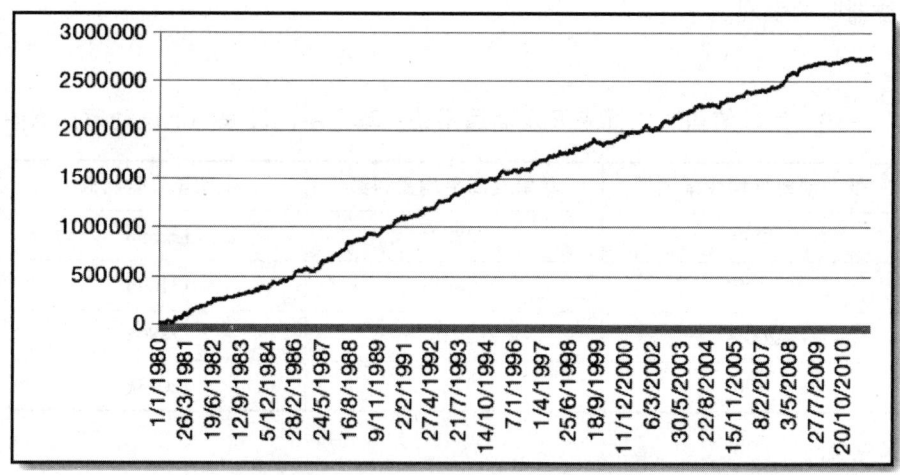

图 7-4　用收获—痛苦比指标来开发商品系统：资金曲线

使用单笔盈利指标的资金曲线，比使用收获—痛苦比指标的资金曲线高约 50%。但请看一看你要获得该盈利所必须承受的回撤。表 7-11 显示了年度的业绩表现，其中强调了单笔盈利方法中的最大回撤。

— 136 —

第7章 为什么要在你的系统开发中包括资金管理部分

表 7-11 比较两个商品策略的年度盈利和回撤

年度	收获-痛苦比策略的盈利额	收获—痛苦比策略的最大回撤额	单笔盈利策略的盈利额	单笔盈利策略的最大回撤额
1980	45243	31602	-20634	48197
1981	131473	35973	195283	44209
1982	70948	26559	99666	41161
1983	60062	20128	14660	43403
1984	75650	23651	96216	35092
1985	80800	30075	113859	51230
1986	72105	42244	61105	72106
1987	176109	33076	155198	66272
1988	140708	19920	-40271	65527
1989	72787	32454	87038	42337
1990	149391	22837	92010	57057
1991	103496	23260	-11760	92243
1992	71787	27965	18887	76545
1993	174368	16375	156109	40861
1994	74961	35434	96750	84190
1995	107427	41515	80867	88142
1996	70475	34187	149757	64542
1997	111771	25842	157502	61754
1998	77517	33384	192008	105575
1999	40987	72809	160316	67830
2000	107739	13563	110083	117708
2001	49441	44766	93492	121311
2002	77130	36383	143004	85687
2003	191397	36355	261307	125771
2004	47863	35843	74288	159238
2005	90391	22619	137495	77703
2006	60636	36073	242635	291045

2007	77027	23311	159792	255655
2008	172057	38758	765671	336827
2009	25429	21180	-69453	454177
2010	56932	19557	306867	292316
2011	-34366	46111	42126	401255
平均	86639	31369	128805	123968

表 7-11 显示，单笔盈利策略的平均最大回撤几乎为收获—痛苦比策略的四倍。并且单笔盈利策略的最大回撤为 454177 美元，是收获—痛苦比策略为 72809 美元的最大回撤的六倍多。

对于那些想选择所开发的商品策略的人，我还有最后一点需要说明：在 2000 至 2011 年的 12 年中，在开发中并没有考虑风险的单笔盈利策略，有 10 年中的最大回撤为或超过 100000 美元。在 2000 年之前的 20 年里，只有 1 年的最大回撤是超过 100000 美元的（1998 年）。这个现象体现了商品交易的变化本质。现在的波动率比之前的更高。再考虑到 2006 至 2011 年的最大回撤增加为 200000 美元以上，说明波动率还在上升。因此你必须使用包括了风险的评价指标来开发策略。

本章小结

在本章中，我们用单笔盈利指标重新开发了股票和商品策略。在每种情形下，重新开发的策略的资金曲线，都比用收获—痛苦比指标来开发的策略要差。特别的，重新开发的商品策略，会因为在开发中使用了不考虑风险的指标而遭受重创。

对于这些策略，还有一些工作要做。第 12 至 15 章将介绍相应的资金管理方法。不过接下来让我们先把注意力转移至一个有趣的开发策略的新方法：K 线评分法（bar scoring）。

第8章　K线评分法：
一个新的交易方法

　　传统的系统开发都有明显的缺陷：交易规则要么是黑的，要么是白的。只有当入场逻辑条件全部满足时，你才能入场；只有当出场逻辑条件全部满足时，你才会出场。两者之间并没有灰色地带，比如这是一个弱入场，那是一个强入场，或即使有一个逻辑条件不满足，这仍是一个好的入场机会。在本章中，我将介绍一种新的系统开发方法，我把它称为"K线评分法"。它会对每种金融工具每根K线的盈利潜力进行分级。用用户自定义的标准来给每根K线进行评分，其分数为用户入场并持有至自定义的天数后的预期盈利。当该K线的评分很高时，说明价格在向上移动；而当评分很低时，说明价格在向下移动。对K线评分的方法，可以作为入场方法或出场方法来单独使用，也可以作为其他入场标准的补充。

　　本章将介绍这种K线评分的方法，并提供大量的关于评分标准的例子，以及介绍整个评分过程。在介绍完该方法之后，我们将用股票市场的日频K线数据来开发一个系统。该系统会把K线评分法作为最终选择标准，来对某种传统入场技术所产生的交易机会进行选择。关于该系统是否存在曲线拟合的问题，我们会进行BRAC检验。

传统系统设计的缺点是规则太僵硬

在第7章所开发的唐奇安系统中,我们使用了唐奇安20天最高价/最低价标准、70天趋势过滤器和高波动率过滤器来发出入场信号。如果某天某个金融工具满足了这些条件,则会入场交易。如果没有满足全部条件,则什么都不做。但是,如果今天有100种金融工具都满足了该入场条件呢?其中一些入场是否会比另一些入场更好呢?传统设计中的那些僵硬规则并不会考虑这些情况。如果某个金融工具的收盘价在20天最高价之上,同时也创了历史新高,但波动率高了1美元,那又该怎么办呢?这会不会是一个好的入场呢?K线评分法可以在不要求满足特定入场条件的情况下,来对潜在的入场进行量化分析。

K线评分法介绍

K线评分法是一种对某种金融工具每根K线的变动潜力进行区分的主观方法。K线评分法包括两个部分,第一是判断标准,第二是X天后的最终盈利。判断标准和度量盈利的天数,都是由用户自定义的。假设你决定使用14根K线的RSI指标来作为判断标准,并且用入场后的第三天来作为度量盈利的时点。你将需要计算每根K线的14根K线RSI值,并标注该RSI值在三天后的盈利(假设你在该RSI的K线的第二根K线的开盘时入场做多)。然后你就根据RSI值对历史结果进行排序,保证每个RSI值都对应一个为期3天的盈利。从上到下进行分组,每一组中都包括相同数量的RSI样本。其结果可能看上去像表8-1所示的那样。表8-1是纳斯达克100只股票自2000年至2011年底的结果。

表 8-1　纳斯达克股票在使用 14 天 RSI 和计算 3 天盈利时的 K 线评分结果

RSI 值	样本数量	3 天里的平均收益率（%）
大于 64.68	30000	−0.15
介于 60.12 和 64.68 之间	30000	−0.13
介于 56.94 和 60.12 之间	30000	−0.08
介于 54.30 和 56.94 之间	30000	−0.06
介于 51.89 和 54.30 之间	30000	−0.03
介 49.54 和 51.89 之间	30000	−0.01
介于 45.69 和 49.54 之间	30000	0.01
介于 42.42 和 45.69 之间	30000	0.04
介于 37.08 和 42.42 之间	30000	0.11
小于 37.08	30000	0.17

表 8-1 显示出纳斯达克股票的反趋势本质。当 RSI 很小时，股价倾向于上涨；而当 RSI 很大时，股价倾向于下跌。你还可以使用 7 天的 RSI 和 1 天的盈利，或者使用 50 天的 RSI 和 10 天的盈利。所有这些都是用户自定义的。

当使用大量独立的度量方法，并将它们的结果组合成一个总的 K 线评分时，K 线评分法最有用。你可以用从短期到长期的不同参数值来覆盖不同的时间框架，比如 3 天、14 天和 40 天的 RSI 作为判断标准。或者你可以用诸如成交量和加速度等不同的股票特性来作为判断标准。如果使用的判断标准多于一个，那就必须在入场时使用相同数量的 K 线，这样度量盈利才有意义。各个评分的和，就是该 K 线的分数。用该分数除以判断标准的数量，就得到了在第二天开盘时入场，在未来一定天数时的期望盈利值。高评分意味着应该做多，而低评分则预示着做空的机会。K 线评分法还可以用来作为一种出场技术。如果你持有多头头寸，而此时的 K 线评分很低，那就应该退出该笔交易。

在评分时，如果你想做短线交易，那就应该度量短期（一个、两个或三个 K 线的变化）的表现。这并不意味着你只能使用短期的判断标准，你当然可以使用 40 天的 RSI，考察持有一天、两天或三天的盈利。如果你想做长线交易，那就应该度量 20、40 或更多 K 线的盈利。唯一限制你的，是你的想象力。总评分会告诉你，你的工作究竟有多出色。你希望有差异的结果，即评分高的值与评分低的值应该有很大的距离。如果最大盈利与最大亏损之间的距离很小，那你所选择的判断标准，或者用于计算盈利的天数，就算不上好。对于你挑选好的 K 线用来做多或做空时，就没什么帮助。

评分法还可以与你在交易中所钟爱的其他策略要素组合在一起。我采用在下跌时买入的方法来短线交易股票，并在入场后第一天使用一个盈利目标。如果该盈利目标没有被触及，我会在下一天的开盘时出场。我可以用这些出场规则来交易，假设我在每天开盘时对那些具有最佳 K 线评分的股票做多，而不是买入下跌的股票。这会给我一种我喜欢的出场策略优势。

K 线评分法可以应用于任何资产类别，不过我的观点是当有大量金融工具时，它的表现最好。在商品的世界中，只有不超过 100 种的流动性工具。如果你用 K 线评分法来确定每根 K 线的最佳信号，那你最多只能在十多个交易中去选择。对于外汇交易也是如此。不过市场中有数以千计的高流动性美国股票。大多数系统都会在每根 K 线上产生大量的交易。对这些交易进行评分，就可以让你优中选优。或者，你可以建立一个仅依赖与 K 线评分的系统，因为对于所有候选者而言，总会有个方法在某根 K 线上评分很高。

K 线评分法示例

与任何其他技术一样，你需要大量的样本来避免曲线拟合。在本节中，我们将考察一些使用股票和商品的例子。对于股票的例子，我们使用了由 3372 只股票组成的篮子，包括自 2000 年至今的连续日频 K 线数据。在这些数据中，共有 3500000 根 K 线的流动性大于 20000000 美元。对于商

第 8 章 K 线评分法：一个新的交易方法

品而言，我们使用了由 56 种商品组成的篮子，包括自 1980 年至今的连续合约日频 K 线数据。在这些数据中，截至 2011 年底，共有 363000 根 K 线。在股票和商品的例子中，我们都将评分结果划分至相同数量的组中，就像我们在本章之前的 RSI 例子中所做的那样。不过我们现在将不再分为 10 个组，在没有额外注明的情况下，都将分为 20 个组。在现实中，组数越多，效果越好。唯一的限制是，每个组中相同的样本数量（数以千计）应该能避免曲线拟合。

以 K 线类型为标准进行评分

有许多种方法来区分某根 K 线。蜡烛图是其中的一种，而开盘价、最高价、最低价和收盘价之间的关系，是另一种。我根据收盘价与开盘价之间的关系，把 K 线分为四类：第一类为收盘价大于开盘价，且收盘价在该波幅的上半部分；第二类为收盘价大于开盘价，且收盘价在该波幅的下半部分；第三类为收盘价小于等于开盘价，且收盘价在该波幅的上半部分；第四类为收盘价小于等于开盘价，且收盘价在该波幅的下半部分。通过加入昨天的收盘价与当前 K 线的收盘价之间的关系，我把 K 线类型的数量扩充为八种。图 8-1 显示了这八种 K 线类型。

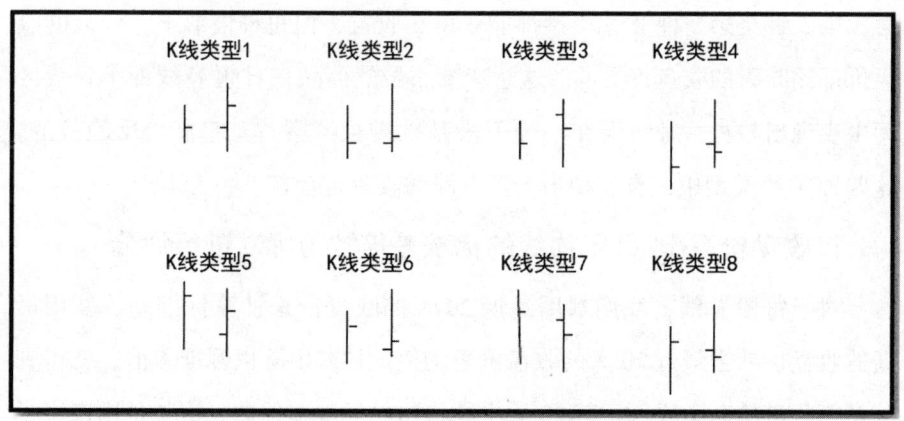

图 8-1　用于评分的 K 线类型

表 8-2 显示了对于股票和商品，这八种 K 线类型在下一天的评分。对于股票而言，用下一根 K 线的收盘价与其开盘价之间的变化百分数来计算盈利；对商品而言，则用下一根 K 线的收盘价与其开盘价之间的金额变化来表示盈利。

表 8-2　股票和商品数据 K 线评分法示例：日频 K 线的不同类型

股票 K 线类型		商品 K 线类型	
K 线类型	收益率	K 线类型	收益额
1	-0.008	1	-10.90
2	0.0054	2	-3.32
3	-0.0050	3	-1.00
4	0.1045	4	7.49
5	0.0008	5	9.35
6	-0.0007	6	12.66
7	-0.0041	7	18.63
8	0.0038	8	16.04

股票的收益相对较小，虽然第 4 种 K 线类型可能有用。对于商品而言，第 5 种至第 8 种 K 线类型都能获得正收益，但每种情形下，今天的收盘价都比昨天的收盘价更低。这意味着，虽然商品在日频 K 线的中长线区间中表现出趋势特征，但在以一天为基础进行考察时，它们是反趋势的。这四种 K 线类型中，有三种为今天上涨的收盘价会在下一天下跌。

以收盘价高于/低于均线的标准差倍数为标准进行评分

对于每根 K 线，我们都用最近 20 天的收盘价来计算标准差。并用最新的收盘价减去最近 20 天的收盘价平均值，该差值除以标准差值，就得到了最新收盘价高于或低于其 20 天平均价格的标准差倍数。这就是用来进行 K 线评分的标准。表 8-3 显示了股票和商品在计算入场后 5 天时盈利的价格标准差结果。

表 8-3　入场后 5 天的收盘价标准差结果

股票高于/低于均线的标准差倍数		商品高于/低于均线的标准差倍数	
标准差倍数	收益率	标准差倍数	收益额
大于 2.10	-0.141	大于 2.03	44.98
介于 1.79 和 2.10 之间	-0.106	介于 1.74 和 2.03 之间	15.38
介于 1.57 和 1.79 之间	-0.072	介于 1.52 和 1.74 之间	48.60
介于 1.39 和 1.57 之间	-0.005	介于 1.33 和 1.52 之间	43.63
介于 1.22 和 1.39 之间	0.086	介于 1.14 和 1.33 之间	57.90
介于 1.05 和 1.22 之间	0.117	介于 0.95 和 1.14 之间	35.97
介于 0.87 和 1.05 之间	0.166	介于 0.75 和 0.95 之间	53.40
介于 0.68 和 0.87 之间	0.220	介于 0.53 和 0.75 之间	29.32
介于 0.47 和 0.68 之间	0.191	介于 0.30 和 0.53 之间	48.45
介于 0.24 和 0.47 之间	0.200	介于 0.05 和 0.30 之间	41.22
介于 0.03 和 0.24 之间	0.157	介于 -0.20 和 0.05 之间	37.29
介于 -0.24 和 0.03 之间	0.155	介于 -0.44 和 -0.20 之间	10.70
介于 -0.48 和 -0.24 之间	0.126	介于 -0.66 和 -0.44 之间	-22.67
介于 -0.71 和 -0.48 之间	0.135	介于 -0.86 和 -0.66 之间	-11.85
介于 -0.93 和 -0.48 之间	0.164	介于 -1.06 和 -0.86 之间	-28.85
介于 -1.16 和 -0.93 之间	0.222	介于 -1.25 和 -1.06 之间	-26.17
介于 -1.38 和 -1.16 之间	0.380	介于 -1.45 和 -1.25 之间	-4.86
介于 -1.64 和 -1.38 之间	0.513	介于 -1.68 和 -1.45 之间	-10.35
介于 -1.99 和 -1.64 之间	0.485	介于 -1.99 和 -1.68 之间	-15.58
小于 -4.23	0.162	小于 -4.23	-13.19

在看上表时，有两件值得记住的重要事情：股票和商品类别的每个组中，都包含了相同数量的交易；股票中所有日期的流动性都高于 20000000 美元，而商品中则为每个商品都有交易的日期。通过观察表 8-3，对于股票和商品，都有许多有意思的现象。

对于股票而言：

- 股票的反趋势本质很明显。在5天收益的不同组中，最大值出现在标准差倍数强烈为负时。当价格强烈上涨时（从很大的正标准差倍数可以看出），出现了最强的负收益。
- 纵观5天的交易，可以发现股票存在持续的向上偏差：在5天中，16个组的平均交易期望值为正，只有4个组在5天中的交易期望值为负。此外，正期望值最大的组，其收益率为0.513%，这是最大的负期望值（-0.141）的3倍。

对于商品而言：

- 商品的趋势跟随本质也很明显。正收益一般发生在标准差倍数为正数时，而负收益一般发生在标准差倍数为负数时。但有一点与股票不同：最大的收益并不发生在最极端的组中。最大的正收益发生在从上往下数的第5个组中，而最大的负收益发生在从下往上数的第6个组中。仔细想一想，这与传统的系统开发存在怎样的差异。我们常对商品多头交易测试业绩指标的上部极端值；而对商品空头交易，则为该指标的下部极端值。K线评分法选出了最好和最差的表现，不管它发生在哪里。
- 向上的偏差是很明显的，因为在20个组中，有12个组都有正的期望收益。

下面让我们来看看以成交量为标准进行评分的例子。

以成交量高于/低于均线的标准差倍数为标准进行评分

这个标准的计算方法和上一节类似，不过这里用的是成交量，而不是收盘价。对于商品而言，成交量意味着所有合约的成交量。表8-4显示了用最近20天的成交量来计算标准差，并计算入场5天后盈利的结果。

表8-4　入场后5天的成交量标准差结果

股票高于/低于均线的标准差倍数		商品高于/低于均线的标准差倍数	
标准差倍数	收益率	标准差倍数	收益额
大于2.27	0.138	大于2.09	42.43
介于1.55和2.27之间	0.159	介于1.55和2.09之间	58.00
介于1.11和2.27之间	0.140	介于1.18和1.55之间	17.27
介于0.80和1.11之间	0.130	介于0.90和1.18之间	35.13
介于0.57和0.80之间	0.102	介于0.66和0.90之间	13.07
介于0.37和0.57之间	0.159	介于0.46和0.66之间	37.37
介于0.21和0.37之间	0.115	介于0.28和0.46之间	19.58
介于0.07和0.21之间	0.157	介于0.12和0.28之间	20.15
介于-0.06和0.07之间	0.123	介于-0.02和0.12之间	8.16
介于-0.16和-0.06之间	0.155	介于-0.16和-0.02之间	-5.24
介于-0.27和-0.16之间	0.128	介于-0.28和-0.16之间	-13.71
介于-0.36和-0.27之间	0.135	介于-0.40和-0.28之间	4.78
介于-0.45和-0.36之间	0.166	介于-0.51和-0.40之间	-11.01
介于-0.55和-0.45之间	0.129	介于-0.62和-0.51之间	-4.28
介于-0.66和-0.55之间	0.116	介于-0.73和-0.62之间	16.24
介于-0.75和-0.66之间	0.148	介于-0.85和-0.73之间	8.39
介于-0.87和-0.75之间	0.160	介于-0.98和-0.85之间	4.41
介于-1.03和-0.87之间	0.193	介于-1.14和-0.98之间	22.81
介于-1.25和-1.03之间	0.186	介于-1.37和-1.14之间	8.55
小于-3.66	0.417	小于-3.29	52.45

在关于交易的书籍中，很少有对成交量的专门讨论，但表8-4显示，它确实可以表现出一些机会。在股票中，那些成交量在均线之下一倍或更多倍标准差的股票，其在平均意义上会在后续的5天中较其他股票有2—4

倍的增值。在商品中，高成交量（第1组和第2组）和极低成交量（第20组）都是价格上涨的很好预测指标。事实上，在基于价格的标准差情形中，最好的商品组的收益为 57.90 美元，而基于成交量的第2组，其收益为 58 美元。

在下一节中，我们将使用K线评分法来开发一个短线股票系统。

股票系统示例：使用定义好的标准来进行K线评分

使用K线评分的一种有效方法，是将其附加于一个相当好的入场策略中。这个相当好的入场策略，应该能在每根K线上产生大量的交易信号。用K线评分法来对这些交易信号进行排序，然后只选择其中最好的交易信号来交易。下面让我们来看看，在我们只做多的股票系统中，使用标准差来作为我们相当好的入场策略时的情形。我们知道，股票的日频K线数据倾向于以反趋势的方式运动。因此我们将考察在最新收盘价低于近期均线一定标准差时买入股票的结果。让我们把10日标准差和20日标准差作为分析的起点。表8-5显示了，当在股票价格满足这个标准差标准时的第二天开盘时入场，并在两天后的开盘时出场时的结果。

表 8-5 标准差入场，入场后持有两天时的收益率

计算标准差和均线和天数	当收盘价在均线之下 n 倍标准差时，在下一个开盘时入场，n 的值	单笔交易平均收益率	单日平均交易次数
20	0.5	0.151	324
20	0.75	0.173	273
20	1.0	0.215	220
20	1.25	0.265	166
20	1.50	0.308	117

10	0.5	0.223	331
10	0.75	0.250	275
10	1.0	0.288	217
10	1.25	0.317	157
10	1.50	0.327	101

显然，对于这种持有两天的交易，使用10天的数据来计算标准差，会得到更好的结果。单日的交易次数基本上与使用20天数据时的结果一致，但单笔交易的平均收益率在每种情形下都会更高一些。因此我们将使用10天均线之下的1倍标准差来作为我们的基准。下面来看看K线评分法是否能显著提高单笔收益的值。

当使用10天的数据、均线下1倍标准差来作为入场标准时，会有595806次交易，单笔交易平均收益率为0.288。有些人可能会问，这么低的单笔收益，是否还值得去构建个策略？由于这些交易只持续2天时间，因此在一年中，你可以交易约125次。在不考虑复利的情况下，用125次乘以每次0.288%，就得到每年36%的收益率（不考虑滑价和手续费）。在之前的计算中，我们并没有使用杠杆。如果使用2倍的杠杆，则该值会翻倍，为每年72%。在考虑复利的情况下，无杠杆和有杠杆的结果分别为43%和105%。这就是比较可观的收益率了，即使考虑滑价和手续费，如果风险相对可控，则它可能就是值得去交易的。

如果我们对这个K线评分标准设置20个组，则595806笔交易可以拆分为每组约30000个样本。这个数字已经足够大，可以避免曲线拟合了。但在系统开发的最后，我们仍将使用BRAC流程，来进行曲线拟合检验。

我们定义的入场标准使用了10天内的价格行为。让我们使用两个其他的价格标准，来看看单笔交易实际上有多脆弱。这两个标准是：10天的标准差度量和20天的标准差度量。我们还增加了一个成交量度量标准：成交量的20天标准差。另外增加了一个波动率度量标准：波幅（根据价格进行标准化）的 10 天标准差。以及最后增加的 8 种 K 线类型标准。这样，每根 K 线都会用 5 种标准来进行刻画。表 8-6 显示了这 595806 笔交易的分组情况。

表 8-6　K 线评分矩阵：5 种标准，入场后 2 天的收益

低于 10 天价格均线的标准差倍数		低于 20 天价格均线的标准差倍数		高于 20 天成交量均线的标准差倍数		波幅（除以收盘价）的 10 天标准差		日频 K 线类型	
价格标准差分组	收益率	价格标准差分组	收益率	成交量标准差分组	收益率	波幅分组	收益率	K 线类型分组	收益率
1.04	0.151	-0.09	0.403	2.72	0.256	0.092	1.768	1	0.008
1.09	0.219	0.20	0.333	2.02	0.439	0.069	0.581	2	0.244
1.14	0.214	0.47	0.279	1.58	0.360	0.058	0.357	3	0.196
1.18	0.181	0.73	0.191	1.25	0.405	0.051	0.305	4	0.312
1.23	0.238	0.94	0.187	0.99	0.302	0.046	0.214	5	0.142
1.27	0.324	1.12	0.149	0.77	0.286	0.042	0.264	6	0.475
1.31	0.243	1.25	0.146	0.58	0.250	0.038	0.176	7	0.233
1.36	0.278	1.35	0.271	0.41	0.265	0.036	0.209	8	0.300
1.41	0.294	1.44	0.304	0.26	0.241	0.033	0.212	N/A	N/A
1.46	0.315	1.52	0.365	0.12	0.206	0.031	0.172	N/A	N/A
1.51	0.320	1.60	0.314	-0.01	0.152	0.029	0.153	N/A	N/A
1.57	0.380	1.67	0.398	-0.11	0.218	0.027	0.152	N/A	N/A
1.63	0.341	1.74	0.252	-0.23	0.184	0.025	0.158	N/A	N/A
1.69	0.387	1.82	0.249	-0.34	0.221	0.023	0.172	N/A	N/A
1.76	0.368	1.91	0.309	-0.45	0.223	0.021	0.135	N/A	N/A
1.84	0.361	2.01	0.354	-0.57	0.236	0.019	0.160	N/A	N/A
1.93	0.359	2.13	0.367	-0.70	0.264	0.018	0.152	N/A	N/A
2.04	0.302	2.28	0.401	-0.86	0.313	0.016	0.160	N/A	N/A
2.22	0.307	2.52	0.418	-1.09	0.390	0.013	0.134	N/A	N/A
2.84	0.160	4.20	0.258	-2.93	0.535	0.001	0.112	N/A	N/A

表中加粗的数值,表示其业绩高于仅使用单独入场策略时的平均交易结果,也就是单笔交易 0.288% 的收益率。其他数值则不怎么好,它们都低于 0.288 的平均结果。由于每根 K 线都能从这个 5 个标准中得到一个评分,每天评分最高的,是那些有更多高于平均值贡献的样本和更少低于平均值贡献的样本。请注意,单根 K 线的最高评分为每一列中最高收益率的和:0.387+0.418+0.535+1.768+0.475=3.583。在这 585806 根 K 线中,这个评分并没有出现。

当在股票市场中使用日频 K 线来进行短线交易时,这些标准显示出了许多信息:

- 高波动率的弱势股票有很大的上涨潜力。前 5%(第 1 组)平均能在未来 2 天中获得 1.768% 的收益。波动率更低的股票,则在未来 2 天中的收益率更低。排在后 80%(第 5 组至第 20 组)的股票的收益率,会比平均值 0.288% 低许多。

- 若用价格的 2 倍标准差标准来度量,越弱的股票,表现越好,直到达到某个点。请注意,在这些列中,排在最后的 5%(最后 1 组),其收益都比平均值 0.288% 差。这可能意味着,一些最弱的股票,确实是不好的股票,因此不会像其他弱势股票那样反弹。

- 除成交量达到均值之上 3 倍标准差时(这些可能是在大批量出货)之外,相对成交量高,结果越好。相对成交量低,也是好事,这可能是由于有人知道这些股票不会进一步下跌,因此他们就没有卖出。

- 在 10 天中弱势,而在 20 天中并不弱势的股票,会有更好的表现。正如 20 天价格标准差标准中的第 1 和第 2 组所示。

在对每根 K 线的这 5 种标准的评分进行加总后,我们可以对这 585806 根 K 线按日期进行排序,然后对每一天按评分进行排序。表 8-7 显示了每一天中评分排名在前 x 名的交易的结果。有时，对于某一特定天，并不存在排名在前 x 名的交易，这是由于在那一天，并没有足够多的股票价格在 10 天均线之下 1 倍标准差处的交易。该表也显示了发生了 x 笔交易的天数占比。

表 8-7　K 线评分系统：每天排名前 x 名的表现

每天排前 x 名的交易，x 的值	发生了 x 笔交易的天数占比	单笔交易的平均收益率
1	100	0.739
5	99.9	0.509
10	99.8	0.441
20	98.8	0.398
50	90.1	0.352
100	66.8	0.318

在每种情形中，单笔交易平均收益率都显著超过了我们 0.288% 的平均值。因此 K 线评分法确实让我们能够显著改善原基准策略的表现。

表 8-8 显示了一个简单的资金管理方法的收益风险矩阵。该资金管理方法是：我们交易 x 笔头寸，在第一天入场二分之一的头寸，再在第二天入场剩余二分之一的头寸。如果我们的起始资金为 50000 美元，并且我们希望同时交易 10 笔交易，则我们会在第一天买入 5 笔 5000 美元的头寸，然后再在第二天买入 5 笔 5000 美元的头寸。这会让我们充分投资，但并没有使用杠杆。若交易笔数为 10，则在每个下一交易日，都有 5 笔旧头寸出场，5 笔新头寸入场。

表 8-8 K 线评分系统：每天 x 笔交易的年化表现

每天的交易笔数	平均年化收益率	最大回撤率	前 20 大回撤率的平均值
1	90.6	68.2	39.3
5	52.4	52.5	26.9
10	46.1	51.6	22.7
20	48.2	47.8	21.1
50	47.2	44.5	18.2

表 8-8 显示，当每天的交易笔数从 1 增长至 10 时，收益率和回撤都在下降。当交易笔数从 10 变至 50 时，收益率会基本保持不变，但回撤会持续下降。当每天有 50 笔交易时，我们能获得一个相当好的交易结果。收益率比平均最大回撤高 2.5 倍，并且它也比整个测试期的最大回撤大。对于那些希望有更小回撤的投资者来说，可以用总资金的一部分来交易，而不是全部使用它。

线评分法是否存在曲线拟合

在先前的例子中，我们使用了全部的数据来构建评分矩阵，并回过头来分析所有数据和每根 K 线的评分。当我们对第一根 K 线进行评分时，我们使用了在真实交易中当时还无法知道的全部数据。显然，这就存在曲线拟合。我们利用了当时还不可获得的未来信息。因此问题就在于：曲线拟合有多严重？为了回答这个问题，我们进行了 BRAC 检验。我们进行了与上一节中一样的开发过程，对策略进行了重新开发，但剔除了 2011 年的股票数据，然后用之前策略中存在曲线拟合的 2011 年的结果，与用 2000 至 2010 年数据进行重新开发的策略在 2011 年的样本外结果进行对比。表 8-9 显示了对比结果。

表 8-9　样本外 BRAC 检验结果对比在 2011 年数据的曲线拟合结果

每天排前 x 名的交易，x 的值	曲线拟合策略在 2011 年的单笔交易平均收益率	样本外策略在 2011 年的单笔交易平均收益率
1	0.143	0.183
5	0.510	0.433
10	0.486	0.304
20	0.371	0.382
50	0.306	0.297
100	0.230	0.231
平均值	0.341	0.305

除排前 5 和前 10 名交易的结果之外，这两个策略在 2011 年的表现都匹配得相当好。可能最好的对比方式是它们的平均值。曲线拟合方法的结果，比使用样本外数据的策略的结果要高约 12%。这就是存在曲线拟合的缘故，但也仅仅是让业绩提高了 10%—15% 而已。

本章小结

本章介绍了一种新的策略开发方法：K 线评分法。K 线评分法通过使用许多类似的入场方法和统计它们在所希望的持有期内的平均收益，来判断每根 K 线的预期盈利。K 线评分法可以在入场、出场中使用，或者作为某些特定入场逻辑的附加物来使用。

K 线评分法存在内在的曲线拟合，但 BRAC 检验可以对其曲线拟合程度提供一个合理的估计。

第9章 避免受"精心挑选的例子"的影响

杰克·施瓦格尔是期货界的一位伟人。我认为他的《期货市场完全指南》是迄今为止针对期货分析的书中，最综合和准确的一本，而他的金融怪杰系列①，则从娱乐的角度，展现了许多通过交易来挣钱的方法。但当我听到他的名字时，首先跳入脑海的是他在《财富》杂志上发表的一篇名为《精心挑选的例子》的文章。

如果你已经读过一些关于交易的书，你就会发现有这样的情景：该书作者会做出诸如"总是看到填补缺口"或"总是朝趋势的方向交易"等权威的声明，然后给你画张图，其中有三个支持他观点的完美例子。然后就完了，这就是全部的证据。不要被这种伎俩所欺骗。书能够出版，并不代表它是对的。如果你想成为靠交易挣钱的群体中的一员，你需要对所有的东西都表示怀疑。对我来说，这是很有趣的一章。因为我将去质疑一些老生常谈的话题，但不会仅用一张图就肯定或否定某个结论。我将用交易的主要部分来提供答案。

---

① 分别为《金融怪杰》、《新金融怪杰》、《股市怪杰》和《对冲基金怪杰》。——译者注

背离是一个强信号

这是我的最爱。我在很多书上看到过这句话。它应该是正确的。当价格创新高或新低,但与此同时动量指标却没有创新高或新低时,背离就产生了。常用的动量指标包括随机指标、相对强度指数(RSI)、乖离率的移动平均(MACD)和动量本身。背离买入和卖出信号就像图9-1中所示的那样。

这些信号的潜在能力是很显然的。如果它们对了,就能抓到先前变化的底部或顶部,这能让你有机会抓到下个方向的全部波动,而不是像某个趋势跟随策略那样只抓到一部分波动。让我们来看一下背离交易在股票上的效果。下面是我们将要测试的规则:

- 价格背离空头设定:昨天的收盘价为唐奇安14天最高价,它比上一个唐奇安14天最高价还高。在这些最高价之间出现了一次唐奇安14天最低价。今天的收盘价比昨天的收盘价低一些。
- 动量背离空头设定:昨天的动量读数比之前的14天唐奇安最高价出现的交易日的动量读数要小。
- 背离空头开仓:以开盘价卖出开仓
- 背离空头平仓:分别计算入场后5、10、15、20和30天后平仓的交易结果
- 价格背离多头设定:昨天的收盘价为唐奇安14天最低价,并且它比上个唐奇安14天最低价还低。在这两个最低价之间出现了一次14天唐奇安最高价。今天的收盘价高于昨天的收盘价。
- 动量背离设定:昨天的动量读数比上个14天唐奇安最低价出现的交易日的动量读数要高。
- 背离多头开仓:以开盘价买入开仓
- 背离多头平仓:分别计算入场后5、10、15、20和30天后平仓的交易结果

第 9 章 避免受"精心挑选的例子"的影响

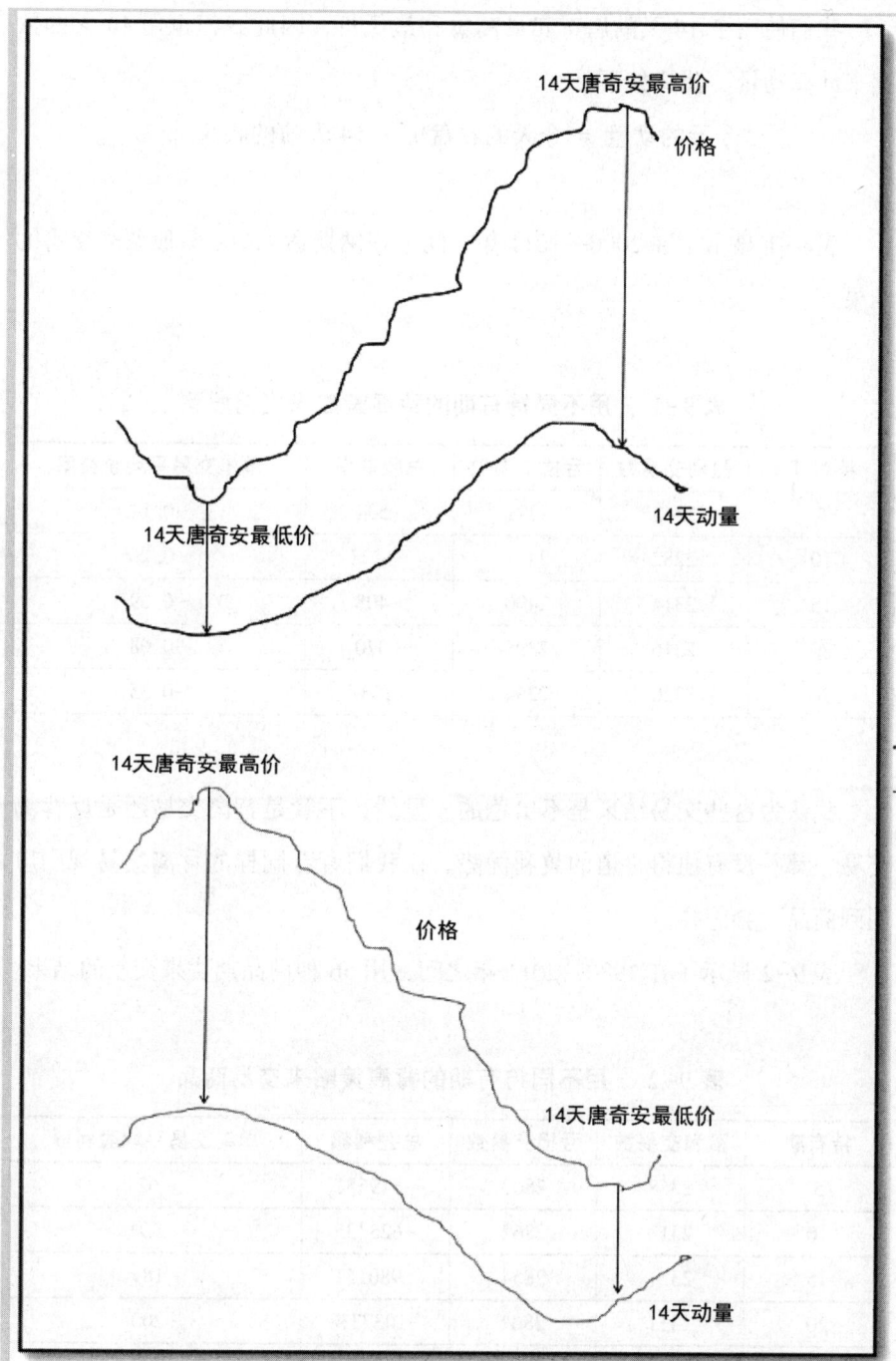

图 9-1 背离买入和卖出信号

我们使用了 14 天的唐奇安最高价和最低价，因此我们也用 14 天的数据来计算动量。公式如下：

今天的动量 = 今天的收盘价 − 14 天前的收盘价

表 9-1 显示了在 2000—2011 年之间，用纳斯达克 100 只股票来交易的结果。

表 9-1　用不同持有期的背离策略来交易股票

持有期	盈利交易数	亏损交易数	总收益率	单笔交易平均收益率
5	2343	2371	−534	−0.11
10	2282	2432	−1228	−0.26
15	2314	2400	−408	−0.09
20	2316	2398	−370	−0.08
30	2320	2394	−1687	−0.35

我认为这些交易结果是不出色的。显然，不管是背离交易还是反背离交易，都并没有值得称道的盈利优势。让我们看看同样的背离交易规则应用到商品上会怎样。

表 9-2 显示了在 1980—2011 年之间，用 56 种商品期货来交易的结果。

表 9-2　用不同持有期的背离策略来交易商品

持有期	盈利交易数	亏损交易数	总盈利额	单笔交易平均盈利额
5	2368	2807	−319551	−62
10	2313	2862	−623435	−120
15	2321	2854	−980151	−189
20	2311	2864	−1037318	−200
30	2334	2841	−1200722	−232

第9章 避免受"精心挑选的例子"的影响

这些结果是显著的。背离交易无疑是错误的选择。你应该反过来交易。当你得到一个做多信号时,你应该在下次开盘时卖出;而当得到一个做空信号时,应该在下次开盘时买入。策略中的动量部分是什么呢?我们的设定要求交易日的动量和价格朝不同的方向运动。那如果我们在动量和价格方向一致时提炼买入和卖出信号呢?新规则如下:

- 新的价格买入设定:昨天的收盘价为唐奇安14天最高价,并且它比上一个唐奇安14天最高价还高。今天的收盘价低于昨天的收盘价。在昨天的最高价之前,有一个唐奇安14天最低价,再之前就是上一个唐奇安14天最高价。
- 新的动量买入设定:昨天的动量读数比上一个14天最高价出现时的动量读数高。
- 新的多头开仓:以开盘价买入开仓。
- 新的多头平仓:分别计算入场后5、10、15、20和30天后平仓的交易结果。
- 新的价格卖出设定:昨天的收盘价为唐奇安14天最低价,并且它比上一个唐奇安14天最低价还低。今天的收盘价高于昨天的收盘价。在昨天的最低价之前,有一个唐奇安14天最高价,再之前就是上一个唐奇安14天最低价。
- 新的动量卖出设定:昨天的动量读数比上一个14天最低价时的动量读数低。
- 新的空头开仓:以开盘价卖出开仓
- 新的空头平仓:分别计算入场后5、10、15、20和30天后平仓的交易结果。

表9-3显示了56种商品期货的交易结果。

表 9-3　用不同持有期的反向背离策略来交易商品

持有期	盈利交易数	亏损交易数	总盈利额	单笔交易平均盈利额
5	3780	3118	938512	136
10	3830	3068	1781738	258
15	3814	3084	2133203	309
20	3812	3086	2243463	325
30	3815	3083	3112355	451

这些结果是非常好的，可以成为一个可交易策略的基础。此时我们可以总结得到，不管是在股票还是在商品交易中，背离交易都没有显著的盈利优势。事实上，在商品方面，你可以通过在每个背离信号出现时反向交易，来得到更好的交易结果。

在缺口时买入／补缺

大多数关于交易的书都会讨论缺口。当 K 线的开盘价不在之前的 K 线范围内时，就会出现开盘缺口。如果该 K 线的范围完全在之前 K 线的范围之外，那就出现了 K 线缺口。以下是一些关于缺口的流行理论：

- 更长时间框架图中的缺口，会比较短时间框架图中的缺口更为显著。周线图中的缺口比日线图中的缺口更有意义
- 有缺必补
- 超出价格区间之外的缺口，表明了价格开始朝缺口方向突破
- 价格持续方向性变动时出现的缺口，表明了强趋势的延续，或价格即将以反转的形式衰竭

在这一部分中，我们将考察开盘缺口和 K 线缺口在股票和商品中的

表现。

股票中的开盘缺口

同样用纳斯达克 100 只股票在 2000—2011 年中所有的开盘缺口来测试缺口交易。缺口交易为：在开盘时买入开仓，并在下一个开盘时平仓。每次交易使用 5000 美元的资金。表 9-4 归纳了这些交易的信息。

通过该表，你可以得到以下的结论：

- 开盘缺口不是做空机会。只有在一种缺口设定（最后一行）时做多会亏钱。这意味着反向交易（在这些设定时做空）会盈利，不过单笔交易平均盈利只有 2 美元，这甚至不够用来覆盖交易费用。

- 当开盘价低于昨天最低价时出现的所有缺口，做多都会盈利。这与股票的反趋势本质一致：回调是买入良机。此外，在这些开盘价低于昨天最低价的情形中，趋势向下时的交易结果会比趋势向上时更好。

- 我认为最好的设定是第一种：开盘价低于昨天的最低价，不管趋势是向上还是向下。这种设定在 12 年里共发生了超过 31000 次，平均每天就有 10 次。这可能会成为一个可交易的只做多的股票策略的很好出发点。

表 9-4 纳斯达克股票中的开盘缺口，2000—2011 年

开盘缺口描述	盈利交易数	亏损交易数	单笔交易平均盈利额
开盘价低于昨天的最低价	16661	15020	13
开盘价高于昨天的最高价	18666	17466	1
开盘价低于昨天的最低价，且趋势向上*	8174	7376	9
开盘价低于昨天的最低价，且趋势向下*	8487	7644	17
开盘价高于昨天的最高价，且趋势向上*	7569	7078	2

开盘价高于昨天的最高价,且趋势向下 *	11087	10368	0
开盘价比昨天的最低价低 1 倍标准差或更多 **	729	658	16
开盘价比昨天的最高价高 1 倍标准差或更多 **	818	767	9
开盘价比昨天的最低价低 1 倍标准差 ** 或更多,且趋势向上 *	358	347	7
开盘价比昨天的最低价低 1 倍标准差 ** 或更多,且趋势向下 *	371	311	26
开盘价比昨天的最低价高 1 倍标准差 ** 或更多,且趋势向上 *	492	451	16
开盘价比昨天的最低价高 1 倍标准差 ** 或更多,且趋势向下 *	326	316	- 2

* 趋势判断基于当前收盘价与 20 天前收盘价的对比

** 标准差用之前 20 个收盘价来计算

让我们在商品中来做同样的开盘缺口分析。

商品中的开盘缺口

用之前的 56 种商品,进行相同的开盘缺口统计。此处分析的不同之处在于,在缺口向上时做多,在缺口向下时做空。缺口交易为:在开盘时开仓,并在下一个开盘时平仓。每次交易 1 手。表 9-5 归纳了这些交易的信息。

12 种交易设定中,有 10 种的结果都是不好的。这与第 6 章中的讨论在商品中使用拉回过滤器时的结论一致:上涨一天之后是下跌一天;下跌一天之后是上涨一天;上涨趋势中下跌一天,则会在下一天大幅上涨;而下跌趋势中上涨一天,则会在下一天大幅下跌。向上的开盘缺口是特别有意思的短期做空机会,特别是当商品向上偏时。找到一种通过对这种偏离进行反向交易来挣钱的方法是可行的。

第 9 章 避免受"精心挑选的例子"的影响

关于开盘缺口，还有一点需要注意。拉里·威廉姆斯基于这些缺口开发了一种被他称为 OOPS 的短期交易系统。他的交易逻辑是隔夜的新闻或观点在开盘时涌入，驱使开盘缺口的出现。在日间交易时段，真实的情况会导致观点反转，交易员们会一边说"糟糕"，一边着急平仓，从而让价格反转。

表 9-5　56 种商品中的开盘缺口，2000—2011 年

开盘缺口描述	盈利交易数	亏损交易数	单笔交易平均盈利额
开盘价低于昨天的最低价	27694	31727	-13
开盘价高于昨天的最高价	30088	33380	-19
开盘价低于昨天的最低价，且趋势向上*	12441	15058	-32
开盘价低于昨天的最低价，且趋势向下*	15138	16552	3
开盘价高于昨天的最高价，且趋势向上*	16896	18341	6
开盘价高于昨天的最高价，且趋势向下*	13080	14930	-51
开盘价比昨天的最低价低 1 倍标准差或更多**	1289	1491	-27
开盘价比昨天的最高价高 1 倍标准差或更多**	1332	1578	-29
开盘价比昨天的最低价低 1 倍标准差或更多，且趋势向上*	550	680	-60
开盘价比昨天的最低价低 1 倍标准差或更多，且趋势向下*	731	801	-1
开盘价比昨天的最低价高 1 倍标准差或更多，且趋势向上*	798	925	-9
开盘价比昨天的最低价高 1 倍标准差或更多，且趋势向下*	527	647	-65

＊趋势判断基于当前收盘价与 20 天前收盘价的对比

＊＊标准差用之前 20 个收盘价来计算

接下来让我们看看股票和商品中的 K 线缺口。

股票中的 K 线缺口

如果缺口是交易机会，那么 K 线缺口应该比开盘缺口更有意义，因为价格在整个 K 线上都维持了缺口。让我们来看两种情况。第一种是在盘整中冲出了一个 K 线缺口。有很多方法来定义盘整，但一个相对简单的方法是观察最近的波动区间与收盘价的标准差之间的关系。如果近期最高价和最低价之间的波动区间不高于同期收盘价标准差的 1 倍或 2 倍，那么该股票就或多或少是在盘整。使用纳斯达克 100 只股票的数据，分别对 10 天波动区间小于 1 倍和 2 倍标准差时出现的 K 线缺口进行了统计。当出现 K 线缺口时，在缺口出现之后的开盘时开仓，并在 5 天后的开盘时平仓。每次交易使用 5000 美元的资金。表 9-6 归纳了这些交易的结果。

表 9-6　纳斯达克股票中超出盘整区域时的 K 线缺口，2000—2011 年

K 线缺口描述	盈利交易数	亏损交易数	单笔交易平均盈利额
高出盘整区域,且波动区间<1 倍标准差	163	152	0.50
高出盘整区域,且波动区间<2 倍标准差	1257	1290	−11.50
低于盘整区域,且波动区间<1 倍标准差	95	113	16.50
低于盘整区域,且波动区间<2 倍标准差	1076	791	63.00

对于股票而言，超出盘整区域的 K 线缺口并不是朝缺口方向的突破。事实上，它们是很好的反趋势策略。请注意，考虑当 10 天波动区间小于 2 倍收盘价标准差时出现的向上突破波动区域的情形，如果我们能够根据信号卖出而不是买入，就能赚点小钱。在 10 天波动区间小于 2 倍标准差时买入出现向下缺口的股票，就能在 5 天内挣到 1.26%（63/5000）。如果你能持续地这样交易，你就能挣到超过 60% 的非复合年化收益率。

现在让我们来看一看 K 线缺口出现在非盘整阶段时的情况。在这种情

况下,我们用 10 天波动区间大于 1 倍或 2 倍价格标准差来统计。具体结果如表 9-7 所示。

表 9-7　纳斯达克股票中非盘整时的 K 线缺口,2000—2011 年

K 线缺口描述	盈利交易数	亏损交易数	单笔交易平均盈利额
高出盘整区域,且波动区间>1 倍标准差	3931	3882	-7.50
高出盘整区域,且波动区间>2 倍标准差	2837	2744	-5.50
低于盘整区域,且波动区间>1 倍标准差	3455	2605	59.00
低于盘整区域,且波动区间>2 倍标准差	2492	1909	53.50

非盘整时的缺口表现与盘整时的缺口表现很类似:它们都是反趋势策略。表 9-8 总结了在不考虑盘整修正时的 K 线缺口结果,即只考虑缺口高于 10 天最高价或低于 10 天最低价。

表 9-8　纳斯达克股票中的 K 线缺口,2000—2011 年

K 线缺口描述	盈利交易数	亏损交易数	单笔交易平均盈利额
向上 K 线缺口	4094	4034	-7.50
向下 K 线缺口	3568	2700	56.50

向上 K 线缺口可能值得用来开发一个空头策略,而向下 K 线缺口则可能是一个可交易的只做多的策略的起点。

商品中的 K 线缺口

这部分内容与先前分析股票中的 K 线缺口类似。使用 56 种商品在 1980—2011 年间的数据,表 9-9 显示了超出 10 天盘整区域时的 K 线缺口交易的结果:在缺口出现之后的开盘时开仓,并在 5 天后的开盘时平仓。同样,当 K 线缺口向上时做多,而在 K 线缺口向下时做空。

表 9-9　商品中超出盘整区域的 K 线缺口

K 线缺口描述	盈利交易数	亏损交易数	单笔交易平均盈利额
高出盘整区域,且波动区间<1 倍标准差	303	289	-75
高出盘整区域,且波动区间<2 倍标准差	2798	2827	-88
低于盘整区域,且波动区间<1 倍标准差	274	259	5
低于盘整区域,且波动区间<2 倍标准差	2362	2493	-34

与股票一样,商品中超出盘整区域的 K 线缺口并不是朝该缺口方向的突破,它们是反趋势策略。

表 9-10 显示了当商品并未处于盘整时出现的 K 线缺口的交易结果。当非盘整标准满足且 K 线缺口高于 10 天最高价时,在随后的开盘时做多;而在 K 线缺口低于 10 天最低价时,在随后的开盘时做空。在开仓后 5 天的开盘时平仓。

表 9-10　商品中非盘整时的 K 线缺口

K 线缺口描述	盈利交易数	亏损交易数	单笔交易平均盈利额
向上 K 线缺口,且波动区间>1 倍标准差	8238	7818	50
向上 K 线缺口,且波动区间>2 倍标准差	5743	5280	114
向下 K 线缺口,且波动区间>1 倍标准差	7107	7286	14
向下 K 线缺口,且波动区间>2 倍标准差	5019	5052	37

当商品处于非盘整时,K 线缺口确实是该趋势方向的突破。由于在 10 天波动区间大于 2 倍收盘价标准差时多头和空头交易的相对成功,我额外增加了一个趋势条件。表 9-11 显示了当 K 线缺口与 20 天趋势方向相一致时的结果。

表 9-11　商品非盘整，K 线缺口与趋势方向一致

K 线缺口描述	盈利交易数	亏损交易数	单笔交易平均盈利额
向上 K 线缺口，波动区间>2 倍标准差，且缺口出现前 1 日的收盘价大于更前 20 日的收盘价	4918	4411	163
向下 K 线缺口，波动区间>2 倍标准差，且缺口出现前 1 日的收盘价小于更前 20 日的收盘价	4180	4107	64

显然，非盘整时的 K 线缺口，且与趋势方向一致，是判断趋势延续的很好指标。这整个逻辑可能产生一个可交易策略。

用斐波那契回调线来交易

斐波那契数列是比萨城的列奥纳多在 1202 年提出的，这个数列是通过用当前数字加上序列中前一个数字来得到下一个数字，而序列的头两位被定义为 0 和 1。该序列的开头部分如下所示：

0，1，1，2，3，5，8，13，21，34，55，89，144，233，377

该序列的重要性在于，自然界中的许多递归模式都与该序列有类似模式，或者说是它们有减少到相邻斐波那契数字的比率的模式。黄金分割这一特殊比率就已经被广泛的使用，它是该序列外推到无限时的最后两个数字的比率的极限。两个相邻数字之间的比率如下所示：

第一个/第二个 = 0，1，0.5，0.667，0.60，0.625，0.615，0.619，
0.618，0.618，0.618

第二个/第一个 = 4，1，2，1.5，1.667，1.6，1.625，1.615，1.619，
1.618，1.618，1.618

随着序列变得更长，相隔 1 位、2 位和 3 位数字的比率会收敛到下列的比率：

相隔 1 位：

55/89，89/144 = 0.618

89/55，144/89 = 1.618

相隔 2 位：

55/144，89/233 = 0.382

144/55，233/89 = 2.618

相隔 3 位：

55/233，89/377 = 0.236

233/55，377/89 = 4.236

这些就是在文献中被认为是重要的斐波那契数字，虽然有时会在某些数字上再加上 0.5。这些数字应用在多头交易中的方法是，等待趋势回调 23.6%、38.2%、50% 或 61.8%，然后再买入，等待反弹。因此当上升趋势还会延续上涨，或下降趋势还会延续下跌时，这些比率就被认为是支撑点。

相反，1.236、1.382 和 1.618 点被认为是阻力点，此时应该落袋为安或减少头寸。

在这一节中，我们将来考察在股票和商品中使用斐波那契数字作为支撑点来进行交易的结果。唯一需要定义的要素是用来度量回调或利润的价格点。让我们同样用本章之前在讨论背离一节中所使用的唐奇安点。如果在 14 天唐奇安最低价之后出现了一个 14 天唐奇安最高价，那趋势肯定是向上的。我们将用唐奇安最高价和最低价之间的差异来作为斐波那契回调的度量点。在回调为距离的 23.6%、38.2% 或 61.8% 时买入，并考察入场之后的表现。相反，如果在 14 天最高价之后出现了一个 14 天最低价，

第9章 避免受"精心挑选的例子"的影响

那趋势就在向下,我们会在从最低价反弹到了我们的斐波那契回调点后卖出。图9-2 显示了这样的买入和卖出逻辑:

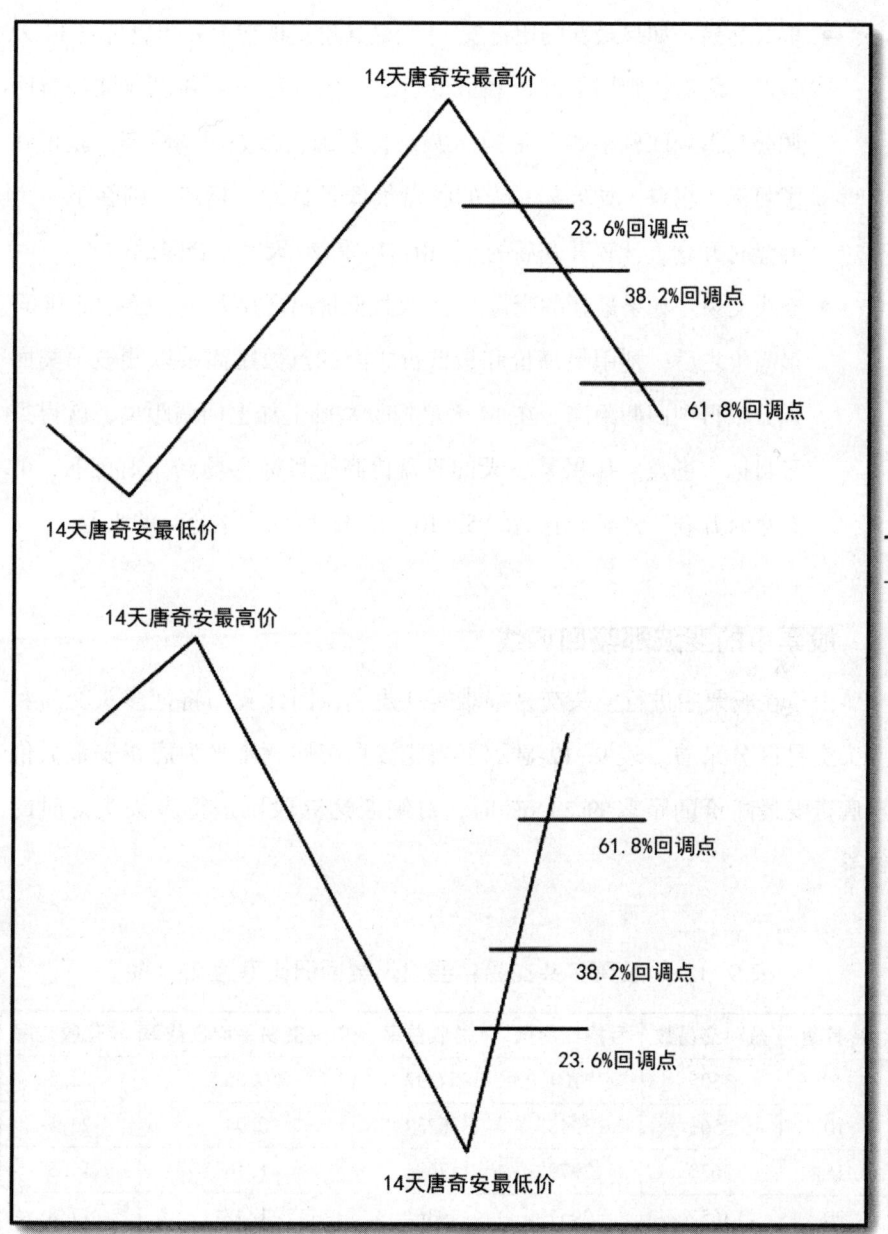

图9-2 斐波那契回调买入/卖出设定

我们所使用的交易规则为:

- 多头交易:如果最新的唐奇安 14 天最高价出现在上一个唐奇安 14 天最低价之后,则用最高价和最低价之间的点数距离乘以斐波那契回调分数得到回调距离。在 14 天最高价基础上减去回调距离,就得到了目标入场点。如果某一天的收盘价低于目标入场点,则在下一个开盘时开仓。计算开仓后的 5、10、15 和 20 天后平仓时的收益。
- 空头交易:如果最新的唐奇安 14 天最低价出现在上一个唐奇安 14 天最高价之后,则用最高价和最低价之间的点数距离乘以斐波那契回调分数得到回调距离。在 14 天最低价基础上加上回调距离,就得到了目标入场点。如果某一天的收盘价高于目标入场点,则在下一个开盘时开仓。计算开仓后的 5、10、15 和 20 天后平仓时的收益。

股票中的斐波那契回调线

由于在股票中进行空头交易很难实现盈利,因此我们将把多头交易和空头交易区分来看。表 9-12 显示了当斐波那契回调水平为唐奇安最低价至唐奇安最高价的距离的 23.6% 时,对纳斯达克股票进行多头交易时的结果。

表 9-12　股票多头交易:斐波那契回调比率为 23.6%

持有期	盈利交易数	亏损交易数	总收益率	单笔交易平均收益率	年化收益率
5	3505	3104	4292	0.65	32.5
10	3561	3048	6239	0.94	23.5
15	3630	2979	7696	1.16	19.3
20	3652	2957	9361	1.42	17.8

最后 1 列中的年化收益率是简单的将全部交易日除以年交易日数（250），再乘以单笔交易平均收益率来得到的。这些结果都比较好，特别是 5 天持有期的年化收益率非常好。表 9-13 显示了回调比率为 38.2 时的交易结果。

表 9-13　股票多头交易：斐波那契回调比率为 32.8%

持有期	盈利交易数	亏损交易数	总收益率	单笔交易平均收益率	年化收益率
5	2186	2073	1296	0.30	15.0
10	2269	1990	2099	0.49	12.2
15	2277	1982	2958	0.69	11.5
20	2295	1964	3898	0.92	11.5

这些结果就没有回调比率为 23.6% 时那么好。

下面让我们来看看回调比率为 23.6 时的空头交易。表 9-14 显示了当价格从 14 天唐奇安最低价基础上反弹 23.6% 时做空的交易结果。

表 9-14　股票空头交易：斐波那契回调比率为 23.6%

持有期	盈利交易数	亏损交易数	总收益率	单笔交易平均收益率	年化收益率
5	3372	4035	-2601	-0.35	-17.5
10	3421	3986	-5447	-0.74	-18.5
15	3380	4027	-6744	-0.91	-15.2
20	3355	4052	-8386	-1.13	-14.1

确实，很难在股票中通过做空来盈利。

那么，这是否就意味着在股票中用斐波那契水平来做多就是一个好方法呢，特别是在回调比率为 23.6% 的时候？不完全是这样。如果是我来开发回调交易策略，我会看诸如 5%、10%、15% 和 20% 等回调比率时的表现。如果这些比率的结果与斐波那契回调比率处于同一水平线，我将得到结论：在交易中，数字就只是数字，并没有什么特殊的数字。表9-15显示了这些回调比率的结果。

根据表9-15，所有情况中，最好的回调比率在20—25%之间。为了测试是否在23.6%时达到顶峰，我们对21、22、23和24这几个回调比率做了进一步测试，结果发现在21%达到顶峰。持有5天、回调比率为21%时的年化收益率为33.5%，比回调比率为23.6%时高了1%。我想我们可以得到这样的结论：在使用诸如股票市场数据这样有噪音的数据时，数字就仅仅是数字，并没有什么特殊的数字。

表9-15 股票多头交易：多种回调比率

回调比率	持有期	盈利交易数	亏损交易数	总收益率	单笔交易平均收益率	年化收益率
5	5	4546	4196	3375	0.39	19.5
5	10	4702	4040	7344	0.84	21
5	15	4789	3953	9180	1.05	17.5
5	20	4824	3918	10598	1.21	15.1
10	5	4366	4019	3600	0.43	21.5
10	10	4508	3877	3989	0.83	20.8
10	15	4556	3829	8701	1.04	17.3
10	20	4621	3764	10362	1.24	15.5
15	5	4132	3739	4479	0.57	28.5
15	10	4247	3624	7259	0.92	23
15	15	4307	3564	8751	1.11	18.5
15	20	4383	3488	10455	1.33	16.6
20	5	3789	3383	4496	0.63	31.5 *
20	10	3884	3288	7163	1	25.0 * *
20	15	3920	3252	8407	1.17	19.5 * * *
20	20	3961	3211	9734	1.36	17

第9章 避免受"精心挑选的例子"的影响

25	5	3340	3038	3702	0.58	29
25	10	3421	2957	5735	0.9	22.5
25	15	3482	2896	7150	1.12	18.7
25	20	3544	2834	8901	1.4	17.5****
30	5	2876	2646	2634	0.48	24
30	10	2951	2571	4076	0.76	18.5
30	15	2979	2543	5229	0.95	15.8
30	20	3036	2486	6951	1.26	15.8

* 持有5天的年化收益率中的最好值

** 持有10天的年化收益率中的最好值

*** 持有15天的年化收益率中的最好值

**** 持有20天的年化收益率中的最好值

商品中的斐波那契回调线

我们对56种商品在1980—2011年间的数据进行了同样的分析。表9-16显示了同时对多头和空头交易使用23.6的斐波那契回调比率的测试结果。

表9-16 在商品中使用23.6%的斐波那契回调比率进行交易

持有期	盈利交易数	亏损交易数	总盈利额	单笔交易平均盈利额
5	7731	8085	72600	4
10	7892	7924	66974	4
15	7884	7932	-143434	-10
20	7804	8012	-817468	-52

表9-16显示,23.6%的回调比率更可能是趋势反转而非延续的信号。随着回调比率的增加,损失也会越大。如表9-17所示的回调比率为38.2%时的结果。

表 9-17 在商品中使用 38.2% 的斐波那契回调比率进行交易

持有期	盈利交易数	亏损交易数	总盈利额	单笔交易平均盈利额
5	6759	7334	-362574	-26
10	6840	7253	-637792	-46
15	6785	7308	-1011355	-72
20	6744	7349	-1362637	-97

显然，对于商品来说，斐波那契回调线并不是指示趋势延续的信号，它们更可能预示着趋势的反转。

买入拆分股

初次看见这句话时，这貌似是一个值得怀疑的策略。当某股票的股价发生拆分时，交易员所持有的股票数量会根据拆分方案相应的上升或下降，最终的股票市值并没有发生变化。例如，如果你以 60 的价格买入 100 股 XYZ 股票，后来发生了拆分，拆分前的股价仍为 60，拆分比例为 1 拆 2，那你将持有 200 股股票，股价变为 30。你之前持有的 100 股、价格为 60 的股票价值 6000 美元，之后持有的 200 股、价格为 30 的股票仍价值 6000 美元。

为了考察该策略是否真的有什么不同之处，我们对 2000—2011 年的 3400 只高流动性股票的拆分数据进行了分析。总共发生了 1322 次拆分。在拆分日之前几个交易日的开盘时买入，并在拆分日之后几个交易日开盘时平仓。业绩衡量标准为持有期内的收益率。表 9-18 显示了正常拆分的交易结果。

第 9 章 避免受"精心挑选的例子"的影响

表 9-18 正常拆分的交易结果

拆分前交易日数	拆分后交易日数	盈利交易数	亏损交易数	单笔交易平均收益率	单日平均收益率
12	2	782	540	1.79	0.12
10	2	778	548	1.65	0.13
8	2	795	542	1.49	0.14
6	2	792	551	1.34	0.15
4	2	779	567	1.00	0.14
6	1	788	554	1.21	0.15
6	3	797	542	1.37	0.14

表 9-18 显示，该策略有不错的收益率。你可以在拆分前 1 周左右开仓，然后再拆分发生后很快平仓。根据持有期的单日平均收益率，在拆分前 6 个交易日开仓，拆分后 1 个交易日平仓时的收益率最高。为了考察这个拆分收益是否真的超越了市场收益，我收集了标普 500ETF（代码为 SPY）在每次拆分发生时的收益数据。下面就是它们的对比结果：

拆分盈利交易数：788

拆分亏损交易数：554

拆分单笔交易平均收益率：1.21%

SPY 盈利交易数：735

SPY 亏损交易数：607

SPY 单笔交易平均收益率：0.13%

显然，拆分交易的单笔收益比市场单笔收益平均高了 1.08%。由于持有期为 8 天，而每年有 254 个交易日，因此如果每次总是刚好有拆分发生的话，全年可以做 32 笔交易。用 32 乘以 1.21%，即每年 39%，这还没有考虑复利。当然，拆分不会总是刚好发生，不过这种交易策略无疑值得加入到你现有的交易策略中。

表 9-18 考虑的是正常拆分。下面让我们来看看反向拆分的情况。表 9-19 显示了这种交易的结果。

表 9-19 反向拆分的交易结果

拆分前交易日数	拆分后交易日数	盈利交易数	亏损交易数	单笔交易平均收益率	单日平均收益率
12	2	21	37	-5.91	-0.39
10	2	20	38	-5.66	-0.44
8	2	20	38	-5.81	-0.52
6	2	21	37	-5.61	-0.62
4	2	22	36	-5.77	-0.82
2	2	23	35	-5.35	-1.07
2	1	26	32	-5.52	-1.38

反向拆分的表现与正常拆分完全不同。它们是最佳的做空机会。遗憾的是，它们发生的次数太少了。

为什么买入正常拆分的股票会有盈利优势，这是个交易的问题。经常这样做的公司，其目的在于吸引小额投资者。可能是这个原因，不过我怀疑真正原因是那些不怎么聪明的投资者以为他们从拆分中赚到了点什么，其实是什么都没有。

买入支付股息的股票

当你买入的股票支付股息时，在除息日，交易所会在股票的收盘价中减去股息额。虽然你得到了股息，但你的头寸市值也会相应地减少同样数量。这又是一种本应该在除息日附近时间段内是零和游戏（不考虑税收的影响）的策略。不过我们还是来考察一下，同样使用先前分析拆分时的股票数据。假设在除息日之前1个月买入股票。之所以是1个月，是因为你需要在除息日之前成为股东，而1个月的时间一般能够确保这一点。在除息日之后5天的开盘时平仓，在计算交易的收益时，会加上所收到的股息。在所分析的3400只股票中，有超过50000次股息支付。下面是这种26天的交易①的结果：

盈利交易数： 32284
亏损交易数： 22503
单笔交易平均收益率： 1.48%

还不赖。每年大约有10个完整的26个交易日周期。如果你能每次平均赚到1.48%，那你的年复合收益率就约为16%。

如果你把股息视为价格的一部分，那情况会更好一些。表9-20显示了把股息规模与其价格一起考虑时的结果。

表9-20 当股息规模与入场价格一起考虑时的股息交易结果

股息标准	盈利交易数	亏损交易数	单笔交易平均收益率
股息>开仓价格的5%	366	178	5.81
股息介于开仓价格的4%—5%之间	215	105	5.64
股息介于开仓价格的3%—4%之间	461	224	4.85
股息介于开仓价格的2%—3%之间	1356	709	3.21
股息介于开仓价格的1.5%—2%之间	2038	1067	2.74
股息介于开仓价格的1%—1.5%之间	4234	2745	1.75
股息介于开仓价格的0.75%—1%之间	4074	2694	1.50

---

① 1个月约为20个交易日，除息日之前1个月开仓，加上除息日，再加上除息日之后的5个交易日，合计为26个交易日。——译者注

股息介于开仓价格的 0.50%—0.75%之间	5617	4071	1.20
股息低于开仓价格的 0.5%	13923	10710	0.97

当股息率占开仓价格的比率相对高时，交易结果会更好。由于存在大量的交易机会，因此可以设计个可交易策略，在股票价格短期回调时择机进行这样的股息交易。

本章小结

在本章中，我们考察了许多关于交易的书籍中频繁提及的想法。我们的目的不是为了支持或反对这些想法。写作本章的目的，是为了提供一种分析方法。当你遇到某些看上去有趣，或者不可能真有那么好的交易想法时，你可以用这种分析方法来分析这些交易想法。

第10章 关于交易的传说

如果你读过许多关于交易的资料，那你应该见到许多相同的断言和格言在一遍又一遍地重复。在本章中，我们将考察一些关于交易的传说，通过少许的分析，你就可以发现，它们究竟是真理还是谬误。

出场比入场更重要

我在一个与交易有关的网站中，看到有提法称，出场比入场更重要。该博主声称，每个人都可以在趋势出现的某一点时入场，但盈利的关键是在趋势快结束的时候出场。他进一步断言，一个好的出场策略，甚至能在随机入场时赚钱。这些言论与我对交易的理解完全相反，因此我让他提供一个示例。他告诉我，这是在撒普所著的《通向财务自由之路》一书中所提到的。下面就是该书中的描述：

事实上，已有证据证明，当出场策略和资金管理方法很好时，你甚至能在随机进入市场时盈利。下面是一个真实生活中的案例：汤姆·巴索设计过一个简单的、随机入场的交易系统。我们用平均真实波幅的10天指数移动平均来确定市场的波动率。我们的初始止损是该波动率读数的3倍。当用抛硬币来入场时，就对该收盘价设置一个3倍波动率的跟踪止损。不过，该止损只会朝我们有利的方向移动。因此，当市场朝对我们有利的方向移动或波动率收缩时，该止损会越来越近。我们还使用了1%风险模型来作为我们的头寸规模管理策略……（截至目前看上去还是一个正常的方法，随机入场，止损出场。）

我们对10个市场进行了测试，它总会在市场中，要么做多，要么做空，这取决于抛硬币的结果……当增加了一个简单的1%资金管理系统时，它能在100%的时间里都盈利……该系统的胜率为38%，接近趋势跟随系统的平均值。

这个方法的奇幻处在最后一段话。由于"它总会在市场中"，因此该策略并不是随机进入市场的（第一次入场是随机的），它会在止损说可以进的时候，才会进入某个特定的K线。该止损就是下一个K线的入场信号。它是一个反向交易系统，但在一半的时间里，它并没有反向交易。由于该入场的期望价值太高，因此它会在一半的时间里入错方向。

由于第一段话中提供了一个带有特定止损的随机入场例子，我就可以对它进行测试。我进行了以下的分析：我使用由56种商品组成的篮子的数据，每种商品都随机入场100次，并在入场后、止损标准被触及时出场。这样我们对整个篮子进行一遍测试，就会有7000笔随机交易。我做了100遍这样的测试，共得到700000笔随机交易。那结果如何呢？交易的平均盈利为0.000025美元。从统计上看，这与0并没有差异。这与我在随机入场和随机出场的测试结果完全一致。换句话说，该出场策略与随机出场是无差异的。

接下来让我们再看一下第二段话。我认为，该策略"能在100%的时间里都盈利"的唯一理由，来源于这个反向入场的能力。即使你在一半的时间里都入错了方向，它也足以盈利。当你入错了方向时，你会很快止损；而在下次抛硬币时有可能就会入对趋势的方向。因此我也对每种商品进行了这样的测试：在第一天随机入场，如果止损被触及，则转变交易方向。结果如何呢？对于这 56 种商品，共有 6261 笔盈利交易和 9736 笔亏损交易，总盈利为 3818975 美元，对应单笔盈利为 239 美元。请记住，这个系统的出场并不比随机 K 线系统的出场更好。约 400 万美元的总盈利，都来自入场。结果就是，这个例子并没有证明该出场策略有多好，它只证明了一个好的入场策略的能力。

我相信存在好的出场策略和坏的出场策略，但不会有哪个策略会在你随机入场时还能盈利。出场策略所做的，只是在你的好入场策略（希望如此）要么盈利要么亏损时发出信号，告诉你是时候开始下一笔交易了。好的出场策略有以下特征：

- 在该笔交易的盈利潜力有机会实现之前，都不会让你出场；换句话说，就是初始止损不能太窄。
- 当入场设置不能发挥作用时，让你出场；换句话说，就是初始止损不能太宽。
- 不会过早地截断大额盈利；换句话说，该止损应该放在正常的市场噪音之外，让交易盈利能够增长。
- 能够保住大部分浮盈；换句话说，当价格变动停止时，该止损能在回吐大量浮盈之前让你出场。

此外，在这个系统中表现很好的出场设置，可能对另一个系统就是灾难。理解这一点，不妨看看我们的只做多的股票系统的出场设置。由于我们在做短线交易，该出场设置就比较紧，盈利目标也比较适中。但把这个出场逻辑加在我们的基于唐奇安的商品系统中时，就会让它亏钱。该商品策略的出场设置，也会让股票策略亏钱。

定义资金管理

资金管理：比策略更重要；是成功交易的关键因素；是成为长期赢家的最重要因素；是任何交易系统的最显著部分。

如果你在网上搜索，或阅读交易书籍的资金管理部分时，你常会看见上面的这些说法。资金管理是否真有那么重要呢？我们是否能够在放弃我们的交易策略，成为资金管理的专家，然后就可以让我们成功呢？我认为，像"出场比入场更重要"的说法一样，这些说法都偏离正途了。在本书的后面，我们将看到，资金管理究竟能对我们开发的两个策略起到多大的作用。但在这里，请不要视资金管理为无物。

如果你读过那些有关资金管理的文章，你将会看到下面的类似说法：

- 大多数交易策略的胜率都低于50%。如果你不对它们进行认真地管理，你就会亏钱。
- 一屋子的博士被要求回答，若对每回合的下注，亏则把下注额全部亏掉，盈则能盈下注额的60%，那他们愿意在每个回合中对一个策略下注多少。然后对他们的下注额计算100次随机挑选的结果，只有10/8/6/4/2%的人，最后还能剩钱。
- 凯利规则可以让年化收益率为10%的策略，变为年化收益率为50/100/150/200%的策略。
- 最优的资金管理策略是最优的f/固定风险/固定规模/固定比例。

这些说法的一个共通之处是，它们都声称，坏的资金管理方法会让一个盈利的策略变得亏钱。但它们都没有声称，平均的/好的/优秀的资金管理方法能让一个亏损的策略变得盈利。如果你没有盈利优势，你就不会赚钱，即使是最好的资金管理方法（可以去拉斯维加斯找找看）。因此，在

第 10 章 关于交易的传说

盈利优势和你的管理方法两者之间,究竟谁更重要呢?

我认为,这些说法的绝大部分,都具有欺骗性。首先来看看第一种说法,趋势跟随策略的胜率达不到50%,但它们并不比那些胜率更好的策略风险更大。你可能在一些广告中看到,说他们策略的胜率为90/95/98%。这些广告都是期权的策略,让你卖出深度虚值的看涨或看跌期权,然后收一点点权利金。盈利额非常小,但如果你碰上一次亏损,你就会把之前的盈利全部交出去,甚至更多。高胜率的交易并不比低胜率的交易风险更小。在21世纪之前,绝大多数的商品交易顾问(CTA)都是某种形式的趋势跟随者。他们中的绝大多数人,胜率都在50%以下。如果趋势跟随是一个风险很高的策略,那为什么这些世界上最成功的交易员会使用它呢?答案是,当你盈利交易的盈利额在平均意义上比亏损交易的亏损额高三到五倍时,它就是一个赚钱机器。

第二和第三种说法是在用赌博进行类比,并把它应用到交易中来。凯利规则只对那些二元结果(要么输,要么赢)有效。在知道自己的交易优势时,赌徒们用它来确定自己的最优下注额,结果就如轮盘赌那样,你对红色或黑色下注,要么赢,要么输。在交易中,你的盈利额可能是 1 到 10000美元,甚至更多(对于长期趋势跟随策略而言),而亏损也可以是任何数值,比如 1 到 3000 美元。极端值出现的概率较低,更多的是小额盈利和亏损。这就像是一盒巧克力。用凯利规则来分析这些类型的分布,并没有什么意义。

不过还是让我们来看看,这些文章究竟是怎样玩弄数字的吧。我们用凯利规则来开始。用它最简单的形式,当我们的优势(胜率)为 p,赔率为1比1(在下注额为1美元时,如果我们赢了,我们除收回1美元的下注,还可以盈利1美元),我们应该的下注比例如下式所示:

$$下注比例 = p - (1 - p) / 1$$

当 p = 60%，赔率为 1∶1 时，你每次下注的比例为总资金的 20%。如果赔率为 2∶1（每 1 美元的下注，可以盈利 2 美元），则下注比例为：

$$下注比例 = p - (1 - p) / 2$$

如果此时胜率仍维持在 60%，那下注比例则为 40%。下面我们来模拟一下第一种情形，并看看结果会如何。我们使用了一个随机数生成器来生成 60% 的盈利交易和 40% 的亏损交易。初始资金为 100 美元。每次用总资金的 20% 下注，进行 100 笔交易。为了获得有意义的统计结果，我们共进行了 1000 次这样的测试。

测试完成时，我们得到了下列结果：

- 在这些 100 笔交易序列中，82% 的序列的期末资金会大于 100 美元的初始资金。
- 在 18% 的时间里，期末资金会小于初始资金。
- 若定义当资金低于 5 美元时为爆仓，则在 2% 的时间里，该交易序列会爆掉。（请注意，这些结果永远都不会为负数，因为我们每一次都只用现有资金的 20% 来下注。随着账户资金越来越小，下注额也会越来越小，但永远都不会为负数。）
- 期末资金的平均值为 4966 美元。即从 100 美元增长为 4966 美元，差不多为 5000% 的收益。

你可能在想，"这个结果还不赖啊？" 上面使用的风险度量标准，只有期末亏损的比例（18%）和你爆仓的比例（约 2%）。上面并没有使用我们在第 1 章中讨论可交易策略时所使用的度量标准。因此我回过头来，计算了这 1000 次测试的回撤。

- 在 1000 次测试中，最大回撤的平均值为 77.3%。
- 有 16% 的测试，其最大回撤大于等于 90%。
- 表现最好的一次测试，其最大回撤"只有"36%。

当你从这些 100 笔交易序列中选择某一点开始交易时，你将预期看到你的账户在某一点时出现 77% 的最大回撤。我想这就是称它为"赌博"的一个原因吧。这并不是在做投资，它也不是在交易，它甚至连激进的投机也算不上。没有人会把他们辛辛苦苦挣到的钱，用这样的方式来交易。当然，你可能会在周末，带着点小钱，去拉斯维加斯，用这种方式赌几把，但在出发前，你会对自己说，"当这些钱输完了之后，我就不赌了。"你本来就想着去把钱输光的。这主要是一种娱乐。

在交易的情景中，作为一个交易员，而不是一个赌徒，应该如何来确定单笔交易应该冒多大的风险。我们的胜率是 60%，赔率为 1∶1。让我们看看，当单笔交易的下注比例从 1% 变化至 20% 时，结果会如何。表 10-1 显示了这些结果。

表 10-1　赌博情景下的交易员资金管理

单笔交易的下注比例	平均收益率	平均最大回撤率	最大回撤率	爆仓率
1	22	6.1	20.8	0
2	49	11.8	37.6	0
3	181	17.5	59.7	0
4	224	22.7	62.7	0
5	269	27.8	73.0	0
10	735	49.0	91.0	0
20 *	4866	77.3	99.6	2

* 凯利规则所推荐的下注比例

我不知道你会怎样选择，对于这个策略，我不会用超过 2% 的资金来下注。对于我来说，上表中的最差选择，就是凯利规则所推荐的下注比例。最后提醒一点：在你翻阅关于资金管理的文献时，你常会看见另外一个说法：永远不要在一笔交易中，冒超过x%的风险。该x%常常是小于5的，一般介于1和3之间。这些人才是交易员，而不是赌徒。

最后一种说法是关于资金管理的"最佳"方法。这里所列出的（最优的f、固定风险、固定规模、固定比率）都是关于下注比例的公式，和凯利规则一样。我们会在资金管理的章节中（第11至15章）分析其中的一些方法。但对于我来说，头寸规模是资金管理中最不重要的要素。其他更重要的有：你如何管理分散化，交易的序列相关性，账户规模是否过小或过大，以及单笔交易的风险等。在你了解了这些之前，这些计算头寸规模的方法不会有任何差异。

蒙特卡洛分析：
确定某个策略真正交易结果的最佳方法

在无数的科学和分析研究方面，蒙特卡洛分析都被证明有效。大量与交易有关的书和网站，也基于一些交易样本，用它来作为一种发现某个策略真正交易结果的方法。能够这样做吗？我不这样认为。但当然不是像大多数人所用的最简单方法来进行蒙特卡洛分析。

大多数蒙特卡洛交易模拟，都是用大量的虚拟交易，把结果放在一个文件里，然后从中一个一个地随机抽取，以构成一个交易序列。用这个交易序列来建立一条资金曲线，并计算诸如收益率、回撤和水平期等统计指标。成百上千次地重复这一过程，然后就可以根据全部测试集，得到总体的统计结果。总体的统计结果可能包括最大收益率、最大回撤、平均最大回撤、收益率为x%的概率和回撤为x%的概率等。下面将解释这个最简单的方法所存在的问题。

我们之前看到（在第2章中），需要数以千计的交易，来避免曲线拟合。基于同样的逻辑，你不能用真实情况下 20 笔交易所组成的样本，来定义一个具有数千笔交易的真正分布。所选择的这 20 笔真实交易可能产生于一个非常成功的交易周期，或者是一个有代表性的交易周期，或者是一个非常失败的交易周期。这些蒙特卡洛模拟结果，则假设它代表了该策略从此以后永远都会以这种形式来交易的分布。显然，这种情况就是"进去的是垃圾，出来的还是垃圾。"

如果该分析师一直在等着，直到有了数千笔交易。这些交易可以来自于策略开发期的交易样本，也可能是等待几年后所得到的真实交易。显然，这种情况下，结果会更好一些。但它是否就能产生有意义的统计结果呢？还是一样，可能不会。其中一个理由是，当你随机抽出一笔交易时，你会得到一个数字：该笔交易的盈利或亏损。正如我们所知，中长线趋势跟随策略的主要问题是回吐浮盈。你的交易累积了 8000 美元的盈利，但你最终只赚到了 4000 美元，你的实时权益回撤了 4000 美元。该笔交易的这个特征，并不能从蒙特卡洛分析中体现出来。你的模拟中被忽略的 4000 美元回撤，并没有被纳入统计。还有一个被忽略的，就是你在平均意义上每天入场 x 次，但有时你的入场次数是这个值的 4 倍，而有时你可能整天、整周或整月都没有任何交易。这个效应也在这个分析中被忽略了。

虽然我没在任何针对交易发布的蒙特卡洛开发包中，发现它们有以任何形式强调了上面提到的两个问题，但我承认，有些开发包应该可以解决这些问题。但是否当蒙特卡洛分析使用了数以千计的交易，使用了每笔交易的整个交易期间数据，并对交易频率进行了适当地建模，就可以产生一个有意义的结果呢？还是一样，可能不会。有两个原因。

第一个原因是，有时某一天中能产生大量的交易，而这并不像蒙特卡洛分析引擎所假设的那样完全随机。有时出现了大量的交易，是因为诸如金属或能源等整个交易组都出现了好的或坏的消息，导致整个交易组都上涨或下跌。这在同一组中所触发的或邻近交易日的交易可能都有相同的交易结果：全部小额盈利，或全部大额盈利，或全部小额亏损，或全部大额亏损。这个效应并没有在建模中被考虑到。蒙特卡洛分析中可能选取了 x 笔交易，但其中一笔可能是 1983 年的燕麦交易，而另一笔是 2011 年的咖啡交易，而在分析中，它们会被纳入同一个组中的同一交易日。有些人可能会认为，这些缺点在股票系统中并不存在。那他们可以考虑一下之前在第 4 章至第 6 章中所开发的只做多的股票策略。当市场在 2008 年的 9 月至 12 月期间暴跌时，该策略中绝大多数"在弱势时进场"的交易都会亏钱，并且会亏很多。当道琼斯指数开盘下跌 300—5000 点时，对于我们的纳斯达克 100 篮子中的每一只股票，这些交易都有可能会被触发。蒙特卡洛分析引擎并不能捕捉到这段时间的严重性和持续性。这段时间的回测结果，很可能比任何蒙特卡洛分析所能预测的结果都要糟许多。

最后一点，蒙特卡洛分析没法捕捉资金管理的效应。截至目前，我们还没有在本书中讨论过资金管理，但它确实能控制你的交易策略的原始能力，相对于不加考虑地接受全部信号，资金管理能让你的策略变得更具有交易价值。下面来看一个简单的例子。假设你在用一个交易系统，来对大豆、原油和日元进行日内交易。假设你的基本交易策略每天平均会对每种商品产生两个交易信号。你已经很勤奋地开发了该策略，并确保它不存在曲线拟合。结果你发现，在你的资金管理分析中，如果你每天对每种商品最多做一笔交易，你的资金曲线会变得更平滑，回撤也会越小。（出现这个结果的原因，并不在此处讨论的范围之内，但它可能确实是存在的，因为每个商品的交易流中的序列相关性：在一天中，一笔盈利的交易之后，可能还是一笔盈利的交易，而亏损的交易之后也还是亏损的交易。）在任何情况下，该蒙特卡洛引擎都会在每天中最多看见三笔交易，然后随机选择每天的交易。有时，这三笔交易可能都来自于同一种商品，而另一些时候，则可能是每种商品均有一笔交易。你的资金管理规则就常常被违反了。由于你的资金管理规则是用来获得更好交易结果的，而它被蒙特卡洛分析所忽视的事实则意味着，平均来说，蒙特卡洛结果会比实际结果更差。

如果你在交易策略开发和附加资金管理的过程中都用对了方法，则所得到的结果应该是你在实际交易中所得结果的最佳估计。当然，"你的最大回撤常常发生在未来，"但这些开发结果可能比那些基于蒙特卡洛分析所得结果有更好的预示作用。我的观点是，在你的开发结果之外，蒙特卡洛分析并没有告诉你任何其他有用的东西。

人造数据

对于想要交易的东西，如果我们有无限多的数据，那开发过程就会变得很简单。但我们并没有无限多的数据，我们是否能基于现有数据来做到最好呢？关于这个问题，许多作者都认为可以构造人造数据。最常用的方法是，使用某个交易工具的现有数据流，基于今天的收盘价和昨天的收盘价之间的差值，生成数据序列。这些差值流都被放在一个文件中，然后从中随机取样，以构造一个差值数据的序列流，并用它来构造人造的收盘价数据。这个方法存在与蒙特卡洛分析类似的漏洞。

首先，它假设我们今天随机抽取的差值数据与之前和之后的差值数据都无关。事实并不是这样。通过对该数据流与其自身滞后一期或多期的数据流求相关性，就可以很容易地发现，序列数据之间存在序列相关性。如果你在求相关性时，没有使用滞后期的数据，而是使用相同期的数据，则相关系数会为1。如果你选择滞后1期的数据，则得到的相关系数会介于 −1和1之间。如果结果为0，则这两个数据流之间就不相关，那今天发生的差值就不会对明天将要发生的差值有什么影响。如果是这样的话，那使用随机生成的差值所构造的人造数据进行蒙特卡洛分析，就会是有效的（如果该方法只存在这一个漏洞的话）。下面让我们来做一些测试，看是否存在序列相关性。同样使用相同的股票和商品数据，差值数据流的最大滞后期为20天，然后计算滞后数据与原始数据之间的相关系数。表10-2显示了当相关系数的符号由正转负或相反时的最大相关系数及对应的滞后期天数。后者意味着,在符号转向的该点之后,这两个数据流之间就不再相关了。

表 10-2 商品和股票数据流的序列相关性

商品	最大的相关系数	符号转向
玉米	-0.09	13 天
瘦猪肉	-0.08	19 天
咖啡	-0.07	11 天
铜	-0.08	20 天
原油	-0.12	12 天
日元	-0.07	14 天
30 年期债券	-0.07	11 天
标普 500	-0.06	12 天
股票	**最大的相关系数**	**符号转向**
IBM	-0.08	13 天
微软	-0.09	12 天
谷歌	-0.07	12 天
凯洛格	-0.14	10 天

在每种情况下,原始数据与滞后数据之间都存在可被观察到的(虽然程度较轻)、为负的相关性,并且持续约两周时间。这个负的相关系数意味着,上涨的收盘价之后会伴随着出现下跌的收盘价,而下跌的收盘价之后会伴随着出现上涨的收盘价。这与股票中所存在的反趋势特征是相符的。对于商品而言,这与我们之前(在第 6 章中)考察的一周中不同交易日的过滤器结果是相符的。该过滤器要求我们在入场信号出现之后,等待一个下跌日再做多,或等待一个上涨日再做空。

这并不是这些交易数据的唯一相关关系。波幅存在一个存续期较短,但显著为负的相关系数,如表 10-3 所示。

表 10-3　商品和股票的波幅的序列相关性

商品	最大的相关系数	符号转向
玉米	-0.46	4 天
瘦猪肉	-0.46	4 天
咖啡	-0.45	4 天
铜	-0.44	3 天
原油	-0.43	3 天
日元	-0.46	5 天
30 年期债券	-0.48	4 天
标普 500	-0.48	4 天
股票	最大的相关系数	符号转向
IBM	-0.46	4 天
微软	-0.45	3 天
谷歌	-0.44	5 天
凯洛格	-0.43	5 天

表 10-3 显示，在所测试的每种金融工具中，波幅都存在显著为负的相关性，持续 3—4 天时间。对于交易员来说，这意味着，某个波幅大的交易日之后，会有一段平稳期；而某个波幅小的交易日之后，波幅会变大。利用该信息，可以构建许多种交易过滤器。其中一种最出名的过滤器，就是发现某次突破之后出现的内含日（即今天的波幅更小，完全被昨天的更大的波幅所包含）。

这并不是人造数据的唯一问题。如果你交易某个像纳斯达克 100 一样的股票篮子，或我们在开发期货策略时所使用的商品篮子，那这些成员之间也存在强相关性。对于股票而言，如果指数波动很大，则这些纳斯达克 100 股票中的大多数都会随市场而上涨或下跌。对于商品而言，每个商品组之间存在强相关性（见附录 B）。人造数据流并不能捕捉这个重要的相关性效应。事实上，用这种方法来构造的任何数据流，与其他任何人造数据流之间，都不会存在相关性（相关系数为 0）。我的观点是，人造数据一点价值都没有。

不要在亏损时加仓

这个格言来自于鞅式加仓（martingale betting）的危险。在胜率接近50%的赌博（例如轮盘赌，你可以赌黑色或者红色）中，鞅式加仓会在每次亏损时增加（通常为加倍）下注额。最终，当你赢时，即你输了很多次之后赢了一次，这一笔的盈利，不仅可以收回之前一系列的亏损下注，还可以赢得最初的赌注。

在交易中，在有持仓的情况下，若该持仓在亏钱，鞅式策略会让你加倍提高持仓。这种做法被称为"向下摊薄"，随后只需价格一点点地向上变动，你的整个头寸就会变得盈利。这样做常常是错误的吗？

显然，如果你对一个亏损头寸持续加仓，你会遭遇破产风险。最终，如果该持仓继续朝不利于你的方向变动，你会收到追保通知，或者投入额外的交易资金。但是否就应该永远禁止这样做呢？

对于亏损时加仓，有一个可能非常好的理由：你所增仓的部分，在方向正确时，会是非常好的交易机会。暂时忘掉之前的头寸吧，如果新持仓本身就是值得去交易的，那为什么不这样做呢？

下面是一个例子。假设我们在测试一个股票短线策略，当收盘价低于10日均线之下一倍标准差时买入股票。我们发现这个策略是可以用来交易的。但在开发过程中，我们发现，在价格低于两倍标准差时，结果会更好，但这种情形发生的次数比较少。那可不可以这样？当价格在均线之下一倍标准差时买入一份，如果价格持续下跌至均线之下两倍标准差，就再买入一份。我们统计了纳斯达克100股票篮子在2000年至2011年底所发生的交易，当收盘价在10日均线一倍标准差之下时的第二天开盘时买入5000美元的头寸。统计结果如下：

盈利交易数：11400

亏损交易数：5138

总盈利：619363 美元

单笔盈利：37 美元

下面是我们在收盘价低于 10 日均线两倍标准差时增加 5000 美元头寸的结果：

盈利交易数：11891

亏损交易数：4647

总盈利：754658 美元

单笔盈利：46 美元

从这个例子来看，交易结果是有改善的。你是否会这样交易，取决于回撤。但关于亏损时加仓会得到一个更好的交易结果的观点，目前是成立的。

盈利时加仓

这看上去好像是一件很自然的事。如果你在网上搜索，你会发现，那些让你永远不要在亏损时加仓的人，也会认为在盈利时加仓是一件很自然的事。那究竟是不是呢？

盈利时加仓有一个内在的问题：你在"向下摊薄"你的盈利头寸。如果你在加仓时有 500 美元的浮盈，加仓后价格下跌，单份头寸较加仓时亏损了 300 美元，那你的平均头寸会亏损 100 美元，但如果你没有加仓，此时你还会有 200 美元盈利。你这样做的唯一理由是，你加仓的部分，是否较初始信号有更大的盈利概率。否则，你就应该在初始信号出现时就交易两份头寸。我还从来没有发现,在趋势中,有哪个后续信号,会比之前经过良好设计才得到的入场信号有更大的盈利能力。我并不是说它不应该存在,而是认为,不太可能因在趋势中推迟入场,却能比某个已经在趋势中的入场策略,还有更大的盈利能力。

请注意,我并不是说不应该根据独立的短期、中期和长期策略来建立头寸,并随趋势强度而根据它们自己的规则出场。我们所讨论的是,在某个初始策略已经积累了一定盈利之后,再加仓,并根据相同的出场策略出场。

从没有人会因为获利而吃亏吗

我并不是一名心理学家,但在交易了30多年,并与数以千计的交易员进行交流之后,我能够体会随资金曲线上下波动而产生的心理经历。当资金曲线在上升时,你会处于一种欣喜的状态中。生活中的每一部分都是美好的。这样的感觉会让你犯以下交易错误:

- 放任少数亏损交易穿过它们的出场点。("所有一切都在掌控之中,我是个交易天才,这些亏损交易最后都会回来的。")
- 下注太多。("我本来只想做一手,但一切都表现得很好,我是个天才,我现在要做两手,如果交易顺利,我可能还会加仓一手。")

简言之,你偏离了你的交易计划,而过度交易。

当资金曲线在下降时,你会变得很沮丧。所有人和所有事好像都在反对你。你倾向于犯以下交易错误:

- 忽略或推迟交易入场。("这笔交易看上去风险有点大,所有事都对我不利,我想在入场前先等等,看看它究竟会如何发展。")
- 下注太少。("我知道我本来应该做两手,不过现在不是太顺,我想先下一手试试看。")
- 过早止盈。("我最近几乎都在亏钱,所有事都对我不利,好不容易这笔交易有了盈利,我应该赶紧落袋为安,从没有人会因为获利而吃亏。")

我认为,之所以有这个交易格言,是因为处于回撤中的人,试图犯一个交易错误而已。

走出回撤的唯一方法,是按照你的计划来交易,等待盈利交易来修复你的资金曲线。转为防御状态,只会在情况变好时,导致更小的盈利,推迟你恢复的时间。

在资金曲线上升时过度交易,也就意味着,当不可避免的回撤出现时,幅度会比其本来的幅度更深。你已经花了很多时间来构建了一个你愿意用真金白银来实际交易的交易计划,那就按照你的计划来交易。

30笔交易就已经足够了吗

当我在开研讨班时,我常常用我们在第2章中所提到的曲线拟合材料来作为开始。总会有人提出,某个交易专家说过,在刻画某个交易系统时,"30笔交易就已经足够了"。他们是对的,我在相关的书中看见这个说法不下5次。其中一些这样说的人,是真正知道在说什么。让这些专家困惑的是,刻画一个分布,与测试一个分布之间的差异。大多数统计学家都会告诉你,在你对某些数据做特定检验(比如标准差t检验或z检验)时,所需要的最小样本数量。这个数字常使用的值是30。但这并不意味着,30个样本就足够告诉你该标的分布的所有内容。下面这个例子会让我们更清楚这一点。

建立稳固的交易系统：和回测结果一致，满足你的风险-收益目标的可交易策略

假设你从一个大桶中拉出 30 双袜子，15 双是黑色的，15 双是白色的。你可能有相当大的信心认为，这个桶中的袜子，应该是一半黑色的，一半白色的。

如果你的电脑有 16 比特的颜色，那就存在 65536 种不同的真实颜色。假设有一个桶中被填满了随机数量、不同颜色的袜子。在取出 30 双袜子后，你对该分布会有什么想法吗？当然没有。你甚至不知道该桶中的所有颜色，除非你取了 65536 次。

后一个例子更像是交易。交易的结果覆盖了大额亏损到大额盈利的区域。你没法用一个很小的交易结果集，就定义出其分布特征。

评价系统的最好统计指标

- 夏普比率
- 胜率
- 盈利因子
- 阿尔色指数（Ulcer index）、卡尔马比率（Calmar ratio）

每个人都有其最喜欢的评价指标，但一个好的评价指标，应该同时包括对风险和收益的某种度量。像单笔盈利和胜率这样的指标，就只能告诉你该故事的一部分内容。你需要对风险进行某种程度的度量。但即便是那些包括了风险和收益的指标，也有其缺点。曾获得诺贝尔奖的夏普比率，也不是十全十美的。杰克·施瓦格尔就在其经典的《期货市场完全指南》一书中，指出过夏普比率的四个问题。那我们该用什么呢？

我认为，最好的评价指标并不是一个指标，它是一幅图：资金曲线图。老话说，"一幅图胜过千言万语。"你可以通过看资金曲线图来发现，是否存在什么值得去交易的。图 10-1 显示了四幅资金曲线图，它们的盈利都一样，除最后一幅之外，其他的图在一年中的最大回撤也都一样。你

对这些图会有什么想法呢?

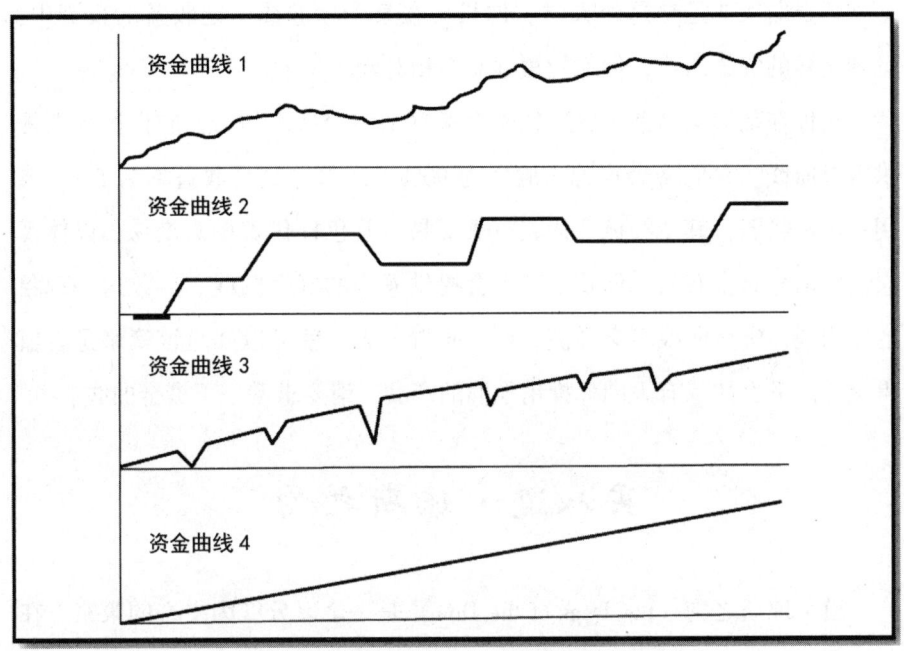

图 10-1　四幅资金曲线图

资金曲线图 1 可能是某个交易许多不同种金融工具的策略的结果。它的单笔交易并不会承担太大的风险,实时权益也没有大的回撤。当该策略表现不太好时,会存在相对较长的回撤期,不过它还是相当平稳的。

资金曲线图 2 的交易非常少,每笔交易之间会间隔相当长的时间,单笔交易的结果要么是大额盈利,要么是大额亏损。这是个很难用来交易的策略,连续出现几次大额亏损后,就会带来灾难。

资金曲线图 3 高呼着:"危险,威尔·罗宾逊!"资金曲线中持续向上的期间来自于大量的短期盈利交易,这可能是一个与我们的股票策略类似的短线策略。但两次上升之间的深 V 下跌,则表明其使用的资金管理方法为某种鞅式方法。交易在恢复前,头寸规模会加倍、加 3 倍等。当交易恢复时，之前的所有或大多数亏损也都会恢复。这种类型的策略最终都会爆仓。

资金曲线 4 是交易的天堂。你只会在某个债券或固定收益的投资中，见到这样的资金曲线，但你的盈利额会相对较小。

当你在翻阅交易杂志，或在网上考察某个交易产品时，它们很少会提供资金曲线。它们将会声称，胜率为 90%，或单笔交易收益率为 5%，或用一个柱状图，其中红色柱代表空头交易，蓝色柱代表多头交易，以体现它们的信号有多有效，但几乎都不会提供复合的资金曲线。导致这一现象的原因是，资金曲线不会说谎。你一眼看上去，就可以知道该策略是否值得交易。下次如果有人向你推销他们的产品，请要求看一下资金曲线。

买入道·琼斯之狗

道·琼斯之狗（the Dogs of the Dow）是一个以分红为中心的策略。在每一年的年初，投资者将资金等额分配给道琼斯工业指数成份股中红利率最高的 10 只股票。每年进行这样的组合再平衡工作。大量的网络资料表明，该策略能持续地超越整个市场。但当你考虑到股票的最佳交易方式是反趋势时，那这个基于价格的狗式策略就需要来仔细考察一下了。

选取 2011 年底道琼斯 30 种工业股票指数的成份股列表，对股票文件进行复权调整，并追溯至 1980 年（在 1980 年，这 30 只股票中，只有 18 只在交易）。比较基准为每月初等额买入道琼斯股票，在月末全部卖出，并在下月初又重新等额买入的买入并持有策略。交易期为 1980 年至 2011 年底。

下面，我们测试下列的狗式策略：

- 在每月的第一个交易日开盘时，对于道琼斯成份股中，上个月最后一个交易日的收盘价低于之前五天的收盘价的股票，进行等额投资。
- 在该月的最后一个交易日收盘时，清空全部股票。
- 又在之后的每个月进行重复的买入和卖出操作，直至 2011 年底。

表 10-4 显示了这两个交易方法自 1980 年以来的年度交易结果。

表 10-4　买入道琼斯之狗与买入并持有策略的收益率

年度	买入并持有策略	基于价格的道·琼斯之狗策略
1980	23.0	45.2
1981	-1.3	10.4
1982	37.2	68.4
1983	21.6	25.4
1984	8.1	15.4
1985	34.9	57.1
1986	26.1	21.8
1987	13.1	21.3
1988	18.3	13.5
1989	40.9	38.7
1990	4.2	10.2
1991	45.0	62.7
1992	19.	8.2
1993	13.3	10.9
1994	12.2	6.2
1995	45.9	62.5
1996	34.0	23.2
1997	36.2	37.0
1998	34.1	35.4
1999	30.7	42.6
2000	-0.1	-6.4
2001	-3.5	9.7

2002	-14.2	-2.9
2003	30.4	34.0
2004	6.8	8.2
2005	2.6	4.9
2006	22.4	29.0
2007	9.7	10.6
2008	-29.0	-21.6
2009	32.2	48.0
2010	12.7	9.1
2011	3.8	6.2
平均	17.8	23.3

你可能已经注意到，在每一年中，买入并持有策略和道琼斯指数本身的变化并不相符。以2011年为例，该年道琼斯指数上涨了5.53%，而买入并持有分析所显示的收益率只有3.8%。这个差异的一部分，来自于道琼斯指数的计算方法。道琼斯指数的计算，并不像我们等额投资那样，对每个成份股进行等额加权。它是通过加入每个成份股的价格，并除以"道琼斯除数"来得到的。因此，高价格的股票，在向上移动一个较小比例时，就可能增加道琼斯指数点数。低价格的股票，在向上移动较大比例时，都不会对道琼斯指数产生什么影响。差异的另一部分来源，是因为道琼斯变化是年度百分比变化，而这两个买入策略是月度复利收益率。

狗式策略的收益率，每年平均比买入并持有策略高5.5%。这个数值看上去并不是很大，但如果你在1980年投入10000美元，计算这两个策略的年度收益率复利，买入并持有策略最终将变为1300000美元，而狗式策略则会将资金增加至刚好超过5000000美元。这个差额就很大了。表10-4还显示了以下几点：

- 相对于买入并持有策略，买入狗式策略每月超额收益的年化值超过 30%。

- 在 32 年中，狗式策略只有 3 个亏损年度，而买入并持有策略有 5 个。
- 狗式策略不会连续亏损两年，而买入并持有策略有一次连续亏损了 3 年。
- 狗式和买入并持有策略的最差年度，都发生在 2008 年，不过狗式策略少亏了约 25%。
- 在 32 年中，狗式策略有 23 年的表现都比买入并持有策略好，超过测试期的 70%。

对于狗式策略为什么能持续性地击败买入并持有策略，有两个原因：

1. 最明显的原因是，狗式策略只交易那些短期股价在下跌的股票。由于股票的反趋势本质，这些股票后续会表现得更好。

2. 超额业绩的另一个贡献来源是那些没有被狗式策略所交易的股票。这些股票的短期价格在上涨。狗式策略的平均月度收益率为 1.81%。短期股价上涨的股票的月度平均收益率为 1.25%。这样狗式策略每月就有 0.56% 的超额收益。如果你使用保证金，卖空 100% 账户资金的道琼斯成份股中短期价格上涨的股票，并买入 100% 账户资金的那些短期价格回调的股票，你就能平均每月挣 0.56%。这个月度收益率的年化复利值为 6.9%。在目前的利率环境中，这样的收益率，还算一个不错的极端风险厌恶的交易方法。

请注意，这个分析的缺点在于，我们在整个分析中，使用了 2011 年底的道琼斯成份股列表。如果使用当时的道琼斯成份股列表，结果可能会有差异。但换个角度来看，这两个策略都会受到相同的数据流的影响。

5%/10%/20%/30%的时间中的市场趋势

如果你是一个趋势跟随者,你的策略应该能在市场出现趋势时赚钱,而在盘整时亏钱。大多数人在提及"市场趋势性"时,都说道,市场出现趋势的时间不会超过50%。我曾见过,有人说为30%。在本节中,我们将用一个简单的方法来发掘市场的趋势性。

威尔斯·韦尔德曾在其经典的《技术交易系统新概念》一书中开发了一个用来度量市场趋势性变动的方法。下面就是他在书中对该方法的描述:"显然,我最满意的一项成绩,就是我能把这个概念(方向性变动)转化为一个绝对的数学公式。"他的平均趋向指数(ADX)逻辑,在我所见到的每个分析开发包中都有提供。下面让我们用 ADX 来考察下商品的趋势性。

这个由 56 种商品所组成的篮子,包括了谷物、肉、金属、能源、软商品、货币和金融商品等,所使用的数据都起始于 1980 年(如果该商品的起始交易日有那么早的话)。使用一定数量的 K 线来计算每个市场每一天的 ADX,以此来度量趋势性。然后计算 ADX 值超过 20 的天数。将这个值除以总的交易日数量,就得到该市场处于趋势市的时间占比。表 10-5 显示了计算 14、20、40 和 80 天 ADX 时的结果。

表 10-5 对于 56 种商品,ADX 值超过 20 的天数占比

年度	14 天 ADX	20 天 ADX	40 天 ADX	80 天 ADX
1980	61	46	31	38
1981	59	45	20	15
1982	64	48	24	8
1983	65	49	21	3
1984	63	46	21	8

1985	69	56	30	10
1986	60	43	23	12
1987	66	52	25	8
1988	61	45	18	9
1989	62	44	18	4
1990	63	52	26	6
1991	59	41	18	8
1992	63	48	22	11
1993	62	48	22	12
1994	59	44	25	6
1995	62	47	23	6
1996	63	46	20	5
1997	66	50	19	5
1998	63	46	21	5
1999	59	42	19	4
2000	63	45	17	4
2001	63	48	21	7
2002	59	44	23	7
2003	66	49	19	6
2004	65	48	20	9
2005	60	40	11	3
2006	54	36	15	3
2007	65	47	15	1
2008	69	57	34	11
2009	54	37	18	11
2010	63	48	22	2
2011	56	42	21	4
平均	62	46	21	8

正如你从该表中所看见的，在不同年度中，14 天和 20 天 ADX 的天数占比比较一致，而 40 天和 80 天时的天数占比则在不同年度中具有较大的

差异。你可以把这个现象理解为，短期趋势相对充足，因此在每一年中都比较一致。长期趋势则出现得比较少，因此也就不一致。此外，2000 年之后，对于长期趋势跟随而言，是特别困难的阶段。在这 12 年中，40 天和 80 天趋势只在 3 年中超过了平均值，与此同时，14 天和 20 天趋势则在这 12 年中有 7 年都高于平均值。

本章小结

本章所提供的信息，与上一章类似：不要依赖于别人怎么说、你听到了什么或是你看到了什么。如果你有疑问，就去检验一下，该说法是否正确。我听到的关于交易的大多数事情，都是被偶然发现的。我测试了一些有趣的想法，然后发现了其他一些有效的东西，或者该想法本身并不好，但反向交易的结果反而更好。

第 11 章　资金管理简介

在第 4、5 和 6 章中，我们通过一个开发过程，得到了两个交易策略：一个股票的短线策略，和一个商品的长期趋势跟随策略。我讨论了在策略开发中，整合一个有限的资金管理步骤所带来的好处。当这些策略被开发完毕时，它们仍不能直接用于交易。另一个必须进行的步骤，是将该策略贴合合适的账户规模，和交易员的风险收益偏好。这一步骤会回答以下问题：你应该交易哪个金融工具？你应该交易多大的规模？在什么点上，你应该增加所交易的金融工具数量或规模？在什么情况下，你应该降低市场风险暴露？这些问题都属于资金管理的范畴。本章的目的，就是介绍两个资金管理概念：头寸规模和小或大账户交易。接下来，在后续的 4 章中，我们将对之前的股票和商品策略，开发特别的资金管理方法。

头寸规模技术

大多数资金管理文献都关注头寸规模。对于一个给定的信号，有大量的方法可以用来确定应该买入或卖出多少股，或者多少手商品合约。有两种常见的头寸规模技术。第一种是在交易中维持一个固定的规模。在我们的股票短线系统中，我们就对每个信号使用了交易 5000 美元头寸的方法，以及在我们的趋势跟随策略中，我们交易 1 手商品，这就是该技术在我们的系统开发中的应用。当你使用固定规模来交易时,资金的增长是线性的。如果你每年能挣 10000 美元,初始资金为 50000 美元,则 5 年后,你的资金会变为 100000 美元。请注意,在第一年中,你的收益率为 20%(10000/50000),但在最后一年,你的收益率只有 11.1%(10000/90000)。因此,衡量收益的合适方法应该是每年的盈利额,而不是百分比。同样,衡量回撤的标准应该是回撤额,而不是回撤率。

　　第二种常见的头寸规模技术是比例头寸规模,随账户大小而变化。在先前的例子中,第一年的收益率为 20%,按照比例头寸规模,每年都可以维持这 20% 的收益率。在第五年末,总资金将变为 125000 美元,每年的收益率都为 20%。此时,资金是呈指数型增长的。图 11-1 显示了这两个策略此时的资金曲线变化。

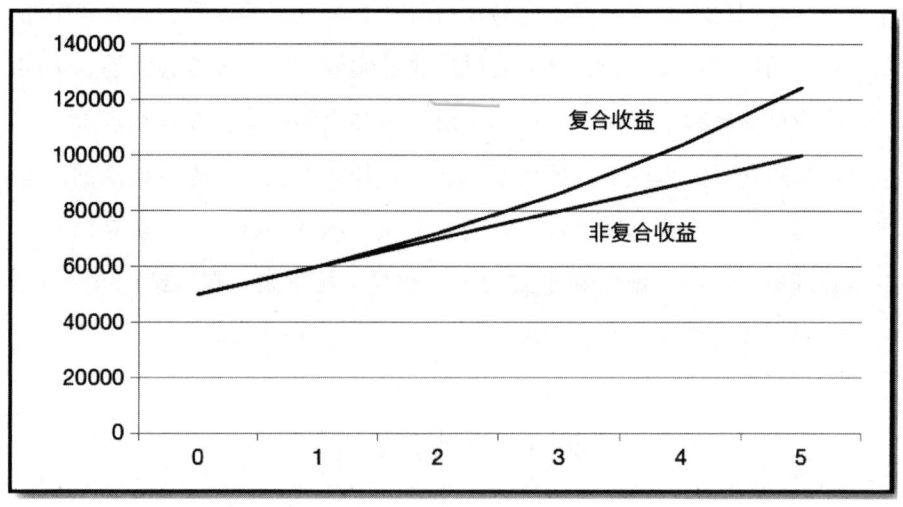

图 11-1　非复合收益(规模固定)和复合收益(规模增长)

　　那么,什么样的头寸规模技术,能让你获得指数增长的益处呢?下面我们将对第 6 章中完成的商品策略采用一些头寸规模技术。该策略有 7113 笔交易,单笔平均盈利为 387 美元。

最优 F

最优 F（optimal f）是由拉尔夫·文斯在 20 世纪 90 年代早期所出版的关于资金管理的书中所提到的。这个方法是凯利准则的一个分支，希望资金能以最优的比率增长。他开发该方法的实际时间，要比该书的出版日早许多。拉瑞·威廉姆斯在 1982 年的交易比赛中，就用该头寸规模方法，让 10000 美元增长至 1000000 美元。与凯利准则一样，最优 f 并不管理风险。

为了使用最优 f 头寸规模策略，必须采用以下步骤：

- 使用交易的整个序列，来发现最优 f 的交易点。该点可以用许多方法来寻找，但最简单的方法是进行遍历。你把最优 f 比率从 0.01 变化至 1.00，步长为 0.01，直到你发现那个能让期末财富相对数（TWR）最大的点。该期末财富相对数是单笔交易的盈利，除以以分数 f 为规模比例来交易时的最大损失。用个例子来说明，会更清楚一些。假设你的策略有 10 笔交易，其中单笔最大损失为 1000 美元。那么，单笔交易的收益率将会是：

$$单笔交易收益率 = (1 + f \times (交易盈利/最大损失))$$

如果第一笔交易盈利 400 美元，并且你使用的 f 值为 0.5，则该笔交易的收益率将为 1.20。也就是说，对于起始价值 1 来说，有 20% 的盈利。如果第一笔交易亏损了 400 美元，则该笔交易的收益率将为 0.80。也就是说，对于起始价值 1，有 20% 的损失。当把所有单笔交易的收益率都乘起来，你就得到了相对于 f 值的期末财富相对数。最优的 f 值，是让期末财富相对数最大时的 f 值。

- 一旦你得到了最优 f 值，你就可以用单笔最大损失除以该最优 f 比例，来得到最优的交易规模。如果在我们的 10 笔交易的例子中，最优 f 为 0.25，那我们用 1000 美元的单笔最大损失除以 0.25，就得到 4000 美元。为了按照最优 f 来交易，对于我们的账户金额，应该每 4000 美元就交易一手合约。

- 该分析的一个副产品，是该策略的几何平均收益率（GMR）。该几何平均收益率是期货财富相对数在最优 f 点的 n 次方根，n 为交易笔数。文斯声称，当使用诸如最优 f 之类的复合资金管理头寸规模技术时，这个值可以用来度量该策略在创造财富方面究竟有多好。我曾试图去验证这个说法，但发现了一些问题。最主要的问题是，我们唯一所使用的数据，是这些交易的盈利或亏损。可能一开始就出现大笔亏损，到最后才有大笔盈利。也可能最后出现了大额的浮盈回吐。这些交易问题都没有在计算中得到体现。我认为，根据资金曲线来计算的收获—痛苦比，包括了每笔交易在每根 K 线上的盈亏，是度量某个策略的价值的更好方法。

使用商品策略的 7113 笔交易，表 11-1 总结了对交易比例进行遍历，来确定最优 f 交易点的过程。

表 11-1 对交易比例进行遍历，以发现最优 f

比例 f	期末财富相对数（金额）	几何平均收益率
0.88	5.63e+53	1.01755
0.89	6.41e+53	1.01757
0.90	7.02e+53	1.01758
0.91*	7.36e+53	1.01759
0.92	7.35e+53	1.01758
0.93	6.96e+53	1.01758
0.94	6.18e+53	1.01756

*最优 f 点

该表显示，当以 0.91 的比例来交易时，就能得到最大的期末财富相对数，为 7.53e+53 美元，这是个相当大的数。在这 7113 笔交易中，单笔最大损失为 9783 美元，用最大损失除以最优 f 值 0.91，对于我们的账户资金，每 10750.55 美元资金就应该交易 1 手合约。

我试图用这个头寸规模方法来建立资金曲线，但该策略在运行两年后就爆仓了。每 10750.55 美元资金就交易 1 手的方法，实在是太激进了。除非我采用每 22000 美元资金交易 1 手，才能安然度过这段测试期。此时的交易结果如下：

平均年化收益率：358.1%

平均年化最大回撤：62.8%

最大回撤：99.3%

我认为，理论与实践的巨大差异，来自于以下几点：

- 最优 f 把交易视为连续的瞬时结果事件，就像赌博一样。你下好注，要么输，要么赢。在赌局结束前，并没有账户资金的变动。在交易中，账户资金会随着交易的持续而大幅变化。
- 最优 f 是在当前赌局的结果已经确定，账户资金已经重新固定后，才开始下一次赌局。但在交易中，在之前的交易尚未完结前，新的交易可能就产生了，并且要使用当前账户的资金。你可能需同时承受大量的亏损交易，并且相对于交易完全顺序发生时所应持有的头寸规模，你持有了过大的头寸。

当我进行相同的资金测试，不过这次只选取那些结束的交易，此时的交易结果，就与最优 f 所预测的值非常接近。

基准是，如果你同一时间只做一笔交易，等前一笔交易完毕之后再开始下一笔交易，那最优 f 的结果就会更好一些。如果这些交易都相对较短，在交易存续期内，账户资金的增加或减少都非常小，那最优 f 将可能会非常精确。当然，你还是会遇到巨大的回撤。

固定风险或固定比例

这个方法寻求让每笔交易都承担相同的风险。如果你在以一种非复合的方式来交易，那固定风险方法就会是一个固定的金额，比如 2000 美元。如果你在交易复合收益率，那固定风险方法就会是账户资金的一个比例，账户资金可以是平仓时的资金，也可以是持仓加上平仓交易的资金。这个风险是基于距灾难性止损的距离。换句话说，是该笔交易的最大潜在亏损。下面比较了非复合和复合方法的结果：

固定风险，非复合例子：

玉米：每手合约冒 200 美元的风险
咖啡：每手合约冒 1000 美元的风险
每份头寸固定风险为 1500 美元
账户资金为 500000 美元
答案：7 手玉米合约和 1 手咖啡合约（合约数量向下取整）

固定风险，复合例子：

玉米：每手合约冒 200 美元风险
咖啡：每手合约冒 1000 美元风险
每份头寸固定风险为 1%
账户资金为 500000 美元
答案：25 手玉米合约和 5 手咖啡合约

在非复合的例子中，你将会发现，不管账户资金是 50000 还是 5000000 美元，答案都是一样的。

对于非复合的例子，让我们用我们的商品系统，来比较一下每个信号交易 1 手，和每个信号交易一个固定的风险数量时的结果。表 11-2 显示了对比结果。

表 11-2　非复合头寸规模方法的比较

方法	平均年化收益率	平均年化最大回撤率	最大回撤率	收获—痛苦比
1 手	85315	34419	74977	2.48
1500 美元的固定风险	71635	30549	51862	2.35
1750 美元的固定风险	92610	37267	66558	2.49
2000 美元的固定风险	114873	43043	74931	2.67
2250 美元的固定风险	128978	50314	86543	2.56
2500 美元的固定风险	153192	58367	104375	2.62

表 11-2 显示，相对于每次只交易 1 手的方法，固定风险的方法能得到更好的结果。随着固定风险数值的增加，收获—痛苦比在约 2.75 的值附近保持稳定。该值的波动来自于合约手数的取整过程。此外，当固定风险数值比较小时，并不是所有交易能会被接受，因此有时即使是 1 手的风险，也超过了 1500 或 2000 美元的限额。

下面让我们来看看，在不同的固定风险比例值的情况下，复合固定风险方法的结果。表 11-3 还是使用了该商品策略的全部 7113 笔交易。

表 11-3 当固定风险方法以复合的方式来使用时的表现

单笔交易的风险比例	平均年化收益率	平均年化最大回撤率	最大回撤率	收获—痛苦比
1	79.7	19.9	39.8	4.00
2	162.6	32.3	61.6	5.04
3	243.0	41.4	75.4	5.87
4	316.9	48.6	84.5	6.52
5	378.4	54.0	90.7	7.01
6	424.3	57.8	95.4	7.34
7	447.2	61.5	98.8	7.27

表 11-3 显示了一些有趣的点：

- 单笔交易的风险越大，用收获-痛苦比来衡量的交易结果越好。这与非复合的固定风险情形的结果完全不同。在后者中，收获—痛苦比维持在一个稳定的数值附近。
- 固定风险方法的结果比最优 f 方法的结果更好。表 11-4 比较了这两种方法。

表 11-4 最优 f 和固定风险方法的比较

方法	平均年化收益率	平均年化最大回撤率	最大回撤率	收获—痛苦比
最优 f：每 22000 美元资金交易 1 手	358.1	62.8	99.3	5.70
固定风险：7%	447.2	61.5	98.8	7.27

显然，与风险相关的头寸规模方法，比根据某一给定的账户价值来确定交易手数的方法，要更好一些。收益率和收获—痛苦比都更高一些，而两个回撤衡量标准则更低一些。这个方法，在经过细微的改动之后，成为大多数资金管理人用来设置其交易头寸规模的方法。

固定比率

这个方法是由瑞恩·琼斯在其《交易的游戏》一书中所介绍的。该方法随账户资金每增加一个持续增加的步长，就线性地增加交易规模。这些每次增加的步长就是 delta 金额。在你调整头寸规模之前，你的账户资金必须增加。如果你最初用 10000 美元的账户来交易，并选择的 delta 值为 2000 美元，则在你的账户增长至 12000 美元之前，你都只能每次交易 1 手。之后该步长将增加 delta 值至 4000 美元，并可以每次交易 2 手。接下来当账户达到 16000 美元时，你就可以每次交易 3 手。

你可以发现，这种增加交易手数的方法，在交易初期的风险最大。如果每手交易有 500 美元的风险，那你初期是在用一个 10000 美元的账户，来冒 500 美元的风险，或 5%。当账户金额达到 12000 美元时，你将交易 2 手合约，对应的风险是 8.3%。达到 16000 美元时，交易 3 手合约，风险为 9.375%。在下一个水平，风险将降低至 9.09%。自此之后将持续降低。如果你的单笔平均盈利为 300 美元，进行了 1000 笔交易。那在该序列的最后，你的单笔交易将冒小于 0.4% 的风险，还不及你开始时所冒风险的十分之一。你还可以发现，delta 值越小，风险越大。当使用 1000 美元的 delta 值时，单笔交易的风险峰值为 12.5%，此时交易 4 手合约；而当 delta 值为 2000 美元时，风险峰值为 9.375%，此时交易 3 手合约。

使用我们的商品策略，表 11-5 显示了以不同 delta 值来交易的结果。

表 11-5　在不同 delta 水平时的固定比率交易

Delta 值	平均年化收益率	平均年化最大回撤率	最大回撤率	收获—痛苦比
1000 美元	28.8	18.8	56.7	1.53
2000 美元	26.2	16.2	47.6	1.61
3000 美元	24.7	14.8	42.5	1.67
5000 美元	22.8	13.2	36.3	1.73
10000 美元	20.3	11.2	28.7	1.81
20000 美元	18.0	9.4	22.3	1.91
30000 美元	16.7	8.4	19.1	1.99

这是一种复合的方法，但此时的收获—痛苦比较之前的两种非复合方法（单手交易和固定风险）都要低。这种方法并不能获得与复合的固定风险方法相提并论的结果。我认为，这个方法的问题在于，这是一种风险非常不均衡的方法。交易初期单笔交易的风险是交易末期的许多倍。由于你永远不会知道，最大回撤什么时候会被触及，那为什么要在这个交易流中的某些点上，承担更大的风险呢？

头寸规模小结

大多数资金管理人都使用固定风险的交易方法，这是有理由的。这是一种能快速构建资金曲线，并且使风险在每个头寸中都平均分配的方法。此外，你可以修改风险水平，以便于把回撤控制在你的风险承受范围之内。考虑到复合方法相对于非复合方法在促进资金增长方面的优势，你可能想知道，为什么还会有人在考虑用固定规模来交易呢。答案是，没有人会想去这样做，除非他不得不这样做。但事实是，大多数交易员都不得不这样做。因为他们的账户规模太小了，没办法实现变动头寸规模的好处。

小额账户和大额账户

据我所知，传统中最好的资金管理头寸方法，是单笔交易只冒你账户资金的很小比例的风险。但有时，你的账户规模并不允许你这样做。如果你在交易商品，并且你的系统有一个 1000 美元的止损，但对于一个 10000 美元的账户，一笔交易的风险就是账户规模 10%。对于一笔交易来说，这并不是个小风险。那么，小额账户可以被定义为，没有办法让单笔交易只冒账户资金的很小比例的风险。

这一点说明了小额账户和大额账户交易员之间的一个重要区别：小额账户交易员必须承受较大额账户交易员相对更大的风险。小额账户交易员，常常会在几笔不利交易之后，就收到追保通知。大额账户交易员在单笔交易中，只会用资金的很小比例来冒险，除非出现了大量的不利交易，才有可能会收到追保通知。

由于小额账户交易员处于追保的边缘，对他们来说，资金管理是通向成功的关键。每个小额账户交易员都应该树立让账户资金增长为大额账户状态的目标，这样他才能享受到用大额账户来交易的好处。除了很难出现追保的情形之外，大额账户交易员还可以使用一些对小额账户交易员而言不适用的资金管理策略。在本章的后面，我们会用合适的业绩衡量方法来详细说明小额账户和大额账户的结果。

小额账户的业绩衡量方法

有很多种方法来度量一个交易系统的成功，及在交易中所使用的资金管理策略。最佳的方法会同时度量收益和风险。小额账户交易员应该更关注风险，因为风险会把他驱逐出市场。在本节中，我们将考察三种风险度量方法：持仓-平仓回撤、平仓回撤和开仓回撤。大多数交易员都使用回撤来度量交易某个给定方法所需要的资金。历史最大回撤（有时会乘以某个因子，以反映未来的更大回撤），加上保证金要求，就构成了成功交易该方法所需的资金。下面我们会看到，传统的持仓—平仓回撤衡量方法，对于小额账户交易员而言，并没有实际意义。这是由于，该方法放大了与交易某个系统和某个给定的资金管理策略相关的风险。平仓回撤是个更好的风险度量方法，但最好的方法是我所开发的：开仓回撤。当以某个给定的系统和策略来开始交易时，开仓回撤是交易员所能预期见到的回撤。

对于收益而言，年化收益率是个不错的衡量标准，但对于小额账户交易员而言，开仓收益是个更好的衡量标准。它是交易员在开始交易其系统时，所能预期的平均首年收益。

小额账户衡量标准：持仓—平仓回撤

如果资金曲线是用平仓权益与所有持仓的盈亏之和来构建的，则该资金曲线就是持仓—平仓资金曲线。持仓—平仓资金曲线，反映了你每天的结算单的数据，如果用某个系统和资金管理策略来交易了一段时间，那持仓—平仓资金曲线就可以用来考察回撤。回撤是指资金峰值到谷值的距离，如图11-2所示。

图11-2中显示了几个回撤。最大的一个回撤，被许多交易员用来计算交易某个策略所需的超过保证金要求的准备金量。对于那些使用趋势跟随系统的策略而言，这常常并不正确。很大一部分回撤来自于浮盈回吐。为了说明这一点，假设上图不是许多笔交易的结果，而是一笔交易的结果。此时，当你进入该交易后，出现了1000美元的回撤，然后又出现了4000美元的交易盈利，接下来又是2000美元的回撤，以及较先前峰值额外高3000美元的盈利，最后该笔交易在回撤3000美元时平仓，最终盈利为4000美元。对于一个小额账户交易员来说，整个持仓过程

中，最差的情形是交易开始时你浮亏了 1000 美元（这笔交易的起始交易回撤）。3000 美元的最大回撤，其实是浮盈回吐。它确实回吐了 3000 美元浮盈，但这 3000 美元的回撤对执行这笔交易所需的最小资金量并没有影响。所需的最小资金量，是起始交易回撤（1000 美元），加上保证金要求。

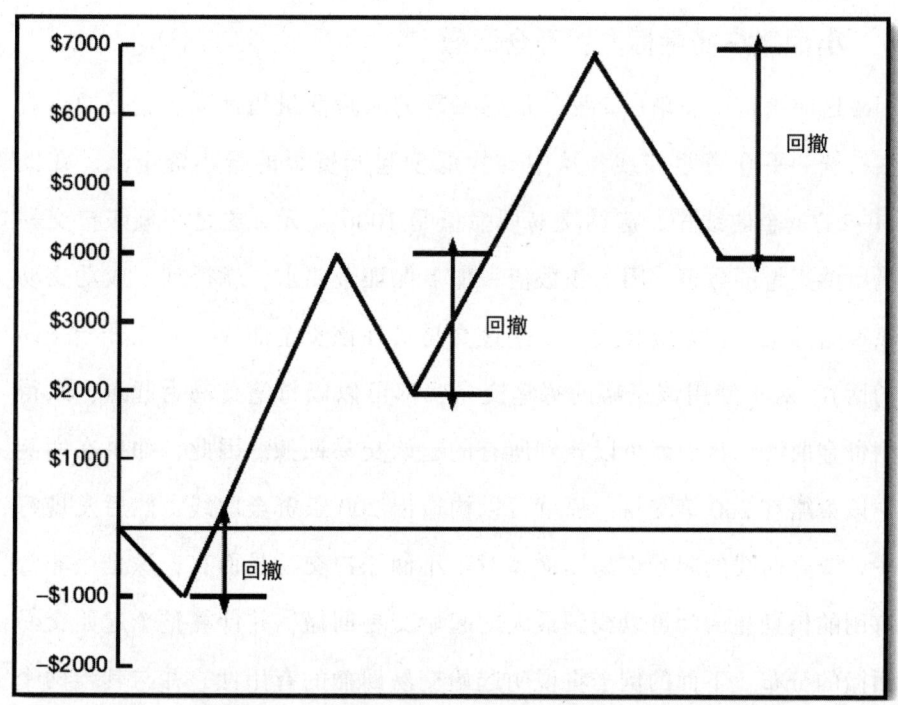

图 11-2　持仓—平仓资金曲线的增长

因此，持仓—平仓回撤值可能会给小额账户交易员带来误导。若用该回撤值，加上保证金要求，来计算交易该策略所需的最小资金量时，常常会高估所需的资金量。

小额账户衡量标准：平仓回撤

平仓资金曲线是用之前的资金，加上每笔交易平仓时的盈亏，并结合该笔交易平仓时的日期,来画出的线。这个回撤值并不包括浮盈回吐,因为这些交易结果在该笔交易平仓之前,都没有被纳入到资金曲线中,但它同样也没有显示某笔盈利交易是否曾经出现过浮亏。由于盈利交易的浮盈回吐量会比这些交易的浮亏量大许多,所以平仓回撤更能反映交易某个策略所需的准备金。不过,同样的,它也不能精确地反映那些小额账户交易员所感兴趣的内容。

小额账户衡量标准:开仓回撤

这应该是小额账户交易员最感兴趣的风险衡量指标了。它是通过观察持仓—平仓资金曲线,从中寻找低于起始资金的最小资金点。在图11-2的资金曲线中,起始交易回撤值是1000美元。这是小额账户交易员所感兴趣的数值,因为该数值,加上保证金要求,就得到了成功交易该策略的最小初始资金量(如果该交易员在该资金曲线的起点开始交易的话)。对于使用该策略的每笔交易,都可以以每笔交易为起点,来得到资金曲线,从而就可以找到所有的起始交易回撤。因此,如果在回测中该策略有200笔交易,那就可以构造出200条资金曲线,然后发现每一条资金曲线的起始交易回撤。对于小额账户交易员而言,这是个非常有用的信息。因为可以找到最大的起始交易回撤,并计算整个起始交易回撤的分布。下面的例子将说明起始交易回撤的有用性,并与其他两个回撤衡量方法进行对比。

小额账户衡量标准:回撤示例

根据第4章至第6章中所开发的唐奇安趋势跟随商品系统所发信号进行的单手交易,其持仓—平仓资金曲线如图11-3所示。

这些回撤衡量标准的结果如下所示:

持仓—平仓回撤的平均年化最大值:29643美元

平仓回撤的平均年化最大值：20552 美元

开仓回撤的平均年化最大值：22136 美元

持仓—平仓回撤的最大值：81150 美元

平仓回撤的最大值：44632 美元

开仓回撤的最大值：48781 美元

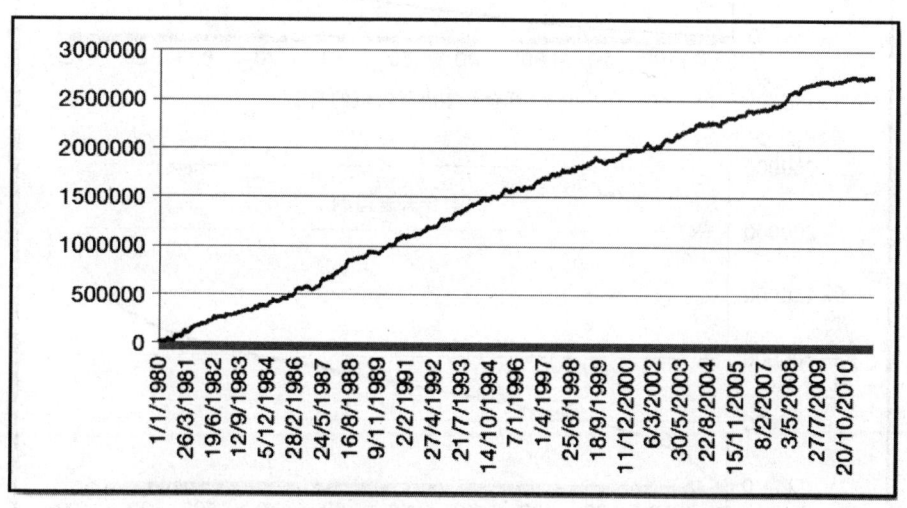

图 11-3　唐奇安系统的持仓—平仓资金曲线

请注意，相对于持仓—平仓回撤值，平仓回撤值在平均年化和最大值两方面都要好一些。这也证明了，持仓—平仓回撤值会显著的高估交易这个组合所需的资金量。

这个开仓分析的副产品是两个有用的开仓图。这些图会显示所有开仓回撤的分布，以及该组合在一年交易中的盈利情况。图 11-4 显示了这些分布的一个例子，这些分布是该组合例子在用来说明回撤时所得到的。

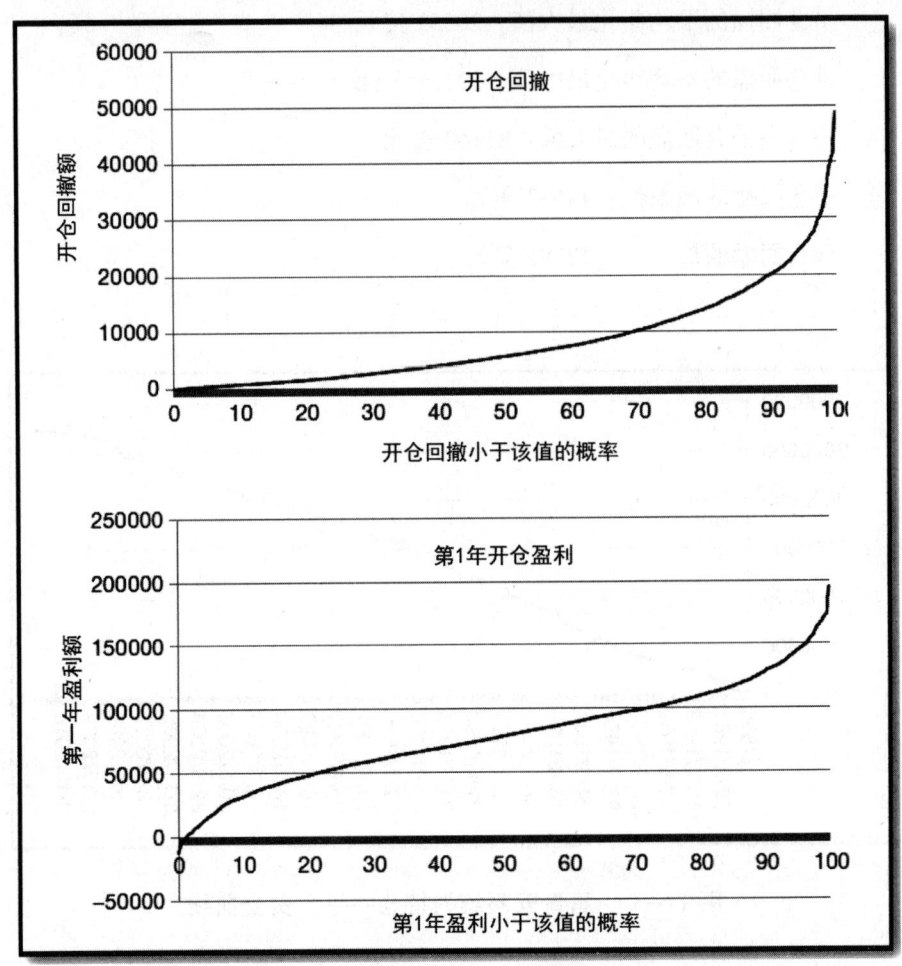

图 11-4　开仓回撤/开仓盈利分布

让我们先来看一下回撤的图（上图），x 轴为发生事件的累积概率，y 轴为回撤。当 x 为 60% 时，从图中对应的 y 值可以看到，某个交易员在交易该组合时，将会经历小于或等于 7400 美元的开仓回撤。盈利图（下图）也是用同样的方法来阅读。某个交易员有 10% 的机会，其第 1 年的盈利为小于等于 31500 美元。相应地，他有 90% 的机会能获得大于或等于 30500 美元的盈利。

这些图是非常有用的工具，小额账户交易员在决定该执行怎样的交易计划时,可以用它们来判断风险和收益。

大额账户衡量标准

小额账户交易员应该对开仓回撤最感兴趣,并将其作为一种判断账户存活的标准。对于大额账户交易员来说,就会对其所承受的风险所能带来的收益更感兴趣。此时,合适的风险衡量标准是回撤率,包括其最大值和年化值。年化收益率则是一个很好的衡量收益的标准。

大额账户衡量标准:回撤率

可以用开仓—平仓资金曲线来计算回撤率。和之前一样,从峰值到谷值的距离就是回撤,但不是用回撤的绝对金额,而是把资金峰值作为回撤的起点,用回撤金额除以峰值金额,来计算一个比例。

最大回撤率是一个有用的衡量标准,另一个有用的衡量标准是用前 n 次最大回撤率除以 n 来得到的。如果 n 是该资金曲线的年数,则该标准可被理解为平均年化最大回撤。即使某些年中的最大回撤会更大,另一些年则更小。

大额账户衡量标准:年化收益率

计算平均年化收益率的一种方法是,使用资金曲线的初值和终值,用下列公式来计算平均年化收益率:

$$年化收益率 = \left(\frac{资金终值}{资金初值}\right)^{\frac{1}{年数}}$$

计算年化收益率的另一种有用方法,是计算每年的平均收益率,然后再求平均。请注意,这两种方法的结果可能会不一致。例如,如果某个账户的初值为 100000 美元,第 1 年末的终值为 100000 美元,第 2 年末的终值为 400000 美元,则根据年化收益率公式所得到的结果是 100%,因为该账户平均每年都翻了 1 倍。但在用每年的收益率来计算年化收益率时,你

会得到150%的结果（第1年为0%，第2年为300%）

本章小结

本章介绍了两种资金管理概念：头寸规模，和交易小额账户与大额账户之间所存在的显著差异。第12和第14章将会致力于针对我们的商品系统开发适合小额账户和大额账户的资金管理方法，而第13和第15章则是针对股票系统的。在这些章中，我们将运用各种各样的资金管理技术，来进一步增强我们策略的交易能力。

第 12 章 小额账户的传统资金管理技术：商品

本章将展示针对我们在第 4 至 6 章中开发的商品策略所应用的小额账户资金管理技术。接下来，将针对规模为 20000 至 100000 美元的账户开发特别的资金管理规则。

重要的是需要记住，小额账户交易员最应关注如何限制风险。本章中所提供的技术都旨在限制风险，不过其中的一些技术，在应用于某个给定的策略时，可能并不能提高收获—痛苦比指标。这并不意味着它们就不应该成为你的交易方法中的一部分。看看它们所提供的降低风险的能力吧，再决定是否应该使用它们。

分散化

为了最小化风险，最好的方法是交易大量的独立商品。当两种商品之间不存在共涨共跌现象时，那它们就是彼此独立的。相互关联的水平，比如那些在一个商品组中的商品，就会同涨同跌。如果可供交易的资金量，限制了能同时交易的商品数量，那就避免交易来自于同一个商品组的商品。否则如果某个商品开始出现回撤，那其他商品也会开始出现回撤。

下面的例子强调了这一点。看看我们的唐奇安商品策略在商品中的历史表现，货币组的表现很好。假设我们比较的是表 12-1 所示的两组商品。

表 12-1 未分散化和分散化的投资组合

未分散化的商品	总盈利额	分散化的商品	总盈利额
日元	88475	大豆	57025
瑞士法郎	81512	肉牛	25687
美元指数	104734	棉花	100590
欧元	51744	钯	101279
加拿大元	26179	原油	61059
澳大利亚元	22470	美元指数	104734
英镑	117225	10年期债券	67609
墨西哥比索	36549		
总盈利	528888		517983

这两个商品组在1980至2011年12月的时间里，获得了相同的盈利，但未分散化组合中的成员全都是货币，而另一个商品组中的成员则在名义上不存在相关关系。我们可以分别构建一条资金曲线，并进行开仓回撤分析。表 12-2 显示了每个组合的交易结果。

表 12-2 交易结果：分散化和未分散化的投资组合

投资组合	平均开仓回撤额	最大开仓回撤额
未分散化	4305	19017
分散化	3203	14998

这些结果显示了分散化的好处。相对于未分散化组合，分散化组合的平均最大回撤会低约25%，最大回撤会低约20%，但它们的总盈利却是相同的。对于小额账户交易员来说，分散化是一个强大的资金管理技术。

限制单组暴露，交易单一组中前 N 个商品

针对分散化技术，小额账户交易员可以使用交易单一组中前 N 个商品的方法。与其从每个组中选择一个商品，然后就等待该商品的信号，还不如选择在该组中你愿意交易的所有商品，然后接受前 N 个出现的信号，其中的 N 就是你的账户规模和风险承受设置所确定的风险暴露。表 12-3 显示了在 56 种商品所组成的商品篮子中，每种商品的交易结果。

表 12-3　唐奇安系统：每种商品的表现

商品	盈利交易数	亏损交易数	总盈利额	单笔盈利额
玉米	79	111	25675	135
大豆	71	94	57028	345
豆粕	74	108	52490	288
豆油	90	100	52182	274
小麦	69	123	9562	49
堪萨斯交易所小麦	66	114	29825	165
稻谷	53	73	70479	559
活牛	71	142	-4271	-21
瘦猪肉	77	143	-1520	-7
肉牛	76	113	25687	135
咖啡	37	40	50493	655
棉花	80	92	100590	584
橙汁	79	114	56302	291
木材	62	81	75514	528
可可	60	136	-16080	-83
糖	79	88	55238	330
铜	65	93	21300	135
钯	59	96	101279	653

白银	55	87	110074	775
黄金	56	88	54440	378
铂	62	120	4579	25
伦敦铜	44	54	41545	423
伦敦铝合金	40	78	39240	332
伦敦铝	48	63	39062	351
伦敦镍	33	56	81165	911
原油	52	60	61059	545
燃料油	69	81	94290	628
汽油	50	63	81408	720
迷你天然气	20	30	15675	313
布伦特原油	44	41	71139	836
日元	38	32	88475	1263
瑞士法郎	43	33	81512	1072
加拿大元	61	107	36179	155
英镑	40	48	117225	1332
美元指数	57	68	104734	837
澳大利亚元	45	74	22470	188
墨西哥比索	45	57	36549	358
欧元	14	12	51774	1991
30年期债券	47	67	43500	381
10年期国债	72	92	67609	412
5年期国债	61	78	52085	374
2年期国债	54	62	51562	444
欧洲美元	80	90	66399	390
澳大利亚债券	66	93	53733	337
加拿大政府债券	60	76	37503	275
欧洲债券	41	32	93161	1276
英国政府债券	36	39	50070	667
西班牙债券	45	51	46245	481
Simex日本政府债券	50	70	26562	221

恒生指数	19	20	37149	952
Dax 指数	15	23	9075	238
迷你标普	56	92	8750	59
迷你罗素 2000	1	4	1809	361
迷你中盘股	28	44	7589	105
迷你纳斯达克	30	38	20725	304
日经	52	53	98675	939
所有交易	2976	4137	2756675	387
多头交易	1594	2086	1895123	514
空头交易	1382	2051	861542	250

在看完这个篮子的结果后，表12-4显示了在每个商品组中最好和次好的商品。"最好"的确定方法有些主观，主要把总盈利作为一个基本判断标准，并适当考虑流动性和波动率。

表12-4　最好的商品

商品组	"最好的"商品
谷物	大豆、稻谷
肉	肉牛、无
软商品	棉花、木材
金属	白银、钯
货币	美元指数、英镑
能源	燃料油、汽油
金融	10年期债券、欧洲债券

首先，我们把由最好的商品组成一个投资组合（基准组合），其中的每个商品都交易1手。接下来，该组合会被扩大（扩大的组合），加入次好的商品，与最好的商品一起交易。这意味着，同一时间，每个商品组都有两个商品可以交易。如果该组中第二个商品出现了交易信号，但第一个商品还没

有出场，则该交易信号会被忽略掉。表 12-5 显示了每次测试的结果。

表 12-5 分散化示例：单一组中前 N 个商品

投资组合	第一年平均盈利额	平均开仓回撤额	最大开仓回撤额	收获—痛苦比
基准组合	15653	3808	17284	4.09
扩大的组合	19943	3857	20752	5.17

上述结果显示了，当用收获—痛苦比来衡量时，相对于基准组合，增加次好的商品，并交易单一组中的首个商品的策略，能改善交易结果。该策略能超越固定投资组合策略的原因是：

- 在这个策略中，大多数组都时时有一个交易在进行中，从而增强了分散化的效果。固定投资组合策略在特定的时间段内，可能某个组就不会有交易发生。
- 相同时间段内有更多的交易，就能让资金更快地增长。

对于这两个投资组合，还能得到另一点结论：用次优的商品来分散化交易的结果，会比单纯翻倍交易最优组合的结果要更好一些。表 12-6 证明了这一点。该表比较了当基准策略在每个信号出现时交易两手，而扩大的商品投资组合在每个信号出现时交易一手时的结果。

表 12-6 分散化示例：最优商品组合的两手交易与扩大的组合的一手交易

投资组合	第 1 年平均盈利额	平均开仓回撤额	最大开仓回撤额	收获—痛苦比
基准组合	31306	7616	34568	4.09
扩大的组合	30263	4003	17180	7.56

这再一次说明，对于小额账户交易员而言，分散化是个强有力的工具。通过增加次优的商品，相对于基准组合对每个商品组中最优的商品的每个信号交易两手的结果，扩大的组合的收获—痛苦比提高了约85%。

限制入场时的交易风险

在一笔交易初始时，其交易风险就是入场点与灾难性止损点之间的距离，再转化为金额；也就是说，该笔交易可能亏损的最大金额。由于我们的3倍标准差止损是基于波动率的，因此一些交易员可能有相对较小的风险金额，而另一些则有相对较大的风险金额。使用"在入场时限制交易风险"的资金管理策略，那些有高交易风险的交易就会被忽略掉。

表12-7显示了忽略那些灾难性止损值超过某个固定限额的交易时的结果。对所有56种商品都进行了这样的分析。

表12-7 限制入场时的交易风险

交易风险限额	第1年平均盈利额	平均开仓回撤额	最大开仓回撤额	收获—痛苦比
所有交易	76134	9597	64996	7.93
3000美元	64257	8255	46652	7.78
2000美元	54674	6000	34327	9.11
1000美元	24750	3524	23773	7.02

该结果显示，若排除掉那些初始止损额高于2000美元的交易，会将收获—痛苦比从基准的7.93提高至9.11，有15%的增幅。

限制持仓风险

在任何时点，持仓风险可被定义为当前价格距止损价格的距离，再转化为金额后的值。如果某笔持仓，不管是盈利还是亏损的，其当前价格距灾难性止损点的金额为 4000 美元，则在该点时的交易风险就为 4000 美元。常常有损失部分或全部该金额的风险。这个资金管理技术会在持仓风险达到某个特定金额时退出交易。请注意，这也可以看作是某种形式的止盈。表 12-8 显示了当持仓风险达到某个特定金额时退出交易的结果。

表 12-8　限制持仓风险

退出交易时的持仓风险限额	第 1 年平均盈利额	平均开仓回撤额	最大开仓回撤额	收获—痛苦比
不退出	76134	9597	64996	7.93
大于 10000 美元	71908	8603	9358	8.36
大于 8000 美元	71334	8118	45983	8.78
大于 6000 美元	61890	7822	49623	8.94
大于 4000 美元	49021	7365	49021	6.66

表 12-8 显示，当交易风险增长至 6000 美元时退出交易，其结果会比基准策略更好。此时的收获—痛苦比为 8.94。事实上，只要在持仓风险限额在 6000 美元之上，其结果都会比基准更好。

限制整个投资组合的持仓风险

在某些时间里，所有商品组好像都在朝一个方向运动。我记得我在 2008 年的下半年，如果我知道某种能源，或某个金融产品，或某种股票指数,或某种金属在临近收盘时会如何表现,那我就能知道这些商品组中所有商品在收盘时的表现。这样的时机,既是赚大钱的机会,也是亏大钱的机会。由于小额账户交易员必须控制风险,以便能持续的交易,那当大量的商品组都大幅同涨同跌时,他就应该采取某些措施来限制风险暴露。

这种小额账户资金管理技术会观察所有持有的持仓风险,如果这些单个的持仓风险之和超过了某个金额限额,则其中持仓风险最大的一笔交易就应该退出。再一次请注意,这个技术也是一种止盈形式:当组合限额被触及时,持仓风险最大的那笔交易应该是有很大盈利的。表 12-9 显示了不同组合持仓风险限额时的表现。

表 12-9　限制组合的持仓风险

退出一笔交易时的组合持仓风险限额	第 1 年平均盈利额	平均开仓回撤额	最大开仓回撤额	收获—痛苦比
不退出	76134	9597	64996	7.93
大于 100000 美元	75677	9592	64996	7.89
大于 80000 美元	73744	9579	64996	7.70
大于 70000 美元	69254	9313	60806	7.44

从收获—痛苦比的角度来看,限制组合持仓风险并不能改善交易结果,但平均开仓回撤和最大开仓回撤等风险指标则有所下降。我们将用这个技术来为不同的账户规模选择合适的小额账户交易方法。

限制持仓交易笔数

在交易的不同时间里,持仓交易笔数会发生变化,当你有相对较大数量的持仓交易笔数时,也会有最大的风险/收益机会。这种小额账户资金管理技术试图通过控制持仓交易笔数,来限制风险暴露。表 12-10 显示了在不同持仓交易笔数限制时的交易结果。

表 12-10　限制持仓交易笔数

最大持仓交易笔数	第 1 年平均盈利额	平均开仓回撤额	最大开仓回撤额	收获—痛苦比
全部交易	76134	9597	64996	7.93
40	75904	9595	64996	7.91
30	71253	9471	64996	7.52
20	56762	8312	55932	6.83

从收获—痛苦比的角度来看，这种限制同一时间的持仓交易笔数的技术，也没有对交易结果有什么改善。但随着交易笔数的降低，平均开仓回撤也在稳定地下降。随着限制标准越来越严厉，最大开仓回撤也同样表现出健康的下降。在开发针对小额账户交易员的特定交易方法时，我们会使用另一种技术，来限制同一时间的交易笔数。

固定的投资组合

当针对小额账户选择资金管理方法时，自下而上构造投资组合的方法，会比自上而下的方法更好。从每个商品组中表现最好的一个或两个商品开始，并使用小额账户资金管理技术，以获得最佳的交易表现。随着资金的增加，可以在之前的投资组合基础之上，再获得一个更大的投资组合，而不是一切都从头再来。在本节中，将展现针对不同账户规模的投资组合。每个投资组合都会使用风险限额、不同商品组之间的分散化、单一商品组中的前 N 个商品等方法。最小的投资组合是通过选择最小风险、最佳表现的商品来构建的。风险是首先被考虑的。通过在每个商品组中增加更多的商品，来构建成功的投资组合。

第 12 章 小额账户的传统资金管理技术：商品

初始的投资组合

最小的投资组合包括下列所示的商品，如表 12-11 所示。

表 12-11　初始投资组合中的商品

商品组	初始投资组合中的商品
谷物	大豆、稻谷
肉	肉牛
软商品	棉花、木材
金属	白银、钯
货币	美元指数、英镑
能源	燃料油、汽油
金融	欧洲债券、欧洲美元

初始组合的小额账户资金管理技术

初始组合使用了表 12-12 所示的小额账户资金管理技术和限额。

表 12-12　初始组合所使用的资金管理技术和限额

小额账户资金管理技术	是否使用/限额
单一商品组中前 N 种商品	否/无
入场时的交易风险限额	是/2000 美元
最大持仓交易风险限额	是/5500 美元
最大组合风险限额	是/15000 美元
最大交易笔数限额	否/无

初始组合的表现

该初始组合有如下的开仓表现：

第一年平均盈利额：18389 美元

平均开仓回撤额：2843 美元

最大开仓回撤额：12023 美元

图 12-1 显示了初始组合的开仓图。

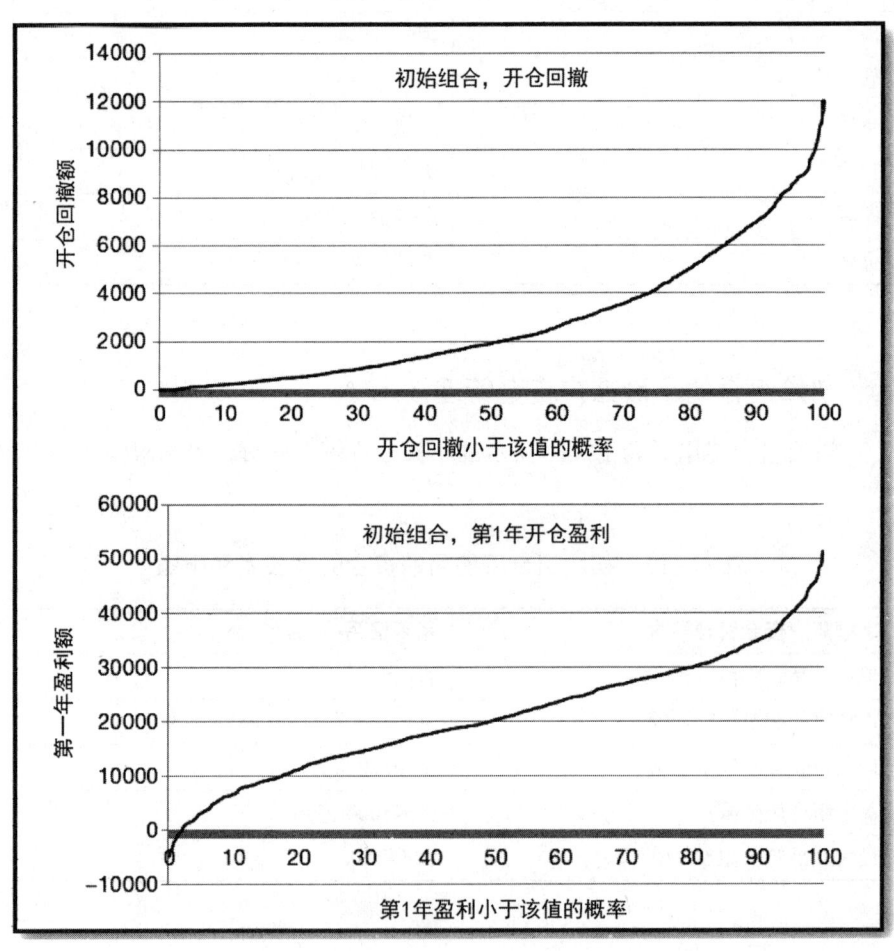

图 12-1　初始组合的开仓结果

看一下上图，若某个交易员对该初始组合在 1980 至 2011 年中任意时间点开始交易，他会面对以下的风险特征：

- 开仓回撤有 100%的可能性会小于 12023 美元。
- 开仓回撤有 80%的可能性会小于 5000 美元，相反，有 20%的可能性会比该值大。
- 开仓回撤有 60%的可能性会小于 2600 美元，相反，有 40%的可能性会比该值大。
- 开仓回撤有 40%的可能性会小于 800 美元，相反，有 60%的可能性会比该值大。
- 开仓回撤有 20%的可能性会小于 303 美元，相反，有 80%的可能性会比该值大。

看一下下图，若某个交易员对该初始组合在 1980 至 2011 年中任意时间点开始交易，他会在开始交易一年后面对以下的盈利概率：

- 第一年盈利有 100%的可能性会小于 53000 美元。
- 第一年盈利有 80%的可能性会小于 29000 美元，相反，有 20%的可能性会比该值大。
- 第一年盈利有 60%的可能性会小于 21000 美元，相反，有 40%的可能性会比该值大。
- 第一年盈利有 40%的可能性会小于 17000 美元，相反，有 60%的可能性会比该值大。
- 第一年盈利有 20%的可能性会小于 11000 美元，相反，有 80%的可能性会比该值大。
- 第一年盈利有 0%的可能性会亏损超过 7000 美元。

图 12-2 显示了初始组合的持仓—平仓资金曲线。

建立稳固的交易系统：和回测结果一致，满足你的风险-收益目标的可交易策略

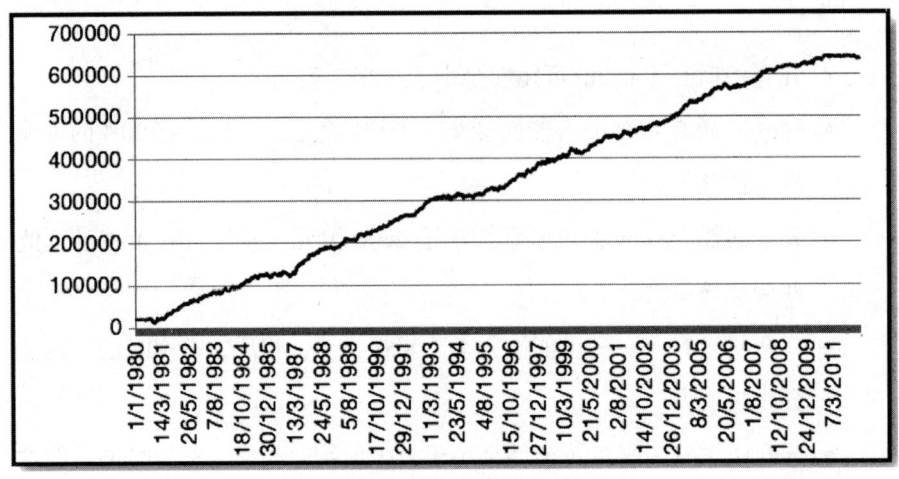

图 12-2　初始组合的持仓—平仓资金曲线

每年的年度收益和最大持仓—平仓回撤如表 12-13 所示。

表 12-13　初始组合的年度收益和最大回撤

年度	年度收益额	年度最大回撤额
1980	-6203	10583
1981	28909	3915
1982	21224	5848
1983	20164	8237
1984	20920	7448
1985	11983	7807
1986	897	12485
1987	49777	6756
1988	15522	8071
1989	29769	7128

— 236 —

1990	16116	6171
1991	28593	4578
1992	31095	3551
1993	19501	6537
1994	-2622	12880
1995	19043	5605
1996	19493	7309
1997	36528	8044
1998	16643	7098
1999	8306	13067
2000	36086	4482
2001	13356	8630
2002	15314	9312
2003	18712	8313
2004	38018	6510
2005	32560	5355
2006	5077	12720
2007	27984	3146
2008	19897	4225
2009	6124	6217
2010	19378	6446
2011	-1975	4707
平均	19430	6662

该组合可以用20000至40000美元的账户来交易。一个账户资金为20000美元的激进交易员，在开始交易的第一年预期能挣到18389美元（开始交易第一年收益额的平均值）。他或她应该预期会见到2843美元的

开仓回撤，但这个值也可能为 12023 美元，甚至更高。在该年中某些时候，该交易员会预期见到 8484 美元的持仓—平仓回撤。如果出现了最大开仓回撤，则回撤率相当于其初始资金的 60%。在忍受了该痛苦的回撤后，回报也是巨大的：第 1 年收益额平均为 18389 美元，是初始资金的 90% 多。如果初始资金为 40000 美元，则更保守的交易员会预期以下的收获/痛苦特征：

- 第一年的预期收益率为 46%
- 最大开仓回撤为 30%
- 平均开仓回撤为 7%

对于那些账户初始金额达到了该点，并且对其风险/回报预期满意的交易员，让我们来看看下一个规模的投资组合——中等规模投资组合。

中等规模的投资组合

中等规模的投资组合包括了表 12-14 所示的商品。

表 12-14　中等规模投资组合中的商品

商品组	中等规模投资组合中的商品
谷物	大豆、稻谷、堪萨斯交易所小麦、玉米
肉	肉牛
软商品	棉花、木材、白糖、咖啡
金属	白银、钯、伦敦铝、伦敦铜
货币	美元指数、英镑、瑞士法郎、加拿大元
能源	燃料油、原油、迷你天然气、伦敦布伦特原油
金融	欧洲债券、欧洲美元、10 年期债券、30 年期债券
股票指数	日经、恒生、迷你纳斯达克

中等规模组合的小额账户资金管理技术

该中等规模组合使用了表 12-15 所示的小额账户资金管理技术和限额。

表 12-15　中等规模组合所使用的资金管理技术和限额

小额账户资金管理技术	是否使用/限额
单一商品组中前 N 种商品	否/无
入场时的交易风险限额	是/2000 美元
最大持仓交易风险限额	是/6000 美元
最大组合风险限额	是/16000 美元
最大交易笔数限额	是/11

中等规模组合的表现

该中等规模组合有如下的开仓表现：

第一年平均盈利额：27303 美元

平均开仓回撤额：3790 美元

最大开仓回撤额：19331 美元

图 12-3 显示了该中等规模组合的开仓图。

看一下图 12-3，若某个交易员对该中等规模组合在 1980 至 2011 年中任意时间点开始交易，他会面对以下的风险特征：

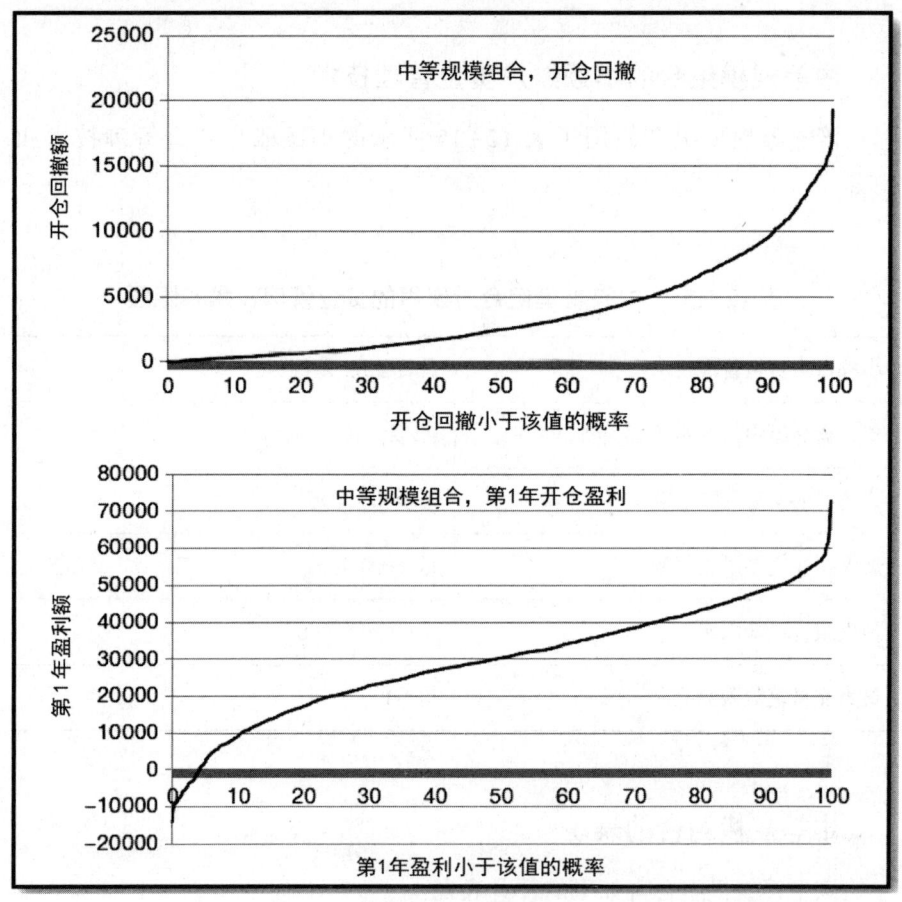

图 12-3 中等规模组合的开仓结果

- 开仓回撤有 100% 的可能性会小于 19331 美元。
- 开仓回撤有 80% 的可能性会小于 7000 美元，相反，有 20% 的可能性会比该值大。
- 开仓回撤有 60% 的可能性会小于 3200 美元，相反，有 40% 的可能性会比该值大。
- 开仓回撤有 40% 的可能性会小于 1800 美元，相反，有 60% 的可能性会比该值大。
- 开仓回撤有 20% 的可能性会小于 700 美元，相反，有 80% 的可能性会比该值大。

看一下下图，若某个交易员对该中等规模组合在 1980 至 2011 年中任意时间点开始交易，他会在开始交易一年后面对以下的盈利概率：

- 第一年盈利有 100% 的可能性会小于 71000 美元。
- 第一年盈利有 80% 的可能性会小于 41000 美元，相反，有 20% 的可能性会比该值大。
- 第一年盈利有 60% 的可能性会小于 32000 美元，相反，有 40% 的可能性会比该值大。
- 第一年盈利有 40% 的可能性会小于 24000 美元，相反，有 60% 的可能性会比该值大。
- 第一年盈利有 20% 的可能性会小于 18000 美元，相反，有 80% 的可能性会比该值大。
- 第一年盈利有 0% 的可能性会亏损超过 13000 美元。

图 12-4 显示了该中等规模组合的持仓-平仓资金曲线。

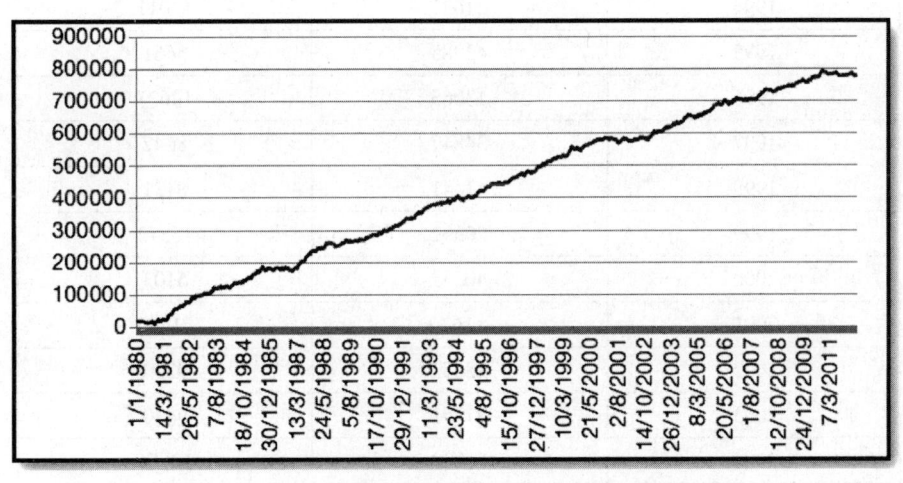

图 12-4　中等规模组合的持仓—平仓资金曲线

每年的年度收益和最大持仓—平仓回撤如表 12-16 所示。

表 12-16　中等规模组合的年度收益和最大回撤

年度	年度收益额	年度最大回撤额
1980	3449	14567
1981	54370	6409
1982	37931	8226
1983	22464	8795
1984	44761	10609
1985	42239	13142
1986	1097	14443
1987	57723	9049
1988	20936	15709
1989	31074	8565
1990	14636	9340
1991	51338	4304
1992	36635	9231
1993	36424	9136
1994	31631	12011
1995	43385	5661
1996	13065	14637
1997	34847	8642
1998	41441	8131
1999	20592	16372
2000	40031	5103
2001	−1670	21640
2002	22452	9230
2003	37351	9420
2004	47030	10654

2005	40573	6572
2006	22336	15195
2007	19428	10704
2008	24127	10714
2009	21940	7910
2010	31611	6768
2011	-7607	11990
平均	29301	10403

该组合可以用 40000 至 60000 美元的账户来交易。一个账户资金为 40000 美元的激进交易员，在开始交易的第 1 年预期能挣到 27303 美元（开始交易第 1 年收益额的平均值）。他或她应该预期会见到 3790 美元的开仓回撤，但这个值也可能为 19331 美元，甚至更高。在该年中某些时候，该交易员会预期见到 11847 美元的持仓—平仓回撤。如果出现了最大开仓回撤，则回撤率相当于其初始资金的 48%。在忍受了该痛苦的回撤后，回报也是巨大的：第 1 年收益额平均为 27303 美元，是初始资金的 68% 多。如果初始资金为 60000 美元，则更保守的交易员会预期以下的收获/痛苦特征：

- 第一年的预期收益率为 46%
- 最大开仓回撤为 32%
- 平均开仓回撤为 6%

对于那些账户初始金额达到了该点，并且对其风险/回报预期满意的交易员，让我们来看看最后一个小额账户投资组合。

完全规模的投资组合

完全规模的投资组合包括了表 12-17 所示的商品。

表 12-17　完全规模投资组合中的商品

商品组	完全规模投资组合中的商品
谷物	大豆、稻谷、堪萨斯交易所小麦、玉米、豆粕、豆油、小麦
肉	肉牛
软商品	棉花、木材、白糖、咖啡、橙汁
金属	铜、钯、伦敦铝、伦敦铜、白银、铜、铂、伦敦铝合金、伦敦镍
货币	美元指数、英镑、瑞士法郎、加拿大元、日元、墨西哥比索、澳大利亚元、欧元
能源	燃料油、原油、迷你天然气、伦敦布伦特原油、汽油
金融	欧洲债券、欧洲美元、10年期债券、30年期债券、5年期债券、2年期债券、澳大利亚债券、加拿大政府债券、英国国债、Simex日本政府债券
股票指数	日经、恒生、迷你纳斯达克、DAX、迷你标普、迷你罗素、迷你中盘股

完全规模组合的小额账户资金管理技术

该完全规模组合使用了表12-18所示的小额账户资金管理技术和限额。

表 12-18　完全规模组合所使用的资金管理技术和限额

小额账户资金管理技术	是否使用/限额
单一商品组中前N种商品	是/6
入场时的交易风险限额	是/2000美元
最大持仓交易风险限额	是/6000美元
最大组合风险限额	否/无
最大交易笔数限额	是/16

完全规模组合的表现

该完全规模组合有如下的开仓表现：

第一年平均盈利额：39461 美元

平均开仓回撤额：4778 美元

最大开仓回撤额：25454 美元

图 12-5 显示了该完全规模组合的开仓图。

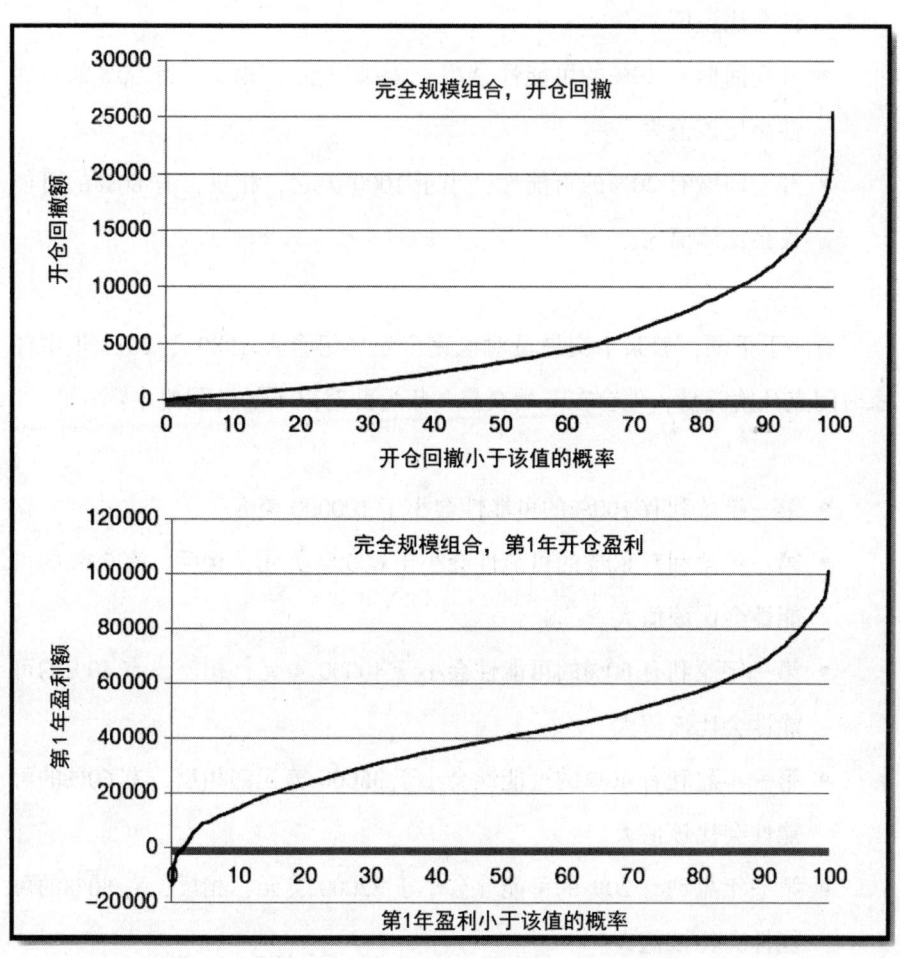

图 12-5　完全规模组合的开仓结果

看一下上图，若某个交易员对该完全规模组合在1980至2011年中任意时间点开始交易，他会面对以下的风险特征：

- 开仓回撤有100%的可能性会小于25454美元。
- 开仓回撤有80%的可能性会小于8000美元，相反，有20%的可能性会比该值大。
- 开仓回撤有60%的可能性会小于4500美元，相反，有40%的可能性会比该值大。
- 开仓回撤有40%的可能性会小于2500美元，相反，有60%的可能性会比该值大。
- 开仓回撤有20%的可能性会小于1000美元，相反，有80%的可能性会比该值大。

看一下下图，若某个交易员对该完全规模组合在1980至2011年中任意时间点开始交易，他会在开始交易一年后面对以下的盈利概率：

- 第一年盈利有100%的可能性会小于100000美元。
- 第一年盈利有80%的可能性会小于60000美元，相反，有20%的可能性会比该值大。
- 第一年盈利有60%的可能性会小于40000美元，相反，有40%的可能性会比该值大。
- 第一年盈利有40%的可能性会小于35000美元，相反，有60%的可能性会比该值大。
- 第一年盈利有20%的可能性会小于22000美元，相反，有80%的可能性会比该值大。
- 第一年盈利有0%的可能性会亏损超过10000美元。

图 12-6 显示了该完全规模组合的持仓—平仓资金曲线。

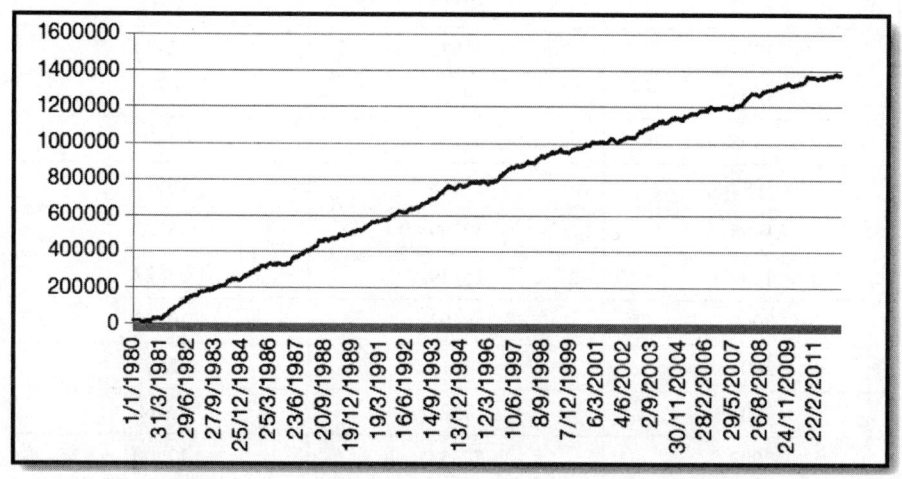

图 12-6　完全规模组合的持仓—平仓资金曲线

每年的年度收益和最大持仓—平仓回撤如表 12-19 所示。

表 12-19　完全规模组合的年度收益和最大回撤

年度	年度收益额	年度最大回撤额
1980	10031	12234
1981	64665	13531
1982	66735	10530
1983	42364	9792
1984	42295	13703
1985	72497	9201
1986	7785	14227
1987	77500	10193
1988	61394	15740
1989	42167	11370
1990	53424	10780

1991	53228	10105
1992	31514	13311
1993	80113	7947
1994	41025	22439
1995	29696	9827
1996	39722	24309
1997	52418	14557
1998	52209	15501
1999	15139	23822
2000	48605	10425
2001	15413	12654
2002	17583	16166
2003	74353	12400
2004	27764	20458
2005	41668	12709
2006	18786	20736
2007	42512	16766
2008	51359	15714
2009	30537	11422
2010	41025	13183
2011	5761	17264
平均	42227	14148

该组合可以用 60000 至 100000 美元的账户来交易。一个账户资金为 60000 美元的激进交易员，在开始交易的第一年预期能挣到 39461 美元（开始交易第一年收益额的平均值）。他或她应该预期会见到 4778 美元的开仓回撤，但这个值也可能为 25454 美元，甚至更高。在该年中某些时候，该交易员会预期见到 14148 美元的持仓—平仓回撤。如果出现了最大开仓回撤，则回撤率相当于其初始资金的 42%。在忍受了该痛苦的回撤后，回报也是巨大的：第一年收益额平均为 39461 美元，是初始资金的 65% 多。

如果初始资金为 100000 美元，则更保守的交易员会预期以下的收获/痛苦特征：

- 第一年的预期收益率为 39%
- 最大开仓回撤为 25%
- 平均开仓回撤为 5%

本章小结

在本章中，针对账户资金从 20000 至 100000 美元的小额账户交易员，我们开发了 3 个带有特定资金管理规则的投资组合。表 12-20 总结了这些组合的表现。

表 12-20　针对小额账户交易员开发的 3 个投资组合，开仓和持仓—平仓表现比较

衡量标准	初始组合	中等规模组合	完全规模组合
交易所需的资金	20000—40000	40000—60000	60000—100000
第 1 年开仓平均收益额	18389	27303	39461
平均开仓回撤额	2843	3790	4778
最大开仓回撤额	12023	19331	25454
开仓资金曲线的收获—痛苦比	6.47	7.20	8.26
平均年化收益额	19290	29253	42227
平均年化最大回撤额	8484	11847	14148
最大持仓—平均回撤额	13067	21460	28146
持仓—平仓资金曲线的收获-痛苦比	2.27	2.47	2.98

请注意，在建立了投资组合后，收获—痛苦比指标显示，交易结果在变好。尽管更大规模的投资组合增加了策略中表现不太好的商品，这也是正确的。这是由于越来越强的分散化效应。小额账户交易员应该在账户规模增长至更大投资组合所需的资金，并且对该更大投资组合的风险/回报特征感到满意时，就立即将投资组合提升为下一个规模的投资组合。

第13章 小额账户的传统资金管理技术：股票

在本章中，小额账户资金管理技术将被用于第4至6章中所开发的股票策略中。商品篮子与股票篮子的关键差异在于，股票没有明确的分组结构。尽管在现在的纳斯达克100指数中有广泛的产业类别，但这些股票之间的相关性相对较高。之所以由这些股票来组成纳斯达克100指数，就是因为它们的高流动性和价格运动方式。因此，分散化资金管理技术此时就没有什么使用空间。在本章中，我们将针对规模在20000至100000美元的账户开发特定的资金管理规则。

股票策略业绩表现衡量标准

在之前的两章中，开仓回撤被证明是对小额账户交易员最优价值的衡量标准。这常常是正确的，因为盈利交易的持仓回撤对交易员的影响，并没有那些亏损交易的回撤那么显著。对于像我们在第4至6章中所开发的股票策略那样的短线系统来说，持仓回撤没有那些长线趋势跟随策略那么大。可能开仓—平仓回撤，或平仓回撤会与实际的开仓回撤的结果比较接近。因此我们就不用再进行反复的测试来获得开仓回撤的结果。为了说明这一点，我用纳斯达克100股票篮子中的10只股票数据，分别计算了持仓

——平仓资金曲线、平仓结果和开仓结果来进行对比。下面显示了对比的结果：

平均年化最大持仓——平仓回撤：3343 美元

平均年化最大平仓回撤：3321 美元

平均年化最大开仓回撤：3274 美元

最大持仓——平均回撤：8148 美元

最大平仓回撤：7789 美元

最大开仓回撤：7572 美元

请注意，所有情形的回撤平均值和最大值都非常接近。因此在本章的开发过程中，我们将使用持仓——平仓回撤结果来代替开仓结果。

头寸规模技术

大多数经纪商都允许其客户在进行多头交易时使用 100% 的杠杆，因此我们在我们的纳斯达克 100 只做多策略中也这样做。对于一个资金为 20000 美元的账户，该客户可以持有价值 40000 美元的股票。让我们来看看，当该策略每次交易 5000 美元的头寸，且同一时间持有的股票最大数量从 1 变化至 8 时的收益和回撤结果。表 13-1 显示了这些交易结果。

表 13-1　不同股票头寸最大数量时的交易结果

每份头寸 5000 美元，多少份	平均年化盈利额	平均年化最大回撤额	最大回撤额	收获——痛苦比
1	462	1720	4140	0.27
2	2823	2507	4990	1.13
3	4558	3292	5498	1.38

4	4972	3737	5916	1.33
5 *	7656	4301	7520	1.78
6	8115	5317	9416	1.53
7	9527	6069	10786	1.56
8	10555	6069	11504	1.74

*基准

收获—痛苦比（由平均年化盈利额除以平均年化最大回撤额所得到）显示出，当头寸份数最大值为5时，交易结果最好。从实践的角度来看，对于一个20000美元的账户而言，此时的平均回撤和最大回撤都太大了。每年的平均最大回撤超过了21%，而最大回撤则超过了37%。下面让我们来看看，有没有其他的资金管理技术能够降低该风险。

对头寸进行对冲

我们的股票策略的一个缺点是，我们只进行了多头交易。当市场在下跌时，比如2000—2001年和2008年的情形，大多数多头交易都会亏损。下面让我们给基准策略添加一个下侧的对冲。对冲的一个简便方法，是卖出一份或多份的市场组合（比如标普500的ETF，股票代码为SPY），每份为5000美元。由于这个20000美元的账户最多能交易8份头寸，因此在我们不得不把多头头寸降低为1份之前，针对我们最大为5份的多头头寸，我们可以持有3份对冲头寸。需要注意的是，一些账户（常常是退休金账户）是禁止卖空的，因此它们就不能做这样的对冲交易。对于这些账户，也有一些其他的对冲技术，比如买入反向的ETF或看跌期权，因此这并不是该资金管理技术的不足之处。

表13-2显示了当我们用1-3份SPY头寸来对冲时的结果。

表 13-2　用 SPY 空头头寸来对冲

多头/空头头寸的份数	平均年化盈利额	平均年化最大回撤额	最大回撤额	收获—痛苦比
5/0 *	7656	4301	7520	1.78
5/1	7428	3933	6931	1.89
5/2 * *	7202	3792	6589	1.90
5/3	6974	3823	7271	1.82

* 基准

* * 新基准

该对冲策略显著地改善了回撤部分。当持有 5 份多头和 2 份空头时，盈利能力被降低为每年约 450 美元，但平均最大回撤和最大回撤却下降了更多。由于我们试图降低小额账户的风险，因此我们将使用 5/2 的方法来作为新基准。

可能有些让人意外，该对冲策略居然能对业绩有如此大的影响。看上去好像你仅仅持有两份多头和两份空头来维持中性而已。事实上，多头交易每两天平均能挣 1%，对应于超过 250% 的年复合收益率，而 SPY，平均而言，仅仅会损失该数量的一个很小比例。

最后再加一个优化条件。当市场处于严重的下降周期中时，70 天的趋势过滤器会将能交易的股票数量降低至整个 100 的很小比例。当交易数量下降至某个特定阀值时，是否就应该不用 SPY 来进行对冲了呢？我们对这个想法进行了测试，结果表明，两份的 SPY 对冲头寸，应该仅当有等于或大于两份纳斯达克 100 主动交易时才设置。表 13-3 比较了新的和老的基准方法。

表13-3 针对持仓的头寸数量来限制对冲数量

多头/空头头寸的份数	平均年化盈利额	平均年化最大回撤额	最大回撤额	收获—痛苦比
5/2 *	7202	3792	6589	1.90
5/2,当多头至少为2份时**	6786	3242	6099	2.09

*基准

**新基准

图13-1显示了该基准股票策略的资金曲线。

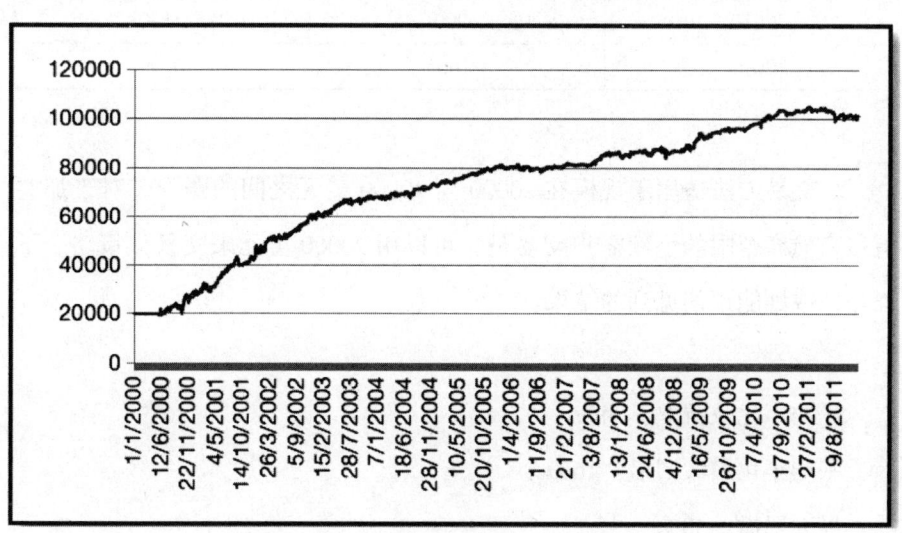

图13-1 股票策略的资金曲线，
当头寸被限制为5份多头和2份空头对冲时

表13-4显示了每年的收益和最大回撤。

表 13-4　添加小额账户资金管理技术的股票策略：
持仓—平仓资金曲线，每年的表现

年度	年度收益额	年度最大回撤
2000	8933	4341
2001	14601	3763
2002	15175	3360
2003	9228	2423
2004	5028	2777
2005	7345	1728
2006	255	3242
2007	5877	1820
2008	165	4650
2009	9593	2545
2010	6900	2150
2011	-1665	6099

该交易方法适用于规模在 20000 至 40000 美元之间的账户。对于那些有很高的痛苦限的小额账户交易员，可以用 20000 美元来交易该策略。下面是他或她能预期见到的结果：

平均年化收益率：34%

平均年化最大回撤：16%

最大回撤：30%

一个更加保守的交易员，可以用资金为 40000 美元的账户来交易该策略，其痛苦和回报都会相应地减半。

随着账户资金的增长，该交易员可以寻求更好的方法。表 13-5 显示了对于特定份数的多头交易，把多头交易和空头对冲混合在一起，并最大化收获—痛苦比时的结果。

表 13-5 小额账户的股票交易方法

多头/空头头寸的份数	平均年化收益额	平均年化最大回撤额	最大回撤额	收获—痛苦比	维持 5000 美元头寸的追加保证金要求的最小账户规模
5/2	6786	3242	6099	2.09	17500
9/3	10414	4857	10277	2.14	30000
11/4	11771	5461	10854	2.16	37500
12/5	12631	5812	11176	2.17	42500
13/6	13137	6057	11147	2.17	47500
18/7	15598	7085	13191	2.20	62500

对于每种多头/空头方法而言，只有当存在许多份纳斯达克多头头寸时，才设置对冲头寸的数量。表 13-5 显示，随着账户资金的增长，用收获—痛苦比来度量的更好的交易方法，是存在的。对冲头寸的份数有一个上限（7 份 5000 美元 SPY 头寸），之后就没有足够的纳斯达克交易来增加收获—痛苦比了。

有一种方法可以用来利用每种方法的最小账户规模之间的差额：将多头和对冲交易的交易规模从 5000 美元增加至经纪商针对该账户规模所允许的最大金额附近。如果你在用 5/2 的方法来交易，并且账户资金已经增加为 25000 美元，如果经纪商允许你使用 2∶1 的杠杆，那你可以将 50000 美元分配至你的 5 份多头和 2 份空头交易。你的交易规模将为每份 7000 美元，而不是之前的 5000 美元。该交易员可以利用这些方法来让他的账户更快速的增长，以便尽快成为大额账户。

本章小结

在本章中，我们针对唐奇安股票策略开发了小额账户交易方法。由于股票缺乏明确的分组结构，并且这100只成份股之间存在较高的相关性，因此我们在商品策略中所使用的大部分小额账户资金管理技术都无法应用于该股票策略。不过用标普500的SPY ETF来作为空头对冲头寸，可以让我们的股票策略的平均年化收益率比最大回撤大，并且为平均年化最大回撤的两倍多。

第 14 章 大额账户的传统资金管理技术：商品

之前的两章详细地介绍了小额账户交易员所面临的困难。对于一个小额账户，他或她需要承担相对于大额账户交易员更大的风险。对于一个 20000 美元的账户而言，进行一笔风险为 2000 美元的交易，就意味着该小额账户交易员在用 10% 的资金在冒险。少数几笔不利的交易，就可能会让他或她收到追保通知书。大额账户交易员可以使用资金管理技术来让其只承担相对很小的风险。在执行这些策略时，需要很多很多笔不利交易，才会让大额交易员收到追保通知书。可以通过合理的管理方法，来让他或她在获得一个稳定收益的同时，只承担相对更小的风险。

对于大额账户，在最终开发的资金管理方法方面，也存在本质的区别。在我们的小额账户开发过程中，我们最关注的是限制风险，因此在很多情形下，我们会接受那些并不能改善交易绩效（用收获—痛苦比来衡量）的方法。对于大额账户来说，我们希望能获得最好的交易绩效，因此所有决定都是基于收获—痛苦比的。在开发过程的最后，可以根据单笔交易的风险金额，确定所要使用的杠杆率，来给该交易员提供一个在接受的风险水平下的方法。

大额账户交易员将使用一些与小额账户交易员一样的资金管理策略：限制风险、分散化和限制单组风险暴露等。大额账户交易员所增加的一种技术是，一种允许 n 手交易，具有较小的、固定的风险暴露的买入策略。在详细介绍这些策略之前，让我们先来看一下将要使用的固定风险头寸规模技术。

固定风险的头寸规模

在这种资金管理方法中，每笔交易会用资金的一个固定比率来冒险。当交易发生时，用一个固定比例乘以当时的资金，以确定所要承受的风险金额。接下来，用该风险金额除以该信号的交易风险，来确定所要交易的手数。例如，如果账户规模为 150000 美元，单笔交易所要承受的固定风险比例为 3%，则对于每个交易信号，都将承受 4500 美元的风险（0.03 乘以 150000 美元）。如果该信号的交易风险是 600 美元（距离初始止损点的距离，转化为金额），那对于该信号，就应该买入或卖出 7 手合约（合约数量向下取整）。这个例子说明了，执行这种保守的资金管理策略，需要一个规模可观的账户。否则资金的一个固定比率可能会太小，甚至不足以交易 1 手合约。

我们用这个策略对 56 种商品（1980—2011 年）测试了唐奇安趋势跟随策略。账户初始资金为 1000000 美元。表 14-1 显示了不同固定风险比例时的交易表现。

表 14-1 显示了该固定风险头寸规模策略的一些要点：

- 即使是一个很小的固定风险比例，也能获得可观的收益。
- 随着固定风险比例的增加，年化收益和回撤也会增加。虽然上表没有显示出，但该趋势会持续下去，直到在某个固定风险比例下，回撤超过了账户资金，而导致交易停止。
- 收益与风险的比率在持续增加，虽然增速在下降，正如收获—痛苦比所示。这意味着，交易员所承受的风险越大，相对的回报也越大。

表 14-1　固定风险时的表现

单笔交易的风险比例	平均年化收益率	平均年化最大回撤率	最大回撤率	收获—痛苦比
1	90.6	17.5	39.8	5.17
2	207.9	29.0	61.6	7.17
3	347.1	37.8	75.4	9.18
4	503.4	44.9	84.5	11.21

这种方法所建议的交易方式是，主观确定你所愿意接受的最大回撤率，然后选择一个固定风险比例，其所对应的最大回撤率应小于你所选择的值。如果在该回撤下，所对应的收益是令你满意的，那就可以用该策略来交易。由于渴望获得更高的潜在收益，许多人会高估他们所能承受的回撤。面对208%的收益率，他们认为自己能够承受39%的回撤。但当该回撤在真实交易中发生时，他们会很难接受现实。只有很小比例的交易员在面对40%—50%的账户资金消失时，还能坚持下去，即使他们在之前就应该预见到这个结果。

投资组合选择

正如我们在第12章中开发小额账户的投资组合时所见，并不是所有商品都值得去交易的。有三种会亏钱的商品：活牛、瘦猪肉和可可。它们应该被排除在大额账户的交易组合之外。表14-2显示了将构成开发过程的基础组合中的商品。

表 14-2 大额账户的商品组合

商品组	商品
谷物	稻谷、豆油、豆粕、大豆、玉米、堪萨斯交易所小麦、小麦
肉	肉牛
软商品	棉花、白糖、木材、咖啡、橙汁
金属	铜、白银、黄金、钯、铂、伦敦铝、伦敦铝合金、伦敦铜、伦敦镍
货币	墨西哥比索、美元指数、英镑、日元、瑞士法郎、加拿大元、澳大利亚元、欧元
能源	燃料油、汽油、布伦特原油、迷你天然气
金融	欧洲债券、欧洲美元、2年期债券、10年期债券、30年期债券、5年期债券、澳大利亚债券、加拿大政府债券、英国国债、西班牙债券、Simex日本政府债券
股票指数	日经、迷你纳斯达克、恒生、DAX、迷你罗素、迷你中盘股、迷你标普

表 14-3 显示了在新组合下,不同的固定风险比例值所对应的交易表现。

表 14-3 大额投资组合在固定风险比例时的交易表现

单笔交易的风险比例	平均年化收益率	平均年化最大回撤率	最大回撤率	收获—痛苦比
1	89.9	16.9	39.0	5.32
2	208.8	28.2	60.6	7.40
3	353.5	37.0	74.5	9.55
4	519.5	44.2	83.8	11.75

回撤仍太大,没法用该策略去交易。

我们的投资组合中包含了有许多种商品的商品组:金融组中有11种商品,金属组中有9种,货币组中有8种。下面让我们限制单个组的风险暴露，看看回撤是否会下降。

单个组中的前 N 种商品

在这种资金管理方法中，单组风险暴露被限制为 N 种商品。如果有一个组，比如谷物，已经有 N 种商品在交易了，那一个新的谷物交易信号就会被忽略掉。表 14-4 显示了当单组风险暴露被限制在 N 种商品，且单笔交易的风险比例为账户资金的 1%时的交易结果。

表 14-4 单组风险暴露限制为 N 种商品

单组中的最大商品数量，N 值	平均年化收益率	平均年化最大回撤率	最大回撤率	收获—痛苦比
全部交易*	89.9	16.9	39.0	5.32
4	67.4	14.3	30.3	4.71
5	78.4	15.1	32.8	5.19
6	84.6	16.2	35.8	5.22
7**	87.9	16.4	37.4	5.36
8	89.1	16.7	39.0	5.34

* 基准

** 新基准

收获—痛苦比显示，当单组风险暴露被限制在最大 7 种商品时，交易绩效会有适当地改善。此时平均最大回撤和最大回撤都有小幅下降。因此我们将该资金管理规则加入到策略中，以形成新的基准。

限制入场时的交易风险

该技术与我们在第 12 章中所用的一样。在某笔交易入场时，其交易风险就是入场点距灾难性止损点之间的距离,转化为金额。由于我们的 3 倍标准差止损是基于波动率的,因此一些交易员可能有相对较小的风险金额,而另一些则有相对较大的风险金额。使用"限制入场时的交易风险"的资金管理策略,那些有高交易风险的交易就会被忽略掉。表 14-5 显示了不同入场风险限额时的交易结果。

表 14-5 限制入场时的交易风险

交易风险限额	平均年化收益率	平均年化最大回撤率	最大回撤率	收获—痛苦比
所有交易 *	87.9	16.4	37.4	5.36
6000 美元	87.8	16.4	37.4	5.35
5000 美元	87.1	16.4	37.4	5.31
4000 美元	86.7	16.3	36.8	5.32
3000 美元	83.5	16.3	37.2	5.06
2000 美元	77.4	15.8	34.3	4.90

* 基准

你可能会感到有些意外,该技术并没有改善我们的交易结果:2000 美元的交易风险限额在我们的小额账户开发过程中表现很好。原因是我们在头寸规模方法中进行了标准化处理。对于某个给定的资金水平,我们的大额账户头寸规模方法是,对于 2000 美元的入场交易风险,我们将每次交易 10 手;而如果入场交易风险为 4000 美元,我们则会每次交易 5 手。该头寸的总风险是相同的。在小额账户情形中,我们每次都交易 1 手,对于 4000 美元的头寸,其风险是 2000 美元头寸的两倍。大额账户的标准化方法,让每笔交易的风险都一样了。因此就应该接受所有交易。下面让我们来看看下一个大额账户资金管理方法。

限制持仓交易笔数

同上面一样，该方法与我们在第 12 章中分析小额账户资金管理时所使用的策略一样。如果持仓的交易笔数达到了某个限额，后续出现的交易信号就会被忽略掉。表 14-6 显示了在不同持仓交易笔数限制时的交易结果。

表 14-6　限制持仓交易笔数

最大持仓交易笔数	平均年化收益率	平均年化最大回撤率	最大回撤率	收获—痛苦比
全部交易 *	87.9	16.4	37.4	5.36
35	87.7	16.4	37.4	5.35
30 * *	87.5	16.3	37.4	5.37
25	81.3	15.3	36.6	5.31

* 基准

* * 新基准

结果显示，该资金管理技术只能小幅的改善交易结果。最大为 30 的持仓交易笔数限制将加入到新基准中。相对于之前限制高风险交易并不能改善交易绩效的结果，这种技术也没有显著改善交易绩效的结果是更让人吃惊的。毫无疑问，持仓交易笔数会有起有落，有时候多一些，有时候少一些。当交易笔数相对较多时，风险和收益都会增加。因此限制交易笔数应该会降低回撤。但对于这个策略而言，两者并没有什么差异。根据我的经验，这种资金管理方法在长期趋势跟随策略中表现最好。在这些策略中，头寸会被持有很长时间，因此单笔收益会更高，持仓回撤也会越大。

限制持仓交易风险的比例

这种技术与小额账户资金管理策略中限制单笔交易的持仓风险金额不超过某个最大数量的方法类似。差异在于，这里使用的不是一个固定的金额限制，而是用持仓交易风险的金额除以账户总资金后得到的比例。当持仓风险超过总资金的某个比例限制时，就退出该笔交易。请注意，这是某种形式的止盈。那些达到限制的交易，都是有很多盈利的，此时退出可能是该笔交易的盈利峰值点。表 14-7 显示了当把该技术加入基准时的交易结果。

表 14-7 限制最大持仓风险风险比例

退出交易时的持仓风险比例限额	平均年化收益率	平均年化最大回撤率	最大回撤率	收获—痛苦比
全部*	87.5	16.3	37.4	5.37
8	80.7	16.1	37.3	5.01
7	78.1	16.1	37.4	4.85
6	76.2	15.7	34.7	4.85
5	72.2	15.4	36.5	4.68

* 基准

该技术并不能改善交易结果，因此也不能被加入。

限制整个投资组合的持仓风险比例

该技术与小额账户资金管理策略中限制整个投资组合的持仓风险金额不超过某个最大值的方法类似，差异在于，这里使用的不是一个固定的金额限制，而是用整个组合的持仓交易风险金额除以账户总资金后得到的比例。当超过该限额时，则其中持仓风险最大的那笔交易就应该退出。请注意，这个技术是一种止盈形式：当组合限额被触及时，持仓风险最大的那笔交易应该是有很大盈利的，此时该笔交易在达到盈利峰值时退出。表14-8显示了将该技术加入基准后的交易结果。

表14-8 限制整个组合的最大持仓风险比例

退出交易时的持仓风险比例限额	平均年化收益率	平均年化最大回撤率	最大回撤率	收获—痛苦比
全部*	87.5	16.3	37.4	5.37
50	84.4	16.1	36.7	5.24
40	77.9	15.3	35.1	5.09
30	62.6	14.8	29.0	4.23

*基准

该技术并不能改善交易结果，因此不会被加入。若当总持仓风险比例为该组合的50%时退出交易，基准才有所改变的话，表明组合持仓风险的比例存在较大的变化。50%的账户资金是一大笔钱，特别是当我们在交易开仓时所承受的风险只是账户资金的1%时。看上去似乎在组合风险达到一个较大的极值时，缩减交易是一个稳健的做法，但表14-8明确地显示出了不同的结果（针对该策略）。根据我的经验来看，这种资金管理技术对于那些有相对较大的持仓资金回撤的策略会更加有用。

图14-1显示了将基准大额账户资金管理方法加入到我们的商品策略中时的持仓-平仓资金曲线。该资金曲线是用对数刻度来描绘的。

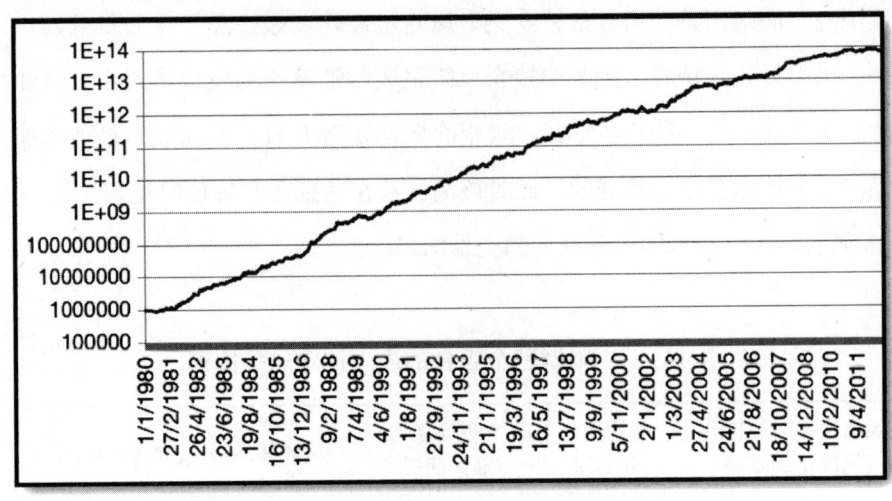

图 14-1 商品策略的持仓—平仓资金曲线

表 14-9 显示了年度收益率和回撤率。

表 14-9 用大额账户来交易商品策略时的年度收益率和最大回撤率

年度	年度收益率	年度最大回撤率
1980	12.5	11.7
1981	98.3	13.9
1982	123.8	13.1
1983	73.1	8.7
1984	92.0	13.9
1985	89.2	15.6
1986	46.6	12.4
1987	421.1	17.8
1988	92.9	15.1
1989	36.8	26.8
1990	173.0	18.8
1991	120.5	12.6
1992	54.5	14.6

1993	159.3	12.1
1994	70.7	18.8
1995	130.8	15.9
1996	58.4	22.3
1997	111.0	17.6
1998	105.1	23.5
1999	28.6	27.8
2000	103.3	8.5
2001	11.0	21.7
2002	37.7	20.7
2003	202.2	15.9
2004	32.6	15.6
2005	44.9	20.2
2006	26.5	17.0
2007	61.3	15.3
2008	107.4	12.1
2009	29.9	11.5
2010	45.8	9.1
2011	0.5	19.4
平均	87.5	16.3

从这些年度值中，我们可以观察到以下结果：

- 随着时间的推移，风险在明显地上升。在测试期的前半部分（1980—1995年），只有1年的最大回撤率达到或超过了20%，而在后半部分中，有6年都超过了。此外，前半部分的平均最大回撤为每年15.1%，而该测试中后16年为每年17.4%。
- 盈利能力在下降。在前16年中，每年的平均收益率为112.2%，而在后16年中为62.9%。此外，最后1年的表现为整个32年测试期中最差的一年（甚至不到1%）。

- 这些趋势表明，商品交易的方式在发生改变。我将它归结于波动率的增加，但我不认为这是一步到位的改变。我认为，以互联网泡沫破灭为起始点，越来越多的资金在商品资产类别中找到了它们的交易方法，这些资金不会用与之前一样的方法来交易/投资商品。之前的方法是：资金管理人试图在价格的上涨中持有多头来挣钱，而在价格的下跌中持有空头。有越来越多的资金管理人选择一个商品组来交易/投资，这些商品组可能是能源、金属和金融等。当这两种方法碰撞在一起时，就会让价格不停地改变方向。

- 使用自 20 世纪 90 年代中期至后期的商品数据，我们可以生成数以千计的交易。通过对该数据集使用一种最小化曲线拟合的方法，我们可以得到与本书中所提供的方法完全不同的其他方法集，这些方法可能会比我们的方法在该时间范围内有更好的表现。

大额账户交易的优势之一是，你不用像使用小额账户那样，只盯住交易结果的一点[①]。你可以在维持其他资金管理规则不变的同时，根据自己的风险承受偏好，改变单笔交易的风险金额，来对交易方法进行调整。表 14-10 显示了当单笔交易的风险占总资金的比例从小变化至大时的结果。

表 14-10　当单笔交易的风险占总资金的比例不同时的结果

单笔交易的风险占总资金的比例	平均年化收益率	平均年化最大回撤率	最大回撤率	收获—痛苦比
0.25	18.5	4.8	11.8	3.85
0.50	39.8	9.1	21.7	4.37
0.75	62.9	12.9	30.1	4.88
1	87.5	16.3	37.4	5.37

---

① 此处指小额账户交易最注重控制风险。——译者注

再强调一次，交易员所承受的痛苦（以回撤的形式）越大，相对回报也越大。增长的收获—痛苦比说明了这一点。

本章小结

本章说明了，如果我们单笔交易所承受的风险为总资金的 0.5%，限制同一时间的单组风险暴露最大为 7 笔交易，并且限制总交易笔数为 30 或更少，我们就能得到一个针对大额账户的非常有交易价值的方法：平均年化收益率超过 39%，在过去 32 年中的最大回撤为 21.7%，每年预期的最大回撤在 10% 之下。但如果你是在用一个小额账户来交易，那这种用大额账户来交易的结果就不是你所能得到的。你可以在维持其他资金管理规则不变的条件下，根据自己的风险承受偏好，改变单笔交易的风险金额，来对交易方法进行调整。

最后一个值得注意的大额账户资金管理技术是：你可能已经注意到，若扣除固定风险头寸规模技术的影响，其他技术对于提高业绩的作用，是比较有限的，仅仅把收获—痛苦比从 5.17 提高至 5.37。相对于我们在第 12 章中完全规模组合中所获得收获—痛苦比（值为 2.98），固定风险头寸规模方法让我们的收获—痛苦比有了很大的提高。在使用了固定风险头寸规模方法之后，其他方法只能提供少量提高的原因，是由于我们开发该商品策略的方式：每条规则和每个参数值都在使回报—风险比率最大化。当每笔交易都以一个相等的交易风险来计算头寸规模时，就没有给其他资金管理方法提供多大的提升空间了。

在下一章中，我们将针对股票策略开发大额账户资金管理方法。

第15章 大额账户的
传统资金管理技术：股票

在第14章中我们介绍了，大额账户交易员可以对系统进行调整，以满足业绩标准设定。在本章中，我们将对之前在第4至6章中所开发的股票策略，使用其中的一些方法。在之前讨论针对股票的小额账户资金管理一章（第13章）中，我们提到过，纳斯达克股票并不能进行有效的分组。

固定比例的头寸规模

这个方法与我们在上一章中讨论商品系统时所使用的资金管理方法类似：在单笔交易中用总资金的某个固定比例来冒险。在交易发生时，用当时的账户资金乘以某个固定比例，来确定所要冒的风险金额。接下来，用该风险金额除以该策略的交易风险，以确定所要交易的股票手数。在股票系统中，我们并没有设置灾难性止损，因此该交易风险将用另一种波动率度量方法来得到。在第13章中，我们使用了收盘价的3倍标准差，用每份5000美元头寸中的股票数量，乘以点数值，来将标准差转化为金额。现在我们再这样做一次。

我们测试了唐奇安反趋势跟随策略在纳斯达克100股票篮子（2000—2011年）中的表现。账户初始金额为1000000美元。表15-1显示了不同

建立稳固的交易系统：和回测结果一致，满足你的风险-收益目标的可交易策略

的固定风险比例时的交易结果。

表 15-1 固定风险方法在股票策略中的表现

单笔交易的风险比例	平均年化收益率	平均年化最大回撤率	最大回撤率	收获—痛苦比
0.5	19.6	8.3	16.6	2.38
1 *	45.8	16.7	32.4	2.74
2	123.8	32.5	60.7	3.81
3	251.4	47.3	85.4	5.31

＊基准

表 15-1 显示，在所有情形中，平均年化收益率都比最大回撤大，并且也都大于平均最大回撤的两倍。我们得到了一个可交易的方法。在后续的开发过程中，我们将使用 1% 作为单笔交易的风险量。下面让我们来看看，在限制同一时间的持仓交易笔数时的情况。

限制持仓交易笔数

该方法也是与之前在讨论商品系统的大额账户资金管理方法时所使用的一致。如果同时持仓的交易笔数达到某个限额，新的交易信号就会被忽略掉。表 15-2 显示了在限制持仓交易笔数时的开仓分析结果。

表 15-2 限制持仓交易的总数量

持仓交易的最大数量	平均年化收益率	平均年化最大回撤率	最大回撤率	收获—痛苦比
全部交易 *	45.8	16.7	32.4	2.74
45 * *	45.7	16.3	32.4	2.80

40	45.1	16.3	32.4	2.76
35	44.6	16.1	32.4	2.76
30	42.9	15.8	32.4	2.72
25	39.4	15.6	32.4	2.53

* 基准

* * 新基准

结果显示，当把交易数量限制在 45 笔时，能获得最好的结果（用收获—痛苦比来衡量）。因此我们将它加入到基准中，以形成新的基准。

对头寸进行对冲

正如我们在对股票系统开发小额账户资金管理规则时所见到的，用诸如标普 ETF（SPY）这样的市场组合来作为空头头寸，以对冲一份或多份多头组合，会对交易绩效有改善作用。表 15-3 显示了在加入不同数量的空头对冲头寸时的结果。

表 15-3 用 SPY 空头头寸来对冲

多头/空头头寸的最大数量	平均年化收益率	平均年化最大回撤率	最大回撤率	收获—痛苦比
45/0 *	45.7	16.3	32.4	2.80
45/1	44.2	15.2	30.6	2.90
45/2 * *	44.6	15.0	27.2	2.96
45/3	43.3	15.8	25.5	2.74
45/4	43.1	16.7	27.8	2.58

* 基准

* * 新基准

结果显示，相对于基准结果，该资金管理技术能同时显著地降低平均最大回撤和最大回撤。因此我们把 2 份 SPY 对冲头寸的方法加入到现有的资金管理框架中，以形成新的基准。

限制入场时的交易风险

该技术与我们在对商品进行小额账户资金管理技术开发中（第 12 章）所使用的一致。在一笔交易入场时，交易风险为入场点与灾难性止损点之间的距离，再转化为金额。由于我们的 3 倍标准差止损方法是基于波动率的，因此一些交易员可能有相对较小的风险金额，而另一些则有相对较大的风险金额。使用该资金管理策略，那些有高交易风险的交易就会被忽略掉。表 15-4 显示了在不同入场风险限额时的交易结果。

表 15-4　限制入场时的交易风险

交易风险限额	平均年化收益率	平均年化最大回撤率	最大回撤率	收获—痛苦比
所有交易*	44.6	15.0	27.2	2.96
1200 美元	41.8	15.6	25.5	2.68
1000 美元	40.5	15.6	25.5	2.60
800 美元	36.9	14.7	25.5	2.51
600 美元	28.2	12.3	25.9	2.30

*基准

这个方法没有什么改善作用，因此我们的基准没有改变。

其他的大额账户资金管理技术

在讨论商品系统的大额账户资金管理技术一章中（第 14 章），我们还介绍了另外两种大额账户资金管理技术：限制持仓风险和限制整个组合的持仓风险。这些技术对我们的股票策略都没有什么帮助。我们的股票策略有 300 美元的短线盈利目标，而这些技术也都是某种形式的止盈方法。

该股票系统的可交易方法

最终，我们的股票系统的大额账户资金管理方法为：

- 限制交易数量在 45 笔或之下。
- 用 2 份 SPY 头寸来对冲。

我们已经看到，当每份头寸的风险为 1% 的资金时，该策略每年的平均收益率为 44.6%，平均最大回撤为 15.0%，在过去 12 年中的最大回撤为 27.2%。表 15-5 显示了在相同的资金管理框架下，使用不同的单笔交易风险占资金的比例时的结果。

表 15-5 不同风险水平下，用大额账户来交易股票时的表现

单笔交易的风险占资金的比例（%）	平均年化收益率	平均年化最大回撤率	最大回撤率	收获—痛苦比
1	44.6	15.0	27.2	2.96
0.8	33.4	12.1	21.8	2.76
0.6	23.5	9.0	16.4	2.61
0.4	14.5	5.9	10.8	2.46
0.2	6.3	2.8	5.1	2.26

你可以看到，单笔交易的风险占资金的比例越大，用收获—痛苦比来衡量的交易结果就越好。但是一些风险厌恶的交易员可能会选择单笔交易的风险为资金的 0.2% 的方案。这里没有"正确的"选择，只有对你适合的选择。

图 15-1 显示了当单笔交易的风险为资金的 0.6% 时的持仓—平仓资金曲线。

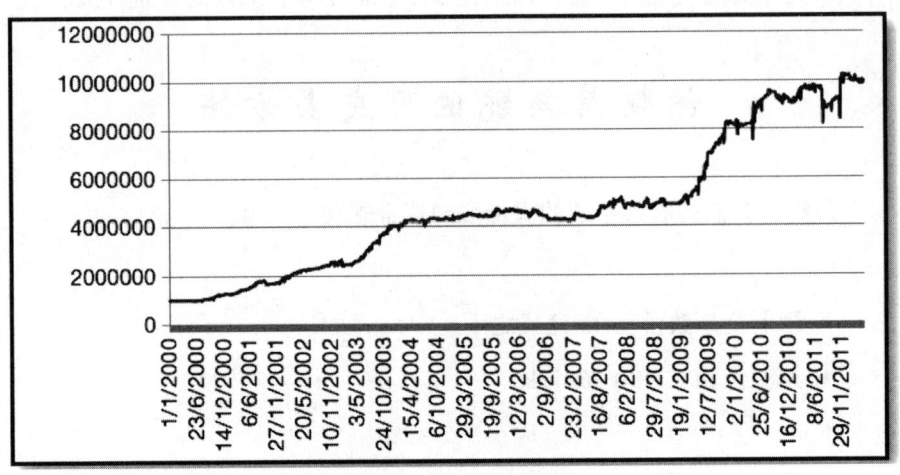

图 15-1 当单笔交易的风险为资金的 0.6% 时，
股票策略的持仓—平均资金曲线

最后，表 15-6 显示了当单笔交易的风险为资金的 0.6% 时，该股票策略的年度收益率和最大回撤。

表 15-6 当单笔交易的风险为资金的 0.6% 时，
股票策略的年度收益率和最大回撤

年度	年度收益率	年度最大回撤率
2000	29.1	8.8
2001	37.7	9.6
2002	36.2	8.5
2003	66.6	10.2
2004	6.1	6.6
2005	8.4	4.7
2006	-7.3	11.0

2007	20.1	5.3
2008	-5.0	9.7
2009	67.3	7.5
2010	10.5	9.8
2011	12.3	16.4

本章小结

在本章中，我们对第4—6章中所开发的股票策略，进行了大额账户资金管理方法的开发。我们选择了表15-4中最大回撤约为20%的第一种方法，当资金管理设置为单笔交易的风险为资金的0.6%时，收获—痛苦比为2.61。在第14章中，我们开发了针对商品策略的资金管理方法。若选择最大回撤约为20%的第一种商品方法，且单笔交易的风险为资金的0.5%时，能得到以下的交易结果：

平均年化收益率：39.8%

平均年化最大回撤：9.1%

最大回撤：21.7%

收获—痛苦比：4.37

表15-7显示了这两种策略的显著差异。

表15-7　两种策略的差异小结

	股票策略	商品策略
所交易的金融工具	股票	商品
交易方法	反趋势	趋势跟随
时间框架	短期	中期

即便它们的差异是显著的,但我认为,这两个策略可以用它们相应的收获—痛苦比来直接对比。商品策略会比股票策略好一些,因为它的收获—痛苦比较股票策略高了 65%。

那是否意味着我们应该放弃股票策略,而只交易商品策略呢?下一章会介绍到,如果同时交易这两个策略(如果你的账户足够大的话),会获得比只交易其中单独一个时更好的交易结果。

第 16 章　同时交易股票和商品策略

在第 14、15 章中，我们分别对之前的股票和商品策略开发了大额账户资金管理方法。股票交易员们可能倾向于只交易该股票策略，而商品交易员们则可能更偏好该商品策略。但有一些交易员在有好的理由的情况下，会同时交易这两个策略。

在本章中，我们将测试，同时交易这两个策略的结果，是否会比只交易其中一个更好。由于该股票策略的起始点为 2000 年，因此我们把商品的交易也限制在该时间范围内。

同时交易两个（或多个）策略的技术

有许多方法来同时交易两个策略，其中需要最少记账工作的两种方法是：分割资金和组合资金。在分割资金方法中，你将账户资金分为两份，分别用其所属资金来独立的交易每个策略。在现实中，这种方法可以通过你的经纪商所提供的子账户很容易地实现。分割资金方法的一个变种是，周期性的将两个账户的资金组合在一起，然后再用与初始分配时相同的比例来重新分割资金。在组合资金方法中，所有策略都用同一个账户来交易。我们将测试这种最简单的方法：用组合资金来交易。

用组合资金来交易股票和商品策略

如果该股票和商品策略都分别以其完全的固定风险比例来同时交易，则所使用的杠杆会比用相同资金来单独交易其中任何一个时，都要大得多。由于这个原因，我们需要对所使用的固定风险比例进行调减。如果我们想将组合策略与单独策略进行恰当地对比，那固定风险比例就需要减半（这相当于每一半资金都在用完全的固定风险比例在交易）。表 16-1 比较了组合策略与任意单个策略的表现，其中组合策略中的固定风险比例被减半了。请注意，表中只显示了商品在 2000 年 1 月至 2011 年底时的表现。

表 16-1　单个策略与组合策略的表现对比，2000-2011 年

策略	平均年化收益率	平均年化最大回撤率	最大回撤率	收获—痛苦比
仅股票	23.5	9.0	16.4	2.61
仅商品	26.6	11.0	21.7	2.42
股票+商品	25.5	6.0	8.6	4.25

该表显示，同时交易两个策略的结果，会比单独交易其中任何一个都要好得多。收获—痛苦比提高了很多，每 1 美元的回撤，对应于高于 4 美元的收益。业绩提高的原因在于，平均年化最大回撤和最大回撤都被大幅降低了。

表 16-1 反映了当股票和商品策略都分别分配总资金的 50% 时的表现。为了进行恰当地对比，我们维持这两个策略的资金分配比例之和总为 1，就像之前的一半加一半一样。表 16-2 显示了不同分配比例时的结果。

表 16-2　单个策略与组合策略的表现对比，2000—2011 年，不同资金分配比例

商品比例/股票比例	平均年化收益率	平均年化最大回撤率	最大回撤率	收获—痛苦比
0.5/0.5 *	25.5	6.0	8.6	4.25
0.55/0.45	25.7	6.2	9.0	4.15
0.45/0.55 * *	25.3	5.9	9.3	4.29
0.40/0.60	24.8	6.0	10.0	4.13

* 基准

* * 新基准

当我们股票超配 10%，商品低配 10% 时，交易结果会有一些改善。

最后，由于组合策略的最大回撤相对较小，我们可以提高基准策略的杠杆至某个乘数。比如，如果基准的固定风险比例为单笔交易 0.5%，我们想扩大 10%，那么新的固定风险比例就为 0.5 乘以 1.1，也就是 0.55%。表 16-3 显示了不同杠杆乘数时的结果。

表 16-3　提高基准策略的杠杆

杠杆乘数	平均年化收益率	平均年化最大回撤率	最大回撤率	收获—痛苦比
1	25.3	5.9	9.3	4.29
1.1	27.8	6.4	10.2	4.34
1.2	30.8	7.0	11.1	4.40
1.3	33.4	7.6	12.0	4.39
1.4	36.3	8.2	12.9	4.43
1.5	39.2	8.7	13.7	4.51

你将又会发现，你承受的风险越大，相对回报也会越大。上面列出的这些情形都是可以用来交易的。

本章小结

在本章中,我们针对同时交易股票和商品的策略,开发了一些资金管理方法。这些方法的结果,比单独交易其中任何一个策略时都要好。业绩提升的原因在于,两种回撤衡量标准都有了较大的下降。最好的交易方法是,用大额账户中45%的资金来交易商品策略,用剩下的55%的资金来交易股票策略。如果你期望获得更高的收益,那么可以通过表16-3中所示的杠杆乘数来实现。

本章说明了,为什么系统的开发应该是一个持续的过程。即使你现在已经有了一个非常值得去交易的策略,你总还是能找到并加入某个新策略,以获得更好的交易结果。当然,关键在于这些策略之间应该是不同的,不是说它们所交易的金融工具是不同的,而是它们的资金曲线是不同的,与你当前策略的资金曲线不高度相关。

附录 A 理解这些公式

本附录将对本书中所提到的公式进行详细地介绍。

标准差

标准差是一种用来度量相对于均值的偏离度的方法。其公式为：

$$\sigma = \sqrt{\frac{\sum_{i=1}^{n}(\mu - x_i)^2}{n-1}}$$

其中：

n 为该组中的样本数量

x_i 为该组中的第 i 个样本

μ 为该组的 n 个样本的均值

σ 为该组的这些样本的标准差

该公式看上去有些复杂，实际计算起来其实是很简单的。你首先把该组中的所有值加在一起，再除以样本数量，得到这些样本的均值。接下来，对均值减去每个样本值后的差求平方，再把这些平方值加在一起，除以样本数量减去 1 后的值，就得到一个被称为方差的值。最后，你对方差求平方根，就得到了标准差。你可能见过分母为 n，而非 n-1 时的这个公式。该公式在计算诸如世界上所有人的身高之类的总体时会用到。当你在计算某个样本的标准差时，比如所有美国人的身高时，你就需要用 n-1 的值。当样本规模很大时，两者之间的差异微乎其微。

在本书中，这些样本通常为某个时间段内的收盘价。20 天收盘价的标准差，就是把过去 20 天的收盘价作为该组样本，并使用上面的公式来计算得到。但也可以对其他样本计算标准差，比如价格波幅（日最高价减去日最低价）。当这些上下波幅的样本值很小时，其标准差也会很小。当样本值很大时，其标准差也相对较大。因此，若某笔交易处于市场平稳期或趋势期时，这些收盘价或价格波幅的标准差，也会随波动率而扩大或收缩。

标准差的显著性，或称为一倍标准差值，是指在一个正态分布的组（看上去像一个钟型曲线）中，该样本组中接近 68% 的值，都位于均值上下一倍标准差之内所包含的区域内。均值上下两倍标准差的区域（一倍标准差乘以 2），则包括了约 95% 的样本；而 3 倍标准差区域，则包括了约 99.7% 的样本。并不一定必须是正态分布，才能使用标准差公式。对于其他的分布而言，标准差仍能提供一种对偏离度的度量结果。

波动率的度量方法和比较

除标准差之外，平均波幅和平均真实波幅是另外两种在交易系统中常用的波动率度量方法。平均波幅和平均真实波幅之间的差异在于，平均真实波幅会在当前 K 线存在跳空时，将上一根 K 线与当前 K 线之间的距离加进去。平均波幅只包括了每根 K 线的最高价和最低价之间的距离，然后求平均值。我发现在使用中，平均真实波幅和平均波幅并没有什么差异。因此我建议只使用一个：平均波幅。但用波幅和标准差来分别度量波动率时，结果是有很大差异的。

最主要的差异是，标准差考虑了方向性的波动率，而平均波幅并没有。图 A-1 显示了两个数据流，在这 18 个 K 线中，平均波幅值都是一样的，因为这两个数据流中每天的最高价和最低价之间的距离是不变的。但标准差计算结果显示，第一个数据流的标准差会大许多，因为这些收盘价是有趋势的。在这个例子中，标准差方法对于真实波动率的捕捉，会比平均波幅方法更好。当我在使用波动率过滤器时，我通常会同时用这两种方法都去测试一下。

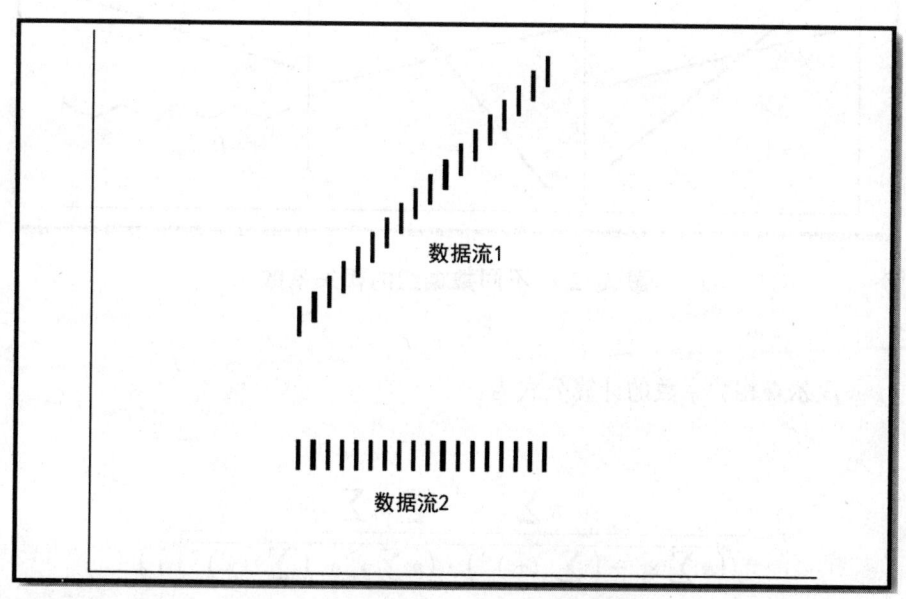

图 A-1　无方向和有方向的数据流

相关性

相关性是用来衡量两个数据流朝相同方向变化的程度。有一个被称为皮尔森相关系数的数学公式，用来度量相关性的值，用 r 来表示，其值介于 -1 和 1 之间。如果两个数据流的相关系数为 1，则它们是完全正相关的，会同涨同跌，尽管其变化率可能并不完全一样。当相关系数为 -1 时，它们是完全负相关的,其中一个涨,另一个就会跌。和正相关一样,它们的变化率可能并不完全一样。若相关系数接近于 0,则这两个数据流是不相关的,它们的变化会相互独立。图 A-2 显示了几组数据流,以及它们对应的相关系数。

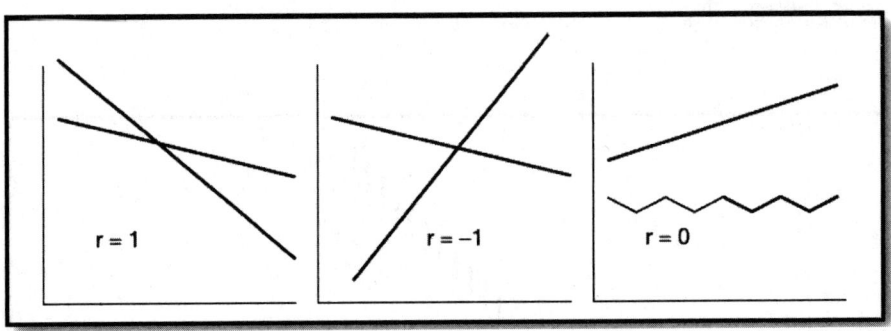

图 A-2　不同数据组的相关系数

皮尔森相关系数的计算公式为:

$$r = \frac{n \sum x_i y_i - \sum x_i \sum y_i}{\sqrt{\left(n \sum x_i^2 - \left(\sum (x_i)\right)^2\right) \cdot \left(n \sum y_i^2 - \left(\sum (y_i)\right)^2\right)}}$$

其中:

n 为该组中的样本数量

x_i 为数据流 1 中的第 i 个样本

y_i 为数据流 2 中的第 i 个样本

r 为皮尔森相关系数

这又是另一个看上去很复杂的公式,但它可以用两个数据流(数据流 x 和数据流 y)来很容易的计算出来。如果这两个数据流是对应的,那对于这两列数据，你需要做三个运算：把两个数据点的积加起来，即 $\sum x_i y_i$；把 x 点加起来，即 $\sum x_i$；再把 y 点加起来，即 $\sum y_i$。然后再把它们代入公式中来求 r。

相关性有许多用途。在附录 B 中，可以用它来表示同一组中不同商品之间的相关度。它还可以用来表示某个数据流的序列相关性。序列相关性是指在该数据流中，之前的数据对之后的数据的影响程度。如果某个数据流是高序列相关的，那该数据流中会出现这样的情况：上涨之后继续上涨，下跌之后继续下跌。可以利用序列相关性来盈利。假如把每笔交易的盈利都按顺序放入一个文件中，并计算该数据流与其自身滞后一期的数据流之间的相关性，如果这两个数据流的相关性是正的，则意味着，盈利交易之后，倾向于继续出现盈利交易；而亏损交易之后，倾向于继续出现亏损交易。在真实交易中，当你有一笔不错的盈利交易时，你可以扩大交易规模，以利用后续预期会出现的盈利交易；而如果你遭遇了一笔亏损交易，你可以缩小交易规模，或者干脆暂停交易。

在交易中，可能相关性的最好用途，是用来展示资金管理中分散化的效果。如果两个交易变量的连续收盘价之间的差异是服从正态分布的，那用这两个变量之和所形成的第三个变量，就会有下列所示的标准差：

$$\sigma_3^2 = \sigma_1^2 + 2r_{12}\sigma_1\sigma_2 + \sigma_2^2$$

其中：

σ_1 为第一个变量的收盘价变化的标准差

σ_2 为第二个变量的收盘价变化的标准差

σ_3 为新变量的收盘价变化的标准差

r_{12} 为这两个变量的相关系数

假设这两个变量是你组合中的交易在每天中的价格变化（希望其方向

对你的交易是有利的)。第三个变量就为该组合的值。组合值的标准差反应了该组合的变化,要么上,要么下。不妨让我们给这些变量赋一些值,再来看看结果如何。如表 A-1 所示。

表 A-1 基于两个变量的组合的结果

变量 1 的标准差 (点数)	变量 2 的标准差 (点数)	1 和 2 的相关系数	变量 3 的标准差 (点数)
5	5	1	10
5	5	0	7.1
5	5	-1	0

在表中的第一行,变量 1 和变量 2 是完全相关的。当变量 1 的收盘价上涨时,变量 2 也会上涨。当变量 1 的收盘价下跌时,变量 2 也会下跌。它们的变化方向是完全相同的。由于变量 1 和变量 2 的标准差都相等(值都为 5),则组合的变动相当于你在交易 2 份相同的交易(10 点)。

第二行表明了传统资金管理方法中使用分散化的原因。当变量 1 和变量 2 不相关时,该组合的变动会小于两个变量的标准差之和,但比其中任何一个变量都大。一些人据此声称,如果你的组合是用两种不相关的资产来完全分散化的,那你的风险实际上会降低。这个由两个变量所构成的组合表明,风险并不会下降。在组合中每额外增加一个不相关的变量,组合风险都会上升,只是上升的幅度在下降。

最后一行显示了一个交易的奇迹。如果你能成功的交易两种时时刻刻都完全负相关的资产,那你就不会有风险。像美元指数和日元这两种商品就是高度负相关的,但如何找到一个策略,来同时做多它们,或同时做空它们,却是一个问题。

上面所示的双变量公式,很容易就能扩展为任意多个变量时的情形,交易任意数量的合约/股份的多头或空头头寸。

附录 B 理解期货

商品交易是一种零和游戏。所交易的每个合约,都有一个买家和一个卖家。若他们都是交易员,而非对冲者,则买家是认为价格会上涨,而卖家则认为价格会下跌。价格从该笔交易的开仓点处开始上涨,会让该买家的头寸产生浮盈(正的或上升的持仓资金),而该卖家账上产生浮亏(负的或下降的持仓资金),金额会与买家的浮盈金额相等。当买家或卖家平掉其头寸时,该笔交易就会以盈利或亏损的形式终止(平仓盈利或亏损)。

可以在美国和海外的许多交易所中交易商品。交易所其实是这些被交易的商品的主办人,会对商品合约规模、交易时间、交割期、最小变动价位和保证金要求等进行管理。

合约

交易的基础是商品合约。它是有特定起始日和到期日的。该合约是一种义务,需要在合约到期日以交易发生时的价格,买入或提供该标的商品。卖家的义务是提供可用于交割的标的物。大多数交易员都会在合约到期前平仓,因此交易员可以在首个通知日之前退出其头寸,从而无需提供或接收该合约的标的物。大量的原材料和食料,比如铜或玉米,都有商品合约。它们中的绝大部分都是必须实物交割的。一手铜合约的卖家,需要在合约到期日提供25000磅的高等级铜，而一手玉米合约的买家，则会收到5000蒲式耳的玉米。

每种合约都有特定的规模、交易起始日和合约到期日。作为一个交易员，你可能想交易流动性最好的月份。一般而言，流动性最好的月份都是成交量和持仓量最大的合约。这被称为主力月份（front month），因为大多数投机性交易员都会交易该合约。成交量是某一天所交易的合约总量。它会被以两种方式来报告：不同合约，以及所有合约。持仓量是配对的合约头寸的总量。如果持仓量被报告为10000手，则意味着存在10000手多头头寸和10000手空头头寸。

合约的定价

作为一个交易员，需要对你所进入的任何头寸的潜在风险和回报有足够的了解。风险和回报依赖于你所要交易的合约类型（比如，是燕麦还是标普），该商品近期的相对波动率，和该交易所的定价方法等。玉米合约的规模是5000蒲式耳。如果每蒲式耳的价格上涨了1美分，则该玉米合约的价值将仅上涨50美元（0.01×5000）。如果铜合约的价格下跌了1美分，则该铜合约的价值将下跌250美元（0.01×25000），其中每手铜合约代表了25000磅的高等级铜。

相对合约风险

玉米和铜的例子表明，铜价格变化1美分所引起的价值变化，是玉米价格变化1美分时的5倍。那是不是交易铜时的风险就比交易玉米时更大呢？答案与该标的商品的波动率有关。如果玉米的波动率是铜的5倍，则这两个合约的风险是接近相等的。波动率可以用很多种方法来度量，我比较喜欢用收盘价的标准差。（关于标准差的介绍，请参见附录1。）标准差为在某个时间框架下，价格与其平均价的偏离度。标准差的公式为：

$$\sigma = \sqrt{\frac{\sum_{i=1}^{n}(\mu - x_i)^2}{n-1}}$$

其中：

n 为该组中的样本数量

x_i 为该组中的第 i 个样本

μ 为该组的 n 个样本的均值

σ 为该组的这些样本的标准差

为了确定每个合约的相对风险，我们计算了在该合约交易期内，收盘价的 40 天标准差的平均值。为了分析的目的，我们使用的是连续合约。表 B-1 显示了这些标的商品。包括在其交易期内的标准差均值、最大值、最小值，以及标准差平均值所对应的金额。

表 B-1　商品的波动率范围

商品	标准差平均值的点数	标准差最大值的点数	标准差最小值的点数	标准差平均值的金额
玉米	7.68	50.50	1.32	384
燕麦	6.46	74.20	1.28	323
大豆	19.60	101.00	3.64	978
豆粕	6.37	39.70	1.34	634
豆油	0.80	4.63	0.20	483
小麦	11.00	61.30	2.46	553
堪萨斯交易所小麦	10.40	74.80	1.92	522
稻谷	0.30	1.83	0.04	594
活牛	1.46	7.37	0.36	585
瘦猪肉	2.18	7.84	0.55	873

肉牛	1.49	6.69	0.32	747
咖啡	6.12	46.50	1.19	2297
棉花	1.99	7.64	0.48	996
木材	11.50	77.70	1.36	1260
可可	65.00	229.00	12.5	650
糖	0.57	5.78	0.11	639
橙汁	4.43	30.20	0.72	665
铜	3.24	19.50	0.50	811
钯	10.50	115.00	0.76	1054
白银	33.50	877.00	2.69	1672
黄金	9.84	98.30	1.23	983
铂	16.40	166.00	2.35	820
伦敦铜	61.30	514.00	11.6	1532
伦敦铝合金	32.90	273.00	6.77	658
伦敦铝	48.30	308.00	9.63	1207
伦敦镍	354.00	3183.00	34.4	2123
原油	1.09	5.11	0.13	1095
天然气	0.23	1.72	0.01	2328
燃料油	0.30	0.14	0.005	1270
无铅汽油	0.22	0.20	0.008	1417
日元	0.013	0.057	0.001	1596
瑞士法郎	0.012	0.039	0.00.	1523
加拿大元	0.0058	0.021	0.0006	579
英镑	0.026	0.12	0.0053	1601
美元指数	1.30	3.82	0.25	1303
墨西哥比索	0.0017	0.0094	0.00045	839
澳大利亚元	0.010	0.033	0.0025	1028
欧元	0.018	0.052	0.0056	2241
30年期债券	1.36	5.14	0.28	1364
10年期国债	0.995	2.93	0.21	995
5年期国债	0.67	1.75	0.15	670

2年期国债	0.30	0.85	0.066	596
欧洲美元	0.19	1.42	0.004	484
澳大利亚债券	0.19	0.82	0.051	1095
加拿大政府债券	0.94	2.40	0.26	640
欧洲债券	0.80	1.95	0.22	760
英国政府债券	1.04	3.77	0.28	797
西班牙债券	0.87	2.20	0.26	825
Simex 日本政府债券	0.89	3.22	0.24	822
标普500	14.70	81.00	1.22	6128
纳斯达克100	88.00	465.00	11.4	8800
日经	529.00	1558.00	110	2646

表 B-1 明确的显示出，不同合约之间存在巨大的差异。一手完整规模的[1]纳斯达克 100 合约，其 40 天标准差平均值所导致的是 8800 美元的变化，而对于燕麦来说，则只是 323 美元。显然，交易一手纳斯达克 100 合约的风险，会比交易一手燕麦合约的风险要大得多。此外，某个给定水平的标准差最大值和最小值表明，即使是同一种商品，在不同时间内也存在较大的差异。纳斯达克 100 的波动率平均值为 8800 美元，但它也有过 1140 美元的最小值，和 46500 美元的最大值，这可是个很大的范围。由于这个理由，我建议使用基于近期波动率的止损。

商 品 组

对不同商品，可以很容易的按类别进行分组。最常使用的分组结果是：谷物（或农产品）、肉、能源、货币、金融、软商品和股指。下面列

---

[1] 许多期货，包括纳斯达克 100，都有完整规模合约和迷你合约，它们的标的物相同，但合约乘数不同，因此合约规模也就不同，完整规模合约的合约规模一般为迷你合约的 10 倍甚至更大。——译者注

出来我在开发交易系统时所使用的商品分组。

谷物	肉	软商品
玉米	活牛	咖啡
燕麦	瘦猪肉	可可
大豆	肉牛	棉花
豆粕		糖
豆油	**金属**	橙汁
小麦	黄金	木材
堪萨斯交易所小麦	铜	
稻谷	钯	**货币**
	铂	澳大利亚元
能源	伦敦镍	欧元
原油	伦敦铜	瑞士法郎
天然气	伦敦铝合金	加拿大元
燃料油	伦敦铝	英镑
无铅汽油	白银	墨西哥比索
		日元
股指	**金融**	欧洲美元
标普 500	30 年期债券	美元指数
纳斯达克 100	10 年期国债	
罗素 2000	5 年期国债	
中盘股 400	2 年期国债	
日经	澳大利亚债券	
	欧洲债券	
	西班牙债券	
	英国政府债券	

对商品进行分组的理由是，一般而言，同一组中的商品之间具有高相关性。从资金管理的角度来看，相对于交易一个由许多种高相关商品所组

成的篮子，交易一个由许多种低相关商品所组成的篮子会更有利，即使每个篮子所分配的资金都是一样的。回避高相关商品的原因是，它们会同方向变化。若所交易的商品都高相关，则所有交易要么都会赚钱，要么都会赔钱。这可不是交易员所想要看到的结果。同时发生许多笔亏损交易，会让你的交易资金出现很大的下降（回撤）。另一方面，对于由低相关商品所组成的篮子，同时发生多笔亏损交易的情形就会少许多。它们会根据各自的基本面情况而独立变化。

当对两个数据集计算相关系数时，其值会介于-1和+1之间。-1的值意味着，这两个数据集在每一点上的变化方向都相反，而+1的值则意味着，这两个数据集在每一点上的变化方向都相同。我使用0.40的阀值，来判断两个数据集的正相关性是否显著。

表B-2至B-9显示了不同组中所有商品之间的相关性，它们是用皮尔森相关系数来计算的。

表B-2 谷物组中不同商品之间的相关系数

谷物								
商品	玉米	燕麦	大豆	豆粕	豆油	小麦	堪萨斯交易所小麦	稻谷
玉米	1	0.50	0.62	0.54	0.48	0.51	0.51	0.17
燕麦	0.50	1	0.40	0.37	0.29	0.42	0.41	0.15
大豆	0.62	0.40	1	0.82	0.68	0.40	0.37	0.17
豆粕	0.54	0.37	0.82	1	0.35	0.36	0.33	0.15
豆油	0.48	0.29	0.68	0.35	1	0.30	0.38	0.13
小麦	0.51	0.42	0.40	0.36	0.30	1	0.87	0.13
堪萨斯交易所小麦	0.51	0.41	0.37	0.33	0.38	0.87	1	0.13
稻谷	0.17	0.15	0.17	0.15	0.13	0.13	0.13	1

表 B-2 的使用方法是，先在表的左边列中找到你所关心的第一种商品，然后沿着该商品所在的行向右寻找你所关心的第二种商品。例如，玉米与其自身的相关系数为 1，而与燕麦的相关系数则为 0.5。看一下这些相关关系，显然，除了稻谷之外，谷物组中其他不同成员之间都是显著相关的。稻谷与谷物组中的其他商品都不显著相关。

表 B-3　肉组中不同商品之间的相关系数

肉			
商品	活牛	瘦猪肉	肉牛
活牛	1	0.35	0.75
瘦猪肉	0.35	1	0.32
肉牛	0.75	0.32	1

牛的成员（活牛和肉牛）之间是现在相关的。牛的成员与猪肉之间的相关系数在 0.25—0.35 之间，并不显著相关，但也在阀值附近。

表 B-4　软商品组中不同商品之间的相关系数

软商品						
商品	咖啡	可可	棉花	木材	糖	橙汁
咖啡	1	0.11	0.01	0.02	0.05	0.03
可可	0.11	1	0.04	0.02	0.09	0.01
棉花	0.01	0.04	1	0.08	0.02	0.04
木材	0.02	0.02	0.08	1	0.08	0.02
糖	0.05	0.09	0.02	0.08	1	0.02
橙汁	0.03	0.01	0.04	0.02	0.02	1

软商品组中没有哪个成员与其他成员是显著相关的。我把它们都视为整体上独立的品种。我必须声明一下，该软商品组其实是个"混杂"组。

不属于其他组的东西都被归到这个组来了。显然，这些商品的不同基本面，会让它们有不同的表现。

表 B-5 金属组中不同商品之间的相关系数

金属									
商品	铜	钯	白银	黄金	铂	伦敦铜	伦敦铝合金	伦敦铝	伦敦镍
铜	1	0.21	0.23	0.22	0.25	0.78	0.46	0.51	0.31
钯	0.21	1	0.39	0.41	0.57	0.16	0.17	0.16	0.05
白银	0.23	0.39	1	0.67	0.52	0.16	0.15	0.12	0.09
黄金	0.22	0.41	0.67	1	0.58	0.15	0.13	0.13	0.08
铂	0.25	0.57	0.52	0.58	1	0.14	0.13	0.17	0.06
伦敦铜	0.78	0.16	0.16	0.15	0.14	1	0.46	0.52	0.40
伦敦铝合金	0.46	0.17	0.15	0.18	0.13	0.46	1	0.75	0.35
伦敦铝	0.51	0.16	0.12	0.13	0.17	0.52	0.75	1	0.45
伦敦镍	0.31	0.15	0.09	0.08	0.06	0.40	0.35	0.45	1

表 B-5 显示，该组中的所有贵金属和半贵金属成员（白银、黄金和铂）之间是高度相关的。钯是一种主要在催化转换器中使用的工业白色金属，它与贵金属组的相关性，比工业金属成员（铜和伦敦的金属等）的相关性更高。所有工业金属之间都是高度相关的。

表 B-6 能源组中不同商品之间的相关系数

能源				
商品	原油	天然气	燃料油	无铅汽油
原油	1	0.28	0.85	0.79
天然气	0.28	1	0.32	0.35
燃料油	0.85	0.32	1	0.74
无铅汽油	0.79	0.35	0.74	1

表 B-6 显示，能源组中所有成员都与该组中的一个或多个成员显著相关。

所有主要货币（欧元、日元、瑞士法郎、英镑和美元）之间都是高度相关的。日元、瑞士法郎和英镑之间会同涨同跌，而美元则会朝这三个的相反方向变化（高度负相关）。请注意，欧元和美元之间几乎是完全负相关的，为-0.97。次要货币（加拿大元、澳大利亚元和墨西哥比索）与主要货币不怎么高度相关，它们之间也不高度相关。根据我的经验，这三种货币的交易难度，要比主要货币更大。

表 B-7　货币组中不同商品之间的相关系数

商品	货币							
	日元	瑞士法郎	加拿元	英镑	美元指数	墨西哥比索	澳大利亚元	欧元
日元	1	0.54	0.15	0.41	-0.57	-0.14	0.09	0.38
瑞士法郎	0.54	1	0.16	0.65	-0.91	-0.20	0.12	0.91
加拿大元	0.15	0.16	1	0.20	-0.14	0.02	0.31	0.13
英镑	0.41	0.65	0.20	1	-0.73	-0.07	0.20	0.63
美元指数	-0.57	-0.91	-0.14	-0.73	1	0.12	-0.18	-0.97
墨西哥比索	-0.14	-0.20	0.02	-0.07	0.12	1	0.01	-0.16
澳大利亚元	0.09	0.12	0.31	0.20	-0.18	0.01	1	0.19
欧元	0.38	0.91	0.13	0.63	-0.97	-0.16	0.19	1

表 B-8 显示出，所有美国的金融产品之间都是高度相关的，存续期长度最接近的金融工具，相关性程度最高（例如，30 年期债券和 10 年期国债，10 年期国债和 5 年期国债）。所有美国的金融产品也都与外国的金融产品高度相关的，但相关性程度要比美国的金融产品组中的相关性低。此外，所有外国的金融产品之间也是高度相关的，相关性最高的金融工具都

来自于相同的区域（西班牙债券、欧洲债券、英国政府债券，它们都是欧洲的金融工具）。

表 B-8　金融组中不同商品之间的相关系数

金融									
商品	30年期债券	10年期国债	5年期国债	2年期国债	欧洲美元	澳大利亚债券	欧洲债券	西班牙债券	英国政府债券
30年期债券	1	0.95	0.87	0.76	0.71	0.44	0.61	0.53	0.48
10年期国债	0.95	1	0.96	0.88	0.77	0.46	0.62	0.51	0.46
5年期国债	0.87	0.96	1	0.94	0.83	0.52	0.60	0.48	0.49
2年期国债	0.76	0.88	0.94	1	0.88	0.55	0.56	0.43	0.49
欧洲美元	0.71	0.77	0.83	0.88	1	0.39	0.46	0.33	0.34
澳大利亚债券	0.44	0.46	0.52	0.55	0.39	1	0.45	0.46	0.35
欧洲债券	0.61	0.62	0.60	0.56	0.46	0.45	1	0.77	0.74
西班牙债券	0.53	0.51	0.48	0.43	0.33	0.46	0.77	1	0.70
英国政府债券	0.48	0.46	0.49	0.49	0.34	0.35	0.74	0.70	1

美国的股票指数不同成员之间是高度相关的，并且与日经指数也是显著相关的（表 B-9）。

表 B-9　股指组中不同商品之间的相关系数

股指					
商品	标普500	纳斯达克100	罗素2000	中盘股400	日经
标普500	1	0.81	0.79	0.85	0.39
纳斯达克100	0.81	1	0.78	0.77	0.44
罗素2000	0.79	0.78	1	0.92	0.36
中盘股400	0.85	0.77	0.92	1	0.35
日经	0.39	0.44	0.36	0.35	1

建立稳固的交易系统：和回测结果一致，满足你的风险-收益目标的可交易策略

保证金

商品交易与股票交易的主要差异在于所使用的杠杆。当执行一笔商品交易时，你并不需要支付该合约的全部价值。你只需要在你账户中预留足够的资金，来满足交易所当前对该合约的保证金要求即可。例如，玉米当前价格为3美元/蒲式耳，一手合约的价值为15000美元。交易所当前对每手合约的保证金要求可能为500美元。在这样的保证金要求下，使用一个金额为1000美元的账户，你就能买入或卖出两手合约。如果你的资金都被保证金所占用（满仓），你就持有了一个很危险的头寸。如果价格朝不利于你的方向变动哪怕1美分，你都会收到追保通知书。此时，你要么平掉一部分或全部头寸，要么追加资金来满足保证金要求。

为了说明杠杆的作用，假设在你的1000美元的账户中，你持有了2手多头头寸，玉米价格上涨了0.10美元，从3.00美元涨到了3.10美元。此时的价格变化只是上涨了3.33%，但每手合约的浮盈为500美元。在持有两手合约的情况下，你会赚到1000美元，是你账户资金的100%。在股票交易中，你常能使用的最大资金，是你账户金额的两倍。相当于你的股票账户中有2000美元，你把杠杆用足，以每股10美元的价格买入200股某股票。如果该股票的价格上涨3.33%，现在的股价变为每股10.33美元。你的200股头寸现在将值2066美元。在你1000美元的账户中，将会有66.66美元的浮盈，也就是6.67%。玉米交易的最大杠杆，是股票交易的15倍。

用足杠杆来交易商品，是非常危险的。如果价格朝不利于你的方向快速移动，你的亏损甚至会超过你的账户资金。在满仓交易玉米时，0.15美元的不利变动（这在玉米中是相对较小的变动）就会让你每手浮亏750美元。在持有两手合约的情况下，你初始为1000美元的账户，现在会倒欠

500 美元。

大多数有经验的商品交易员，甚至都不会在交易中考虑保证金要求。他们的资金管理方法从回撤概率的角度考虑了风险，并且他们根据自己的风险偏好确定所能接受的回撤，而不是保证金要求，来控制杠杆。大多数交易员都有过在回撤20%时交易的困难阶段，因此他们会构建一个交易计划，来让自己处于一个舒服的区间内。保证金要求对此并不能提供帮助，因为它们是风险的滞后指标。交易所会在价格或波动率变化之后才调整保证金要求。如果某个商品的波动率增加，它们会提高保证金要求，但对于交易员来说，这一切都太迟了：你已经在较低的保证金水平下，经历了波动率提高的过程。

电子合约

自国内商品交易开始，至过去十年，期货都是在交易大厅内交易。"交易地"（Trading Places）这部电影围绕着橙汁期货来拍摄，其中重点展现了交易大厅。随着科技的进步，电子交易开始出现了，最著名的是标普期货。现在几乎所有交易都是以电子化的形式来完成的。

典型的电子交易合约会在工作日内的较短时间内交易。例如，在芝加哥商业交易所（CME）上市的日元合约，就会在东部时间的下午5点至东部时间下午4点的时间段内交易。该合约仍有场内交易，时间为东部时间8点20分至东部时间下午3点。

在交易电子合约时，交易员需要对晚上和凌晨时非常小心。此时成交量会从日盘时间的峰值大幅下降。我会在场内交易开盘时（若仍有场内交易的话）或以前的日内场内交易开盘时间，使用基于收盘价的市价指令来下订单。对于日元来说，我会在东部时间早上8点20分下市价指令。

附录 C 理解连续合约

如果你想用股票或商品数据来进行分析，你就需要考虑真实交易数据干扰的问题了。在商品中，这意味着当主力合约面临换月时所发生的交易。你需要先平掉该合约，然后在下一个主力合约处开仓。在股票中，这意味着股票拆分和分红派息对数据的影响。本附录将介绍构建和使用连续合约的方法，以便让对该合约的模拟测试结果，能与存在这些干扰时的真实交易结果一致。

对股票拆分和股息的适当处理

大多数股票数据软件都会提供以下几种数据格式选项：每天的实际历史股票价格（原始数据）、对股票拆分进行调整后的价格流（拆分调整）、对上市公司所支付的股息进行调整后的价格流（股息调整）。对于任何给定的资金在一段时间内的变化，这些历史价格流中的所有信息都要求是正确的，但不幸的是，如果支付股息或股票拆分发生在计算日之后时，这些价格流将会产生错误的结果。

实际价格文件中的问题

为了说明这一点，我们将用 IBM 价格流来作为实例。在 1999 年 5 月 5

日，IBM 有一次 2：1 的股票拆分。IBM 在该交易日的收盘价位 236.25 美元。IBM 将用两股替换现存的一股，并将价格调整为 118.125 美元。每个股东所持有的股票的价值维持不变，因为每个股东现在都以拆分前价格的一半，持有了双倍的股份数。表 C-1 显示了 IBM 在拆分发生前后几天里的实际价格数据。

表 C-1　IBM 在拆分日前后的实际价格

日期	收盘价
1999 年 5 月 24 日	223.75
1999 年 5 月 25 日	221.1875
1999 年 5 月 26 日	236.25
1999 年 5 月 27 日	116
1999 年 5 月 28 日	116
1999 年 6 月 1 日	112

如果你用实际价格文件来做分析，并且你在 1999 年 5 月 24 日以收盘价入场做多，并在 1999 年 6 月 1 日以收盘价退出交易，你的交易会损失约 112 点，或 50%。在实际中，拆分后的两股股会在 1999 年 6 月 1 日价值 224 美元，你的交易实际上是赚了点钱的。看了这个例子，你可能就知道，唯一的问题是，实际价格数据流中发生了拆分。还有另一个问题：实际价格数据流产生了不正确的结果，因为它并没有考虑支付的股息。

为了说明这一点，IBM 在 2005 年 2 月 7 日发放了 0.18 美元/股的股息。表 C-2 显示了该交易日附近几天的实际价格数据。

表 C-2　IBM 在拆分日前后的实际价格

日期	收盘价
2/4/2005	94.51
2/7/2005	94.53
2/8/2005	94.13
2/9/2005	92.7

如果你用这个数据来做测试，在 2005 年 2 月 7 日以收盘价进入了一笔多头交易，并在 2005 年 2 月 8 日以收盘价退出。你的测试结果显示，你每股亏了 0.40 美元。但考虑到 0.18 美元的股息，你实际上每股只亏了 0.22 美元。

在使用真实价格数据时，如果你已经消除了拆分附近的不利交易，由于股息的影响比较小，因此你的结果也是相对精确的。对一些分析师而言，这个说法可能是正确的，但对于那些针对股息效应的研究而言，则存在严重的问题。在 1980 至 2005 年 3 月，IBM 所支付总股息为 64.32 美元。在这段时间里，IBM 经历了 2 次股票拆分，总共上涨了 238.8 点。在忽略股息的情况下，IBM 自 1980 年开始上涨了 383%。当考虑股息时，实际的增长率为 473%，这是一个显著的差异。

拆分调整文件中的问题

使用经拆分调整的数据流来做分析，也会导致类似的问题。表 C-3 显示了 IBM 最近一次拆分时的实际收盘价和拆分调整收盘价。

表 C-3　IBM 在拆分日前后的实际价格和拆分调整价格

日期	实际收盘价	人造的拆分调整收盘价
1999 年 5 月 24 日	223.75	111.875
1999 年 5 月 25 日	221.1875	110.59375
1999 年 5 月 26 日	236.25	118.125
1999 年 5 月 27 日	116	116
1999 年 5 月 28 日	116	116
1999 年 6 月 1 日	112	112

拆分调整数据流使用实际价格水平除以拆分值来得到的，在本例中，拆分值为 2，拆分时间为 1999 年 5 月 26 日。IBM 在 1980 年以来的另一次拆分，发生在 1996 年。在那一次 2∶1 的拆分中，在拆分日及之前的实际价格，需要除以四。使用拆分调整数据来进行分析的问题是，每天的价格变化以及波幅都需要除以拆分值。1999 年 5 月 25 日的价格实际变化，在下一个交易日收盘价之前，都是略大于 15 点的。但在拆分调整的数据中，则仅反映为约 7.5 点。

这会导致许多分析问题。如果你用某种形式的基于波动率或幅度的系统，那这些值就会在不断的拆分中人为变化。这会进一步导致交易的改变。如果 IBM 又发生了一次 2∶1 的拆分，则 1999 年 5 月 26 日至 1999 年 5 月 27 日的经调整后的价格变化，就会从约 7.5 变化至约 3.75。

拆分调整的价格流也会存在与实际价格流一样的问题：支付股息所导致的变化没有被包含在内。

股息调整文件中的问题

股息调整文件是通过回溯时间，在实际价格数据中减去累积的股息来得到的。表 C-4 显示了在最近一次股息分配——2005 年 2 月 7 日支付 0.18 美元股息时的实际收盘价和股息调整收盘价。

表 C-4　IBM 在股息支付日前后的实际价格和拆分调整价格

日期	实际收盘价	人造的拆分调整收盘价
2005 年 2 月 4 日	94.51	94.33
2005 年 2 月 7 日	94.53	94.35
2005 年 2 月 8 日	94.13	94.13
2005 年 2 月 9 日	92.7	92.7

在股息调整文件中，2005 年 2 月 7 日至 2005 年 2 月 8 日的 0.22 美元的价格变化被正确显示了。但使用该文件所存在的问题是，随着我们向前回溯，股息调整价格会离实际价格越来越远。在 1980 年 1 月 2 日，股息调整后的收盘价为 -2.828，而当时 IBM 的实际价格为 62.5。

股票数据问题小结

没有一种数据流能精确的反映历史上的真实情况。显然，应该综合的使用实际价格，以及拆分和股息信息。但没有一种可获得的价格流能提供所需的所有信息。

解决办法

对该问题，有一个简单的解决办法。可以把这三种数据流汇总起来，生成一个价格流，以真实的反映任何阶段中所发生的情况。在这个算法中，会用到以下几个步骤：

1. 用实际价格数据和拆分调整数据来发现每一天中由于拆分而存在的乘数因子。每一天，都用拆分调整收盘价除以实际收盘价，来确定该乘数因子。在数据的初期，该因子会为 1，直到出现第一次拆分。接下来该因子就会根据拆分的比例（2-1、3-1、1-3 等）而变化。每出现一次拆分，该乘数因子都会发生改变。

2. 用实际价格数据和股息调整数据来确定在不同时间里的累积股息量。每一天，都用实际收盘价减去股息调整收盘价，来确定在该交易日之前所发放的累积股息量。

3. 用每天的实际价格乘以该日的乘数因子，再减去该日的累积股息，从而构造出一个向后调整的连续合约。

4. 将该向后调整的合约的日期、开盘价、最高价、最低价和收盘价写下来，再最后加一项：那一天的实际收盘价。

表 C-5 显示了 IBM 的连续合约的第一行和最后一行数据。

表 C-5　IBM 实际价格的连续合约数据

日期	开盘价	最高价	最低价	收盘价	实际收盘价
1980 年 1 月 2 日	-210.0938	-208.5938	-210.5938	-210.5938	62.5
2005 年 3 月 14 日	93.79	94.04	92.5	93.04	93.04

该数据流精确的反映了 IBM 在过去 25 年中的增值情况。2005 年 3 月 14 日收盘价，与 1980 年 1 月 2 日收盘价之间的差距约为 303 点，包括在拆分中存在的 238 点价格增值，以及这些年中所支付的 64 美元的股息。

请注意，这个数据文件包括了计算每个点时的精确变化和百分比变化所需的所有信息。连续合约中的每日变化与实际变化是相同的，因此点数变化是精确的。当用实际收盘价来相除时，我们又可以获得精确的百分比变化。表 C-6 显示了一段时间的连续合约和实际价格数据。请注意看每日价格变化是如何在两个数据流中保持一致的。

表 C-6　连续合约变化匹配了实际价格变化

日期	连续合约收盘价	实际收盘价	价格变化
1997 年 8 月 7 日	-15.671	107.375	N/A
1997 年 8 月 8 日	-17.796	105.25	-2.125
1997 年 8 月 11 日	-20.046	103.0	-2.25
1997 年 8 月 12 日	-19.6085	103.4375	+0.4375
1997 年 8 月 13 日	-18.671	104.375	+0.9375

连续合约和实际价格合约的每天价格变化是相同的，因此该连续合约精确的反映了历史的点数变化。为了确定不同时间段内的百分比变化，将使用连续合约数据来得到点数变化，用实际价格数据（连续合约数据中最后一列）来得到百分比变化。

请注意，价格的日内变化也可以被精确的确定。表C-7显示了该连续合约的某一天中的模拟数据。

表 C-7　连续合约某一天的模拟数据

日期	开盘价	最高价	最低价	收盘价	实际收盘价
XXXX 年 X 月 XX 日	-10	-5	-12	-8	60

现在假设你的策略会在连续合约为-6时入场做多。利用连续合约收盘价与实际收盘价之间的已知关系，我们可以确定入场时的实际价格。该实际收盘价会比连续合约的收盘价高68点，因此该笔在连续合约为-6时的交易，其实际入场价将为62美元。

正确数据所能产生的差异

为了说明不同数据流所能产生的差异，我们将分别使用连续合约、实际价格合约、拆分调整合约和股息调整合约来交易针对IBM的一个策略。我们的交易策略使用了下列的规则：

- 如果收盘价在收盘价的10日均线之下，则在收盘时买入。并在入场价上方15%处放置一个止盈，在入场价下方15%处放置一个止损。
- 如果价格在10日均线之上，并且该交易已经至少存续了20个交易日，则退出交易。
- 如果收盘价低于止损价，则退出交易。

- 如果收盘价高于止盈价,则退出交易。

表 C-8 显示了使用者四种数据流时的交易结果。

表 C-8　使用连续、实际价格、拆分调整和股息调整数据时的交易结果

合约	盈利交易数	亏损交易数	盈利点数	盈利百分比
连续	120	96	195.1	249.1
实际价格	119	99	-60.7	100.2
拆分调整	120	97	28.6	208.6
股息调整	173	184	-103.2	-906.3

虽然实际价格和拆分调整合约的盈利交易数和亏损交易数在 25 年的测试期里与实际情况比较接近,但盈利点数和盈利百分比却存在巨大的差异。

再来看一下股息调整的结果,这个盈利的系统看上去好像在亏钱。对于百分比,股息调整文件在 1980 年 1 月 2 日时已经接近零了。小幅的每日变动,在除以该很小的值的情况下,会产生非常大的盈利或亏损百分比。这些交易的不良偏度导致了这个净效应。盈利点数会这么小的原因,则与止损和止盈有关。这些止损和止盈点会比实际情况更容易被触及,因此总的结果就不能反映真实交易。

连续合约则不仅反映了真实交易,相比其他价格数据,在使用相同的交易系统时,它还产生了更好的结果。若所交易的是个成功的系统,则常常会出现这样的情况。因为连续合约相对于其他合约有更大的变化幅度。在本质上,就会有更多的盈利。

股票连续合约小结

如果你在开发股票策略时使用了过去很多年的数据,你的结果就会是不精确的,而这些数据则可能是非常不精确的。如果你所使用的数据流包

括了使用实际价格、拆分和股息来适当调整的价格，那你的结果可能会反映实际交易，并且其表现可能比使用其他价格流时的结果更好。如果你有一个很好的交易系统，你可能需要问自己，是否是因为数据的问题，导致了不好的测试结果。

对商品合约展期的适当处理

对于商品中存在的交易干扰，处理起来就要简单得多。唯一的调整方式是，当当前合约临近到期时，从当前合约展期至下一个合约。这是通过把这些合约拼起来，形成一个人造的数据流来实现的。在展期的那一天收盘时，把新合约的收盘价与旧合约的收盘价之间的差，加在之前的所有数据点上（开盘价、最高价、最低价和收盘价）。这种向后调整的方法，会抬高或压低之前的所有数据，因此这些价格不会与历史合约价格相匹配，但开盘价、最高价、最低价和收盘价之间的正确关系仍被保留下来，每天的收盘价之间的差异也是如此。

几乎所有的数据提供商都会提供这些连续合约，一些提供商还会让客户来选择展期时机的判断标准。最常用的判断标准是，当下一个合约的持仓量超过了当前合约的持仓量。不同的展期标准会导致数据流之间存在细微的区别，但它们都是有效的数据流。

附录 D 关于曲线拟合的更多示例

大多数情况下,曲线拟合都是因为开发样本中缺乏足够多的数据。这会导致交易样本偏少,从而无法有效的代表其无限样本。但有些时候,曲线拟合也会悄无声息的存在于你的工作中。本附录将提供一些示例。这些示例中的关键点是,曲线拟合是成本很高的。如果你没有意识到你的策略是曲线拟合的,那你可能会在交易中亏掉数以千计的美元之后,才发现该问题,或者不得不退出交易,并对你的系统失效而感到莫名其妙。

示例1:股票配对交易

我们来看一下配对交易的情况。我想开发一个股票策略,来交易一对关联的股票。当这对正常情况下会关联的股票开始在价格上出现分化时,我会卖出其中上涨的股票,卖出其中下跌的股票,然后等价格恢复正常后再盈利出场。该策略的优势在于,风险应该相对较小,因为你总是既持有一个多头,又持有一个空头,因此大盘的涨跌对你不会有什么影响。

我对一个由高流动性股票构成的篮子,计算其中每只股票与其他股票的相关系数,平均相关系数大于0.4的股票对会被放入我的开发篮子中。这个由高流动性股票构成的篮子中,共有1300只股票,我从中挑选出了300对股票,来放入我的开发篮子。

接下来，围绕这 300 对股票，我开发了一个策略，看上去表现还不错。但当我开始交易该策略时，结果却不尽如人意。我不清楚，究竟是因为市场条件还是该策略处于不利期，才造成这样的结果。结果我发现，我在策略的开发过程中引入了大量的曲线拟合。

当我在计算相关系数时，我使用了所有的数据，来确定这些股票是否是相关的。这个做法是错误的。许多股票会在满足该相关系数条件一定点数后，就开始止步了，或者会止步一段时间再重新满足该条件。我应该选择那些在其相关时的平均相关系数大于 0.4 的股票对，而不是在整个数据样本的最后才满足的股票对，这样会降低该交易策略的效果。因为它们可能后来就不存在相关性而独立变化了，而我却以为它们会回归正常而交易它们。这些交易很可能会亏钱。

当我回过头来重新开发该策略，选择那些一直以来都满足相关性条件的股票对时，该策略变得不值得交易了。

这个故事告诉我们，如果你所使用的信息是基于那些不再存在的数据时，你就会引入一定程度的曲线拟合。如果该曲线拟合程度很小，则一切都行。比如本书所介绍的 K 线评分技术，就是一个这样的例子。但如果你这样做了，你就需要进行构建、再构建和修复（BRAC）检验，以确定你的方法中的曲线拟合程度有多大。

示例 2：在日频 K 线股票数据上使用限价指令

我开发过一个只做多的股票系统，它会在市场开盘前放置限价指令。我会放置 50 到 200 个指令，但我只希望成交 20 个。我的软件会在 20 个指令成交时，撤销其他的指令。因此，如果开盘时有多于 20 个指令被触及了，就会出现问题。当这种情况发生时，我会手工的平掉那些在头 5 分钟的交易中有最大盈利或最小亏损的交易。在我的回测中，我会让开盘时的成交指令数不超过限额，如果交易指令数不足，我会从那些未成交的交易中随机的选择所需的交易数量,在开盘后再交易。该策略的模拟表现非常惊人。

但当我开始实际交易后,在交易时间内,实际结果与我的模拟结果差异非常大。我从中发现了以下问题:

- 假设中应该能在开盘时成交的交易,在真实交易并不能完全成交,即使市场价格明确的在该限价指令的入场价格之下。10 笔中大概有 8 笔会成交。如果我在该日的开盘后再成交这些未成交指令,结果会比在开盘时成交要差一些。因此错过这些成交,会让交易结果变差。此外,我在真实交易中会需要支付滑价,而我在测试中并没有考虑到这一点。如果该限价指令为 100,股票开盘价为 99,我假设我会在 99 成交。但在现实中,有些交易会在 99 成交,大多数的成交价都介于 99 和 100 之间。

- 随机挑选那些回在开盘后成交的交易,实在是太乐观了。在真实交易中,我所选到的差的交易,要比好的交易多得多。股票价格常在达到限价指令后就掉头向下。那些穿过限价指令而继续上涨的情形,你不太容易见到。

这些情况让该策略表现平平。这是一个典型的关于限价指令系统的例子,你永远也不会知道,实际结果会比你预期的差多少。

示例 3:使用单笔盈利来给 K 线评分

本书之前介绍过,你可以使用任何自定义的标准来给 K 线评分。我曾想过用过去 n 笔交易的盈利能力来作为 K 线评分标准。假设 n 为过去 10 笔交易。对于每根 K 线,我都看一下在该股票中的过去 10 笔交易,并用这些交易的平均收益能力来给该 K 线评分。当我把该标准添加到我已经使用的四种或五种标准之中时,评分最高的交易的平均收益能力会有很大提升。我对此结果表示怀疑,因为我开始寻找,是否哪里存在曲线拟合。结果表明,如果你使用了一笔交易的所有 K 线,并且你的交易持续了两天甚至更多天,那你最近的 10 笔交易中则会有一些还没有平仓。在评分矩阵中,我获得了那些还没有平仓的交易所每天带来的盈利。这会给整个矩阵带来偏差,影响对该笔交易未来结果的预测。但由于该笔交易已经在里面了,因此引入了不该引入的收益或亏损信息。我通过只选择平仓的交易,来解决该问题,结果发现,单笔盈利标准的表现,很一般。

结论

有很多种方式会产生曲线拟合。大多数情况下都是因为你的开发样本中缺乏足够的交易笔数。BRAC 检验可以发现该问题。有些时候,曲线拟合可能隐藏得较深。一般的规律是,如果测试结果表现得非常好,你就应该仔细的检查每一步。